社 政 文 典

本书出版得到安徽大学创新发展研究院、安徽大学社会治理研究中心资助，获国家社会科学基金重大项目"实施数字乡村建设行动研究"（21ZDA057）资助

重塑与转型

网络消费对社会结构的影响

张 荣◎著

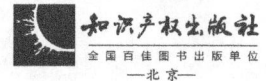

知识产权出版社
全国百佳图书出版单位
—北京—

图书在版编目（CIP）数据

重塑与转型：网络消费对社会结构的影响/张荣著. —北京：知识产权出版社，2023.8
ISBN 978-7-5130-8612-7

Ⅰ.①重… Ⅱ.①张… Ⅲ.①网络经济—消费经济学—研究 Ⅳ.①F062.5②F014.5

中国国家版本馆 CIP 数据核字（2023）第 000918 号

责任编辑：江宜玲　　　　　　　　　责任校对：潘凤越
封面设计：杨杨工作室·张冀　　　　责任印制：刘译文

社政文典

重塑与转型：网络消费对社会结构的影响

张　荣　著

出版发行：	知识产权出版社有限责任公司	网　　址：	http://www.ipph.cn	
社　　址：	北京市海淀区气象路 50 号院	邮　　编：	100081	
责编电话：	010-82000860 转 8339	责编邮箱：	99650802@qq.com	
发行电话：	010-82000860 转 8101/8102	发行传真：	010-82000893/82005070/82000270	
印　　刷：	北京中献拓方科技发展有限公司	经　　销：	新华书店、各大网上书店及相关专业书店	
开　　本：	720mm×1000mm　1/16	印　　张：	15.5	
版　　次：	2023 年 8 月第 1 版	印　　次：	2023 年 8 月第 1 次印刷	
字　　数：	259 千字	定　　价：	79.00 元	
ISBN 978-7-5130-8612-7				

出版权专有　侵权必究
如有印装质量问题，本社负责调换。

前　言

目前，伴随着互联网技术的日新月异，以及在此基础上互联网应用平台的迅速发展，我国互联网用户群体的规模不断扩大，在互联网平台上开展内容丰富的消费活动。

广义而言，网络消费是指社会成员直接或间接以互联网为消费媒介所开展的满足自身需求的消费行为，是互联网时代出现的新型消费现象。在互联网的发展过程中，社会成员的网络消费发生了许多变化。在互联网发展的不同阶段，网络消费由最初的网络信息消费，扩展到网络经济消费、网络文化消费、网络教育消费、网络社交消费、网络娱乐消费、网络视频消费等内容丰富的消费活动。

这些内容丰富的网络消费活动，使得人们的社会生活与互联网密切联系起来。无论是社交层面的邮件发送、贴吧交流、微博联系、微信分享、抖音互动等，还是经济层面的网络购物、网络金融、网络外卖、网约车、共享单车等，以及娱乐文化层面的网络直播、网络音乐、网络视频、网络游戏等，借助广泛普及的智能手机和愈益通畅的无线网络，网络消费活动已经广泛而深刻地嵌入了人们的日常生活。虽然社会成员的网络消费活动大多开展于具有"虚拟性"的网络空间，但其对现实社会的影响却是真实而客观存在的。

在互联网时代，我国正处于社会转型时期，伴随着互联网的发展，互联网与社会发展之间的相互作用日益加强。网络消费作为一种新结构要素，与社会结构之间呈现出相互依存、相互促进的互动关系。目前，社会成员开展的网络消费活动从线上影响到线下，已经对现实社会的社会结构产生了一定影响。这些影响主要体现为现实社会的阶层关系、社群组织、婚恋交往、城乡互动、消费结构、公共空间等方面的变化。

本书试图在文献梳理的基础上，明确网络消费的概念内涵及其发展变化；通过对一些典型网络消费现象、事件的案例分析，研究网络消费对社会结构的影响，其中重点研究网络消费对社会的阶层结构、组织结构、家庭结构、城乡结构、消费结构、空间结构等层面的影响。

目 录

第一章 绪 论 ········· 001
第一节 学术史梳理及研究动态 ········· 001
第二节 研究对象与研究内容 ········· 009

第二章 网络消费：网络社会的重要消费形态 ········· 012
第一节 理论梳理与概念分析 ········· 012
第二节 信息、实物与劳务：网络消费的三大领域 ········· 015
第三节 社交、经济与娱乐：网络消费典型现象分析 ········· 023

第三章 阶层分化：网络消费中的空间折叠与消费分层 ········· 032
第一节 拼多多：社交电商第一股 ········· 036
第二节 消费空间的现实折叠与网络伸展 ········· 041
第三节 "消费升级"与"消费降级" ········· 046
第四节 分级消费中的阶层分化 ········· 051
第五节 拼多多背后的阶层现象 ········· 057

第四章 社群组织：网络消费中的个人、共同体与社会 ········· 059
第一节 狂欢式：网络社会生活的重要景观 ········· 062
第二节 共同体：在狂欢中彰显形态 ········· 067
第三节 原子化个人的网络团结 ········· 071
第四节 风险社会中的群体归属 ········· 075
第五节 共同体：社会变迁的秩序基点 ········· 080

第五章　婚恋家庭：网络婚恋的兴起背景及社会影响 ………………… 085
  第一节　单身群体的婚恋需求 ………………………………………… 089
  第二节　"网络红娘"的兴起 …………………………………………… 096
  第三节　信息之险：受阻的网络姻缘 ………………………………… 102
  第四节　社会根基之失：网络婚恋的"浮萍化" ……………………… 107
  第五节　网络姻缘何以可能 …………………………………………… 114

第六章　城乡结构：短视频时代的城乡互动与关系重构 ……………… 122
  第一节　城乡中国的"短视频+" ……………………………………… 125
  第二节　"云体验"中的生活分享 ……………………………………… 131
  第三节　从"俯观"到"凝视"的文化反哺 …………………………… 136
  第四节　"乡味"消费里的经济直通 …………………………………… 141

第七章　消费变化：网络信息消费的社会"加减法" …………………… 148
  第一节　互联网时代的信息消费 ……………………………………… 151
  第二节　信息消费中的权力迷局 ……………………………………… 156
  第三节　信息消费背后的结构变迁 …………………………………… 162
  第四节　信息消费里的社会信任 ……………………………………… 166
  第五节　信息消费分化的社群关系 …………………………………… 170

第八章　公共空间：网络信息消费的空间转向及其社会风险 ………… 176
  第一节　网络信息消费的空间转向 …………………………………… 179
  第二节　经济向度下的网络空间 ……………………………………… 184
  第三节　网络空间消费中的信息风险 ………………………………… 189
  第四节　网络空间公共性的日趋弱化 ………………………………… 192
  第五节　网络共同体的消解风险 ……………………………………… 197

第九章　网络消费中的转型中国 ……………………………………… 202
　　第一节　网络·消费·社会 ……………………………………… 202
　　第二节　助力：我国社会结构转型的网络维度 ………………… 206
　　第三节　阻力：我国社会结构转型的消费转向 ………………… 211

结　语 ……………………………………………………………… 220

参考文献 …………………………………………………………… 227

第一章
绪 论

第一节 学术史梳理及研究动态

互联网时代，网络消费的重要性日益凸显，对现实社会的影响也逐渐增强。梳理"网络消费""互联网社会影响""社会结构"相关研究文献，有利于进一步明晰与本研究相关的学术发展史，同时明确目前学界关于该研究的研究现状，从而在研究概念、理论观点、逻辑框架等方面为本研究奠定相关的文献基础。

一、"网络消费"的学术史梳理及研究动态

消费是人类诞生以来的永恒主题。关于消费的经济学研究由来已久，当西方社会逐渐从传统的以"生产"为中心的社会转变到以"消费"为中心的社会时，消费社会学便开始形成并崭露头角，以"消费的行为""消费的生产"和"消费的文化"为研究范式，对后工业社会的消费现象和消费问题进行研究。西方消费社会学的理论发展大致可分为两个阶段：第一个阶段是社会学视角下的消费行为研究，主要是从结构功能主义角度对消费行为及其影响因素进行探讨，强调非经济因素对消费行为的影响，代表人包括凡勃伦、帕森斯和斯梅尔瑟、富永健一等；第二个阶段是消费社会学的形成，以"消费文化"为研究范式，消费研究开始聚焦社会结构层面，如鲍德里亚的符号消费理论、瑞

泽尔的消费全球化研究、布迪厄的文化消费理论等。

在消费社会学的研究视野中，消费既是社会的重要组成部分，又与社会结成复杂而多元的互动关系。随着人类社会的发展变迁，社会成员的消费观念、消费行为、消费结构、消费文化也都发生了重要变化。网络消费即是伴随互联网时代的到来而出现的具有全新特点的人类消费形态。

国内的网络消费研究始于20世纪末期。根据研究重点的不同，大致可以分为三个阶段。第一，网络信息消费研究阶段（1999—2003年）。研究者普遍将互联网及其附带的信息、服务作为一个消费品开展研究，也即在消费社会学视角下对人们的网络使用行为及其社会影响开展研究。在这些研究中，网民群体普遍被视为信息社会的消费群体，计算机硬软件、上网费等被视为消费过程的主要成本投入之一，信息消费是消费者进行网络消费的主要内容。[1] 虽然有些学者也意识到网络购物是网络消费的组成部分之一[2]，但囿于同期现实社会中网络购物发展的迟滞状态，网络购物在网络消费相关研究中所占的比重大大少于信息消费所占的研究比重。第二，网络购物消费研究阶段（2004—2014年）。随着互联网对社会生活影响的进一步加深，以及电子商务的兴起，网络购物在网络消费研究中的比重得以增加，并从网络消费研究中独立出来而成为网络经济研究领域中的重要内容之一。第三，综合网络消费研究阶段（2015年至今）。研究者在网络信息消费和网络购物消费上的研究内容多元化，涵盖了网络消费的行为、心理、环境、安全、信任等，出现了时空视角下的网络消费研究[3]，同时随着互联网新经济现象的兴起，包括网络外卖、网约车、网络直播、知识付费、网络游戏、共享单车、网络教育等消费内容的兴起，研究者的研究视野也进一步拓展。其中，包括网络直播在内的网络劳务消费尤其引起

---

[1] 彭伟斌. 试论知识经济时代的网络消费及其风险 [J]. 消费经济, 1999 (3): 43-44; 吴满意. 试论网络消费与网络公关意识 [J]. 中国高教研究, 2001 (1): 80-81; 邢虹文. 网络消费的群体特征与社会分化 [J]. 电影新作, 2001 (1): 31-33.

[2] 何明升, 李一军. 网络消费的基本特点及其对传统经济理论的突破 [J]. 学术交流, 2001 (2): 105-108; 张毅斌. 网络消费心理及启示 [J]. 江苏商论, 2001 (4): 39-41; 何明升. 我国网络消费的问题分析 [J]. 学术交流, 2003 (1): 105-110.

[3] 张敏, 张翔, 申峻霞. 网络消费空间的性质与生产: 以淘宝网原创女装店为例 [J]. 地理科学, 2015 (8): 960-968; 席广亮, 甄峰, 张敏, 等. 网络消费时空演变及区域联系特征研究: 以京东商城为例 [J]. 地理科学, 2015, 35 (11): 1372-1380; 唐红涛, 郭凯歌, 朱晴晴. 中国网络消费的空间差异及影响因素 [J]. 消费经济, 2017 (3): 17-23.

一些研究者的关注❶,由此也引发了研究者对知识付费中的劳务消费开展分析。

综合来看,目前关于网络消费的研究存在以下四个特点。

第一,研究起始于 1999 年,文献数量从 2010 年开始明显增多,表示该研究议题受到了更多的研究关注。

第二,研究内容与互联网的发展阶段具有密切联系。自 20 世纪 90 年代发展至今,互联网在我国经历了快速的发展,伴随着各种网络应用的出现,人们的网络消费内容也发生着变化。从研究文献来看,关于网络消费的研究基本对应于现实社会中网络消费变化的三个阶段。在 Web 1.0 阶段,"信息获取"是网络用户消费互联网的普遍目的,同时电子商务开始萌生,因此,第一阶段(网络信息消费研究阶段,1999—2003 年)的研究以"网络信息消费"为主要内容,虽然有少数研究关注了电子商务的萌生,但研究层面有待进一步深入;第二阶段(网络购物消费研究阶段,2004—2014 年)主要对应于现实社会电子商务的迅猛发展,这个阶段是电子商务发展的重要时期,也是网络购物产生重要社会影响的时期❷,因此该阶段的研究内容尤其注重"网络购物消费"方面,多数研究普遍以"网络消费"直接指代"网络购物消费";第三阶段(综合网络消费研究阶段,2015 年至今)中,互联网金融、共享经济、网红经济、知识付费、直播电商等网络消费新内容的出现,使得网络消费研究除了在之前的"网络信息消费"和"网络购物消费"方面进一步深化之外,对于"网络劳务消费"的研究也逐渐增多。

第三,"网络消费"概念在使用上有狭义和广义两种区分。目前学界对"网络消费"概念没有明确界定,绝大多数文献在使用该概念时并没有在文中进行非常明确的说明,更多是在通用的"网络购物""网络经济"层面上使用该概念,尤其是在电子商务兴起之后,在网络经济层面上使用该概念的现象比

---

❶ 刘汉波. 直播:视觉消费与权力隐喻 [J]. 海南大学学报(人文社会科学版),2016(6):108-113;余富强,胡鹏辉. 拟真、身体与情感:消费社会中的网络直播探析 [J]. 中国青年研究,2018(7):5-12,32;涂永前,熊赟. 情感制造:泛娱乐直播中女主播的劳动过程研究 [J]. 青年研究,2019(4):1-12,94;王艳玲,刘可. 网络直播的共鸣效应:群体孤独·虚拟情感·消费认同 [J]. 现代传播,2019(10):26-29;于铁山. 剧场表演与情感卷入:网络直播礼物打赏现象研究:基于 30 余起典型案例的分析 [J]. 中国青年研究,2020(2):92-99.

❷ 张荣. 从危机到转机:网络社会的人际信任 [J]. 兰州学刊,2012(4):137-140.

较普遍❶，这与目前关于网络消费的研究多为经济学研究相关。不过，也有一些包括社会学在内的社会科学的相关研究文献，虽然大多数并没有对概念内涵进行明确说明，但在使用时没有局限于经济学领域，而是从较为广泛的含义上来理解"网络消费"概念。❷ 综合现有文献，本研究认为，对于"网络消费"概念，可以从广义和狭义两种角度来理解。其中，狭义的网络消费是指通过互联网购买有形商品的过程，与"网络购物"基本同义，比如认为网络消费是指消费者与零售商之间以互联网为渠道，以文字、图像等方式进行双向沟通与信息交换的一种交互式家庭购物等。广义的网络消费则是指人们以互联网为生活工具而实现其自身需要的满足过程，也即直接或间接利用互联网进行的消费行为，包括：①通过互联网获取信息，如信息搜索、信息传播、收发邮件、网络互动等；②通过互联网获取实物（或实物使用权），如网络购物、网络外卖、共享单车等；③通过互联网获取劳务（主要体现为"在线劳务"），如网络教育、网络主播、知识付费等。

第四，研究的学科特点表现为以经济学、法学、管理学的研究为主，社会学的研究有待进一步深化。从1999年至今，关于网络消费的研究已有20多年的时间，综合现有文献发现，对于网络消费的相关研究大都以经济学、法学、管理学为主流，主要是对网络消费的个人行为、权益维护、营销与管理、法律体系等开展研究；而2015年以来，现实社会中的网络消费出现种种新现象之后，学界关于网络消费概念内涵的发展变化、网络消费的分类，尤其是网络消费对于社会结构的影响的研究并不多。另外，已有网络消费相关研究成果多分散在经济学、法学、管理学等领域，而从社会学角度开展的综合性研究成果数

---

❶ 李承安，徐红军. 论我国网络消费的现状及发展策略 [J]. 商场现代化，2007（1）：89-90；蒋晓川. 网络消费特征及客户关系管理策略探析 [J]. 人民论坛，2012（35）：68-69；员宁波，陈淑珍. 青年群体网络消费特征及影响 [J]. 中国青年研究，2015（7）：15-19；李大赛，刘兵. 新生代农民工网络消费行为影响因素研究 [J]. 商业经济研究，2016（21）：45-47；雷英. 消费者异质性及其网络消费行为：从商家营销视角的解读 [J]. 商业经济研究，2020（2）：85-88.

❷ 何明升，李一军. 网络消费的基本特点及其对传统经济理论的突破 [J]. 学术交流，2001（2）：105-108；何明升. 发达国家的网络消费管理 [J]. 情报科学，2003（3）：235-238；邢虹文. 网络消费的群体特征与社会分化 [J]. 电影新作，2001（1）：31-33；王金台. 我国网络消费的特点、发展现状及对策 [J]. 郑州大学学报，2005（4）：80-82；孟凡新，涂圣伟. 当前网络消费发展的问题、趋势与建议 [J]. 宏观经济管理，2014（2）：35-37；张鹏. 网络消费变迁历程及新特征 [J]. 人民论坛，2017（31）：134-135.

量有待增加,研究程度还有待进一步深入。

二、"互联网社会影响"的学术史梳理及研究动态

虽然单独围绕网络消费对社会结构影响的研究较为薄弱,但对于互联网发展带来的社会结构变迁,社会学的研究则较为迅速而丰富。从互联网兴起开始,国内外研究者都普遍意识到了互联网发展带来的深远社会影响,一致认为网络社会的崛起带来了重要的社会结构变迁。这些研究主要在三个方面展开。

一是网络社会与社会结构的关系。学界主要有三种意见:戚攻等认为网络社会是一种中观的、技术性社会结构,是社会结构的一部分,位于社会宏观结构和社会微观结构之间,并具有连接二者的重要作用;❶而童星等则认为经由互联网的作用,传统的日常社会已经被整合为一种全新的现实的社会形态——网络社会;❷还有学者将网络社会视为现实社会的一种流动空间、另类空间❸,一个现实的充满活力且迅速扩展着的崭新领域❹,一种潜在的家❺。

二是网络社会对社会结构的影响内容和影响机制。卡斯特通过阐释网络社会空间在结构上发生的变化肯定了网络社会的崛起,并重点分析了经济组织、权力结构的变化;❻陈立辉从网上匹配、网上经济和网上市民社会三个角度探究了互联网带来的社会组织模式重塑;❼刘少杰认为社会生活的网络化带来了交往、经验和权力的明显变化,并已经引起了广泛而深刻的社会变迁;❽何明

---

❶ 戚攻. 网络社会在社会结构中的"位置"[J]. 社会, 2004 (2): 50-52.
❷ 童星, 罗军. 网络社会: 一种新的、现实的社会存在方式[J]. 江苏社会科学, 2001 (5): 116-120; 唐魁玉. 网络化的后果: 日常生活与生产实践的变迁[M]. 北京: 社会科学文献出版社, 2011.
❸ 曼纽尔·卡斯特. 网络社会的崛起[M]. 夏铸九, 王志弘, 等译. 北京: 社会科学文献出版社, 2006; 胡泳, 范海燕. 尼葛洛·庞帝. 数字化生存的四大特征[J]. 党政论坛, 1999 (6): 43-44.
❹❽ 刘少杰. 网络化时代的社会结构变迁[J]. 学术月刊, 2012 (10): 14-23.
❺ 埃瑟·戴森. 2.0版数字化时代的生活设计[M]. 胡泳, 范海燕, 译. 海口: 海南出版社, 1998.
❻ 曼纽尔·卡斯特. 网络社会的崛起[M]. 夏铸九, 王志弘, 等译. 北京: 社会科学文献出版社, 2006.
❼ 陈立辉. 互联网与社会组织模式重塑: 一场正在进行的深刻社会变迁[J]. 社会学研究, 1998 (6): 13-30.

升认为"网络技术的发展"和"网络治理模式创新"这两个驱动机制之间的匹配程度,是互联网发展对我国社会转型产生影响的重要机制;❶ 其他学者则分别从网络虚拟社区、网络公共领域、网络社会风险、网络社群、网络空间、网络认同、网络人际交往等方面指出互联网带来的社会影响。❷

三是网络社会的未来发展及其对现实社会的影响趋势。研究者对网络社会未来发展的分析,主要基于对5G技术应用带来的社会变化的研究而展开。对于此议题,唐魁玉认为,5G技术的普遍应用,将会促进互联网与物联网的深度融合,使人们的生活方式发生变化。❸ 邱泽奇则指出,5G技术通过"连通性"的影响途径,基于自身的两个特征——速度和容量的革命性改进、逻辑网络,建构人、事物、组织混合的社会,从而促进社会变迁。❹

上述研究普遍认为互联网带来了人类社会结构的重要变迁,并重点阐释了互联网发展带来的经济形态、社会组织、权力结构、人际交往、公共空间等方面的变化,取得了较为丰富的研究成果。不过,围绕网络消费,即从社会学的视角出发,重点针对网络消费的社会影响,尤其是近年来兴起的直播电商、知识付费、网络主播等网络消费的社会影响的分析有待进一步加强。

三、"社会结构"的学术史梳理及研究动态

在社会学史中,"社会结构"是一个重要的研究内容和研究视角,也是一个开展研究的重要概念工具。

西方社会学的创始人孔德,把社会学分成研究社会结构的社会静力学和研究社会变迁的社会动力学,即主张采用静态的视角对社会结构进行"横切面"

---

❶ 何明升. 技术与治理:中国70年社会转型之网络化逻辑 [J]. 探索与争鸣, 2019 (12): 41–52.

❷ 翟本瑞. 从社区、虚拟社区到社交网络:社会理论的变迁 [J]. 兰州大学学报(社会科学版), 2012 (5): 51–66;谢俊贵. 网络社会风险规律及其因应策略 [J]. 社会科学研究, 2016 (6): 102–110;张文宏. 网络社群的组织特征及其社会影响 [J]. 江苏行政学院学报, 2011 (4): 68–73;黄少华. 网络时代全球化的时空转变 [J]. 淮阴师范学院学报(哲学社会科学版), 2016 (1): 123–125;郑中玉. 互联网对社会关系的影响:争议与方向 [J]. 甘肃行政学院学报, 2011 (4): 46–55, 127.

❸ 唐魁玉. 5G登场:我们生活方式会发生怎样的变化 [J]. 人民论坛, 2019 (11): 25–27.

❹ 邱泽奇. 连通性:5G时代的社会变迁 [J]. 探索与争鸣, 2019 (9): 41–43.

的剖析，对社会结构的分析有助于增进对相对静止状态的社会的认识。斯宾塞基于其提出的"社会有机论"，将社会结构比作人体结构进行分析，类似于人体器官包括营养、消化与调节系统，社会结构包括三大阶级，即具有营养功能的工人阶级、具有分配和交换功能的商人阶级、具有调节功能的工业资本家阶级。韦伯的科层制理论，则从组织模式的视角对社会结构进行了剖析。以帕森斯为代表的结构功能主义从系统论的视角出发，对社会各个部分之间的相互关系、互动方式、功能作用等进行了分析，致力于使用"结构—功能"概念，探讨社会的均衡、协调、稳定的基础和模式。

同时，还有一些社会学理论家从动态的社会发展和变迁角度，对社会结构及其特点进行了概括。比如涂尔干的"机械团结—有机团结"概念，强调从集体意识、社群关系等方面认识社会结构；滕尼斯的"社区—社会"概念等，则从社会规范、人际关系方面对社会结构予以分析，这些概念共同为动态视角下的社会结构分析提供了思路。

改革开放以来，我国社会结构剧烈变动，自1987年以来，社会学界一直非常关注社会结构的发展变化，探索分析中国社会结构与现代化发展间的关系，尝试创建中国社会学的社会结构理论。[1]

在中国社会学界的研究中，"社会结构"是一个重要的研究概念，具有广义和狭义之分。[2] 广义的社会结构概念含义十分宽泛，包括社会实体构成要素、社会规范、社会关系等。[3] 郑杭生等认为社会结构是行动者在社会互动中形成的相对稳定的关系[4]，还有学者认为是一个国家或地区的占有一定资源、机会的社会成员的组成方式与关系格局，包括人口结构、家庭结构、组织结构、城乡结构、区域结构、就业结构、收入分配结构、消费结构、社会阶层结构等[5]。狭义的社会结构概念含义则比较集中，主要是指社会的阶级阶层结

---

[1] 张宛丽. "现今我国社会结构研究"座谈会综述 [J]. 社会学研究，1993 (5)：1-12.
[2] 刘欣，田丰. 社会结构研究40年：中国社会学研究者的探索 [J]. 江苏社会科学，2018 (4)：33-46.
[3] 李培林. 另一只看不见的手：社会结构转型 [J]. 中国社会科学，1992 (5)：3-17.
[4] 郑杭生，赵文龙. 社会学研究中"社会结构"的涵义辨析 [J]. 西安交通大学学报（社会科学版），2003 (2)：50-55.
[5] 陆学艺. 当代中国社会结构 [M]. 北京：社会科学文献出版社，2010；李培林. 中国改革以来阶级阶层结构的变化 [J]. 黑龙江社会科学，2011 (1)：53-62.

构,学界主要采用"关系性"和"阶梯性"两种视角进行研究。

综合来看,学界对于社会结构的概念含义,主要关注三个方面:社会互动、资源分布、社群关系。其中,社会互动是社会结构形成的重要过程和基础,资源分布是社会结构的重要动力因素,社群关系则是社会结构的重要呈现。

当前的互联网时代,与经典社会学理论家所处的时代不同,对当代社会结构的分析,也应该在经典的社会结构理论基础上,更加注重从社会互动、资源分布、社群关系方面进行探索。通过探讨互联网在社会互动、资源分布、社群关系等方面引起的变化,进而分析互联网时代社会结构的发展变化。

四、本研究相对已有研究的独到学术价值和应用价值

结合上述对相关研究的梳理分析,本研究拟通过对网络信息消费、网络实物消费、网络劳务消费三大网络消费领域的分析,以及对网络社交、网络购物、网络娱乐等典型消费现象的分析,主要以一些网络消费现象为例,深入探究网络消费以及网络消费对我国社会结构的影响,尤其是对一定范围、一定程度上的阶层结构、组织结构、家庭结构、城乡结构、消费结构、空间结构等社会结构的影响。

相对已有研究,本研究探索网络消费及其对社会结构的影响具有独到的学术价值和应用价值。

第一,学术价值方面。本研究对网络消费概念内容的明确、三大消费领域的分析,以及对新兴网络消费现象的考察,从学理层面回应了网络消费时代的到来,对该领域的相关研究具有一定的补充性;同时,本研究关于网络消费对社会结构的影响研究,也是现有网络社会发展相关研究的补充和网络消费研究的进一步拓展与深化。

第二,应用价值方面。本研究对网络消费的新现象、新问题、新趋势进行的阐释与探索,有利于为我国网络社会治理提供相应的启示;同时,本研究探究的网络消费对当前我国阶层结构、组织结构、家庭结构、城乡结构、消费结构、空间结构等方面的影响,有助于更深入地认识互联网引发的社会结构变化,从而为我国的新职业群体建设、城乡一体化发展、社会主流文化弘扬、新

时代消费理念引领、公共空间服务提升等提供有益的探索和应对思路。

第二节　研究对象与研究内容

本研究拟在当前的互联网时代背景下，结合新兴的网络消费现象，分析网络消费的本质特点及其发展变化，以及网络消费对社会阶层结构、组织结构、家庭结构、城乡结构、消费结构、空间结构等的影响，以进一步深化对当前我国网络消费实质及其社会影响的认识。

一、研究对象

本研究的研究对象主要有两个，其一是网络消费，其二为社会结构。

第一，网络消费。本研究采用广义的网络消费概念，对网络消费的研究主要涉及对网络信息消费、网络实物消费、网络劳务消费三个消费领域的研究。具体拟通过参考中国互联网络信息中心（CNNIC）的统计报告，对"双11"网购、网络直播、信息搜索、网络婚恋等典型网络消费事件的参与式观察，以及对网络消费过程中的评论、点赞、转发等网络言行的分析等途径，阐释社会成员开展网络消费行为的具体特点、表现类型、展开过程、影响因素，并对网络消费过程中社会成员的职业阶层、社群关系、婚恋交往、城乡互动、消费结构、公共空间互动等进行揭示和概括。

第二，社会结构。本研究拟从社会结构的六个子结构入手来探究网络消费对社会结构的影响。这六个子结构分别为阶层结构、组织结构、家庭结构、城乡结构、消费结构、空间结构等。

阶层结构是对社会成员的社会地位格局的重要体现，其变化主要包括新阶层的出现、阶层地位的变动、阶层关系变化等，"职业"是阶层的重要形成基础，本研究拟以网络消费中的职业变化和阶层分化为切入点，分析网络消费中的阶层变化。

组织结构是对社会成员的社群归属、联系方式、相互关系等的规定和呈现，其变化主要包括社会成员的组织方式、组织途径、组织模式等方面的变化。"共同体"是社会成员组织起来的形式之一，是一种重要的社群形态，也是连接个人与社会的重要群体媒介。本研究拟以网络消费中网络社群的组织形式为切入点，分析网络消费中个人与共同体、社会的关系变化。

家庭结构是指家庭成员的构成及其互动状态，以及进而形成的相对稳定的关系模式，家庭结构反映了家庭成员的互动形态。广义而言，婚恋关系也是家庭结构的组成部分，其中，恋爱关系是家庭形成的前期交往形态，婚姻关系是家庭结构的重要组成部分。本研究拟以网络消费中的婚恋交往为切入点，重点分析互联网背景下，在网络婚恋消费过程中，婚恋交往受到的影响、发生的变化，以及对家庭结构的潜在影响。

城乡结构展现了城乡社会成员的空间分布格局，其变化主要包括城乡界限的变化、城乡布局的变化、城乡居民身份地位的变动等。在社会结构中，城乡结构是网络消费影响较明显的层面，主要体现在淘宝村发展、直播电商等方面。同时，城乡结构的变迁及发展趋势也是当前我国城市化快速推进过程中的重要研究议题之一，更是网络化时代背景下推进城乡发展一体化必然要探究的研究热点之一。因此，本研究拟重点从消费社会学和经济社会学的学科视角出发，以网络消费中的直播电商现象为切入点，探究网络消费对城乡结构的影响过程、影响因素及未来影响趋势。

消费结构是指各类消费支出在总费用支出中所占的比重，是反映经济发展水平的指标之一。互联网时代中，信息消费成为社会成员的重要消费内容，信息消费相关支出也发生了重要的变化。本研究主要关注网络信息消费的兴起及其所带来的社会影响。

空间结构是体现社会空间的分布、互动、序列关系等内容的结构体系，具体包括物理空间、心理空间、社会空间、网络空间的互动格局，公共空间和私人空间的互动格局，线上空间与线下空间的互动格局等多方面的含义。本研究重点关注网络公共空间，拟对网络消费过程中网络公共空间的变化进行分析。

二、研究内容

本研究尝试立足于网络社会崛起这一社会现实和理论背景，在对网络消费学术研究史的梳理基础上,阐释时代变迁中网络消费的内涵变化,同时探究网络消费对当前我国社会阶层分化、社群组织、婚恋家庭、城乡结构、消费变化、公共空间的重要影响,以进一步深化对当前我国网络消费实质及其社会影响的认识。

第二章
网络消费：网络社会的重要消费形态

互联网时代的到来，使得网络消费成为网络社会的重要消费形态。目前，社会成员的网络消费主要包括网络信息消费、网络实物消费、网络劳务消费三大消费领域，并在社交、经济、娱乐三个方面形成典型的消费现象。网络消费的兴起和发展，产生了突出的社会影响，并且，随着互联网技术不断发展，网络消费新现象不断出现，网络消费的社会影响会更加多元而复杂。

第一节　理论梳理与概念分析

"消费"是消费社会学的重要研究对象。从消费社会学的视角来看，消费不仅是经济或心理现象，而且是一种集经济、心理、文化、符号和社会现象于一体的综合性现象。因而除了从经济学、心理学和营销学等角度对消费加以研究之外，还有必要从社会学、人类学、文化学等多学科角度加以探讨。

消费具有自然属性和社会属性。消费的自然属性，是指商品在满足人的需要过程中的自然磨损、损耗或消耗，满足的是人们的功能性需求，尤其是生存性功能（如衣食住行）的需要。消费的社会属性主要体现在消费主体的社会性、消费过程的主观性、消费价值的文化性等方面。首先，消费是个体自身、社会组织、社会关系和社会系统等主体开展的满足需要的活动。其中，消费主体具有社会性，因而围绕消费主体的相关内容包括消费观念、消费行为等都具有社会性。其次，消费过程具有一定的主观属性。消费过程是主体通过一定的行为选择开展的活动，而行为选择主要包括价值观念和心理等，都具有主观属性。其中，价值观念主要体现为消费选择的价值观念，包括理性消费、合理消费、超前消费、感性消费等价值观念。心理则是指主体开展消费选择过程中的认知、体验、情感等，具有较强的主观属性。最后，消费价值体现为较强的文化属性。在很多社会情境中，消费都表现出特定的文化属性，比如社会学家鲍德里亚曾经对消费的"符号价值"进行过分析，认为商品不仅具有使用价值和交换价值，也具有"符号价值"，因而消费商品的符号价值在于展示社会地位的差异性。

当代西方消费社会学的研究内容主要包括三个方面：消费的行为、消费的生产、消费的文化。其中，消费的行为研究侧重分析消费者的消费行为及其社会影响因素；消费的生产研究侧重分析消费过程的政治、经济和制度环境；消费的文化研究则主要分析消费的符号、意义、文化建构和感受过程。

在不同的历史发展阶段、不同的社会情境下，伴随着经济活动的开展，消费的行为、生产和文化也都发生着相应的变化，并产生相应的社会影响。进入互联网时代以来，网络消费作为消费的一种形态开始兴起并日益发展，成为网络社会中的重要消费形态。

网络消费，是指社会成员直接或间接以互联网为消费媒介所开展的满足自身需求的消费行为，是伴随着网络社会发展而出现的新型消费形态。

互联网应用丰富而多元，目前互联网已经形成了多个令人瞩目的应用领域，包括信息、电商、金融、社交、娱乐、分享等；互联网公司层出不穷，互联网产品应接不暇，从最初的信息搜索，到后来的网络购物、网络社交、网络娱乐等，大量的资金投入和庞大的用户规模，使得在我国互联网发展过程中，每个细分的消费领域都成长出具有较大影响的互联网公司和网络产品。这样的互联网公司有"BAT"（即百度、阿里巴巴、腾讯），网络产品有淘宝、京东、微博、微信、抖音、快手等。所有这些发展，进一步丰富了人们的社会生活，使人际联系日益密切，使得社会成员网络消费的内容、途径、模式都日益多元。

伴随着互联网的不断发展，我国社会成员的网络消费主要经历了三个阶段：网络信息消费阶段、网络实物消费阶段、网络劳务消费阶段。因而，我国社会成员的网络消费也主要包括三个领域：信息消费、实物消费、劳务消费。

网络信息消费，即通过互联网满足自身信息需求的消费行为，包括信息搜索、信息传播、信息发布等与信息相关的消费行为。网络信息消费主要出现于

1994—2003年互联网发展的初期阶段，也即Web 1.0时代，以新浪、搜狐、网易等门户网站为代表，网民通过登录这些网站，获取所需信息，同时还包括一些社交平台，如网络论坛等，信息是网民的主要消费内容。

网络实物消费，即通过互联网满足自身的实物购买需求的消费行为，即通常所称的电子商务、网络购物、网络经济等，主要出现于电子商务发展时期，即2004—2014年，以当当网、淘宝、京东等电子商务平台为代表，网民登录这些平台，通过B2C、C2C、B2B[1]等模式在网络上购买相应的物品。

网络劳务消费，即通过互联网获得相关劳务的形式满足自身需求的消费行为，其中的"劳务"也可以理解为"服务"，但为了与服务经济中的"服务"相区别，因此使用"劳务"的说法。网络劳务消费主要兴起于2015年以后，以抖音、快手等短视频平台为代表，还包括一些知识付费平台、音频平台等。网络用户通过登录这些平台，消费他人通过一定劳务付出而"生产"出来的知识产品、音频产品、视频产品，从而满足自身的休闲娱乐等需求。在网络劳务消费过程中，虽然并没有产生"面对面"的劳务服务，但是消费者通过一定的金钱、注意力、时间等支出，购买了视频、音频、知识等产品的使用权利和使用资格，这些产品普遍都是生产者付出一定的劳务"生产"出来的产品，因而在获取、收听、观看这些产品时，比较类似于生产者通过互联网在向消费者提供劳务产品。

需要说明的是，网络消费的这三个领域并非截然分开，在互联网的发展阶段中也并非一种递进更替的关系，而是相互促进、融合交叉的关系，尤其是在当前的互联网平台，三个领域具有互联、共享、跨界、融合的趋势。比如在抖音平台上的短视频直播过程中，观看者不仅通过消费短视频生产者的"视频产品"而获得休闲娱乐需求的满足，同时也可以在短视频呈现的内容中获取饮食、健康等信息，此外还可以通过电商平台的链接，购买短视频中出现的物品，即网络劳务消费、网络信息消费、网络实物消费在这个过程中出现了融合。

---

[1] B2C、C2C、B2B，均为电子商务的专业用语，分别指的是从商家到消费者的电子商务，从消费者到消费者的电子商务，从商家到商家的电子商务。其中，B是商家的英文Business的首字母，被用来指代商家；C是消费者的英文Consumer的首字母，被用来指代消费者；2的英文发音与to相同，被用来指代to。

消费是连接经济与文化的社会活动，是经济生活、文化生活和社会生活的连接点。[1] 消费的发展变化，是社会发展变迁的重要表征和影响因素。基于消费在现代生活中的重要性日益增强，社会学家鲍德里亚指出了"消费社会"的出现及其社会影响。[2] 互联网兴起之后，网络消费内容的不断丰富，新的网络消费现象的不断出现，都极大推动了网络社会的进一步发展。

第二节　信息、实物与劳务：网络消费的三大领域

网络消费主要包括网络信息消费、网络实物消费与网络劳务消费，信息、实物与劳务构成网络消费的三大领域。其中，网络信息消费是网络消费的基本内容，网络实物消费是传统经济消费在网络平台上的延续性发展，网络劳务消费是网络消费的新现象。

一、网络信息消费

网络信息消费是一种直接或间接以信息产品和信息服务为消费对象的经济活动，构成人们网络消费的基本内容。无论是浏览新闻网页、在搜索引擎搜寻信息，还是在微博、微信、贴吧中发布信息等，只要进入了网络空间，人们便无时无刻不在开展着信息消费活动。迅捷的信息搜寻和信息传递技术，也使人们获取信息的能力大大提高。

前互联网时代，由于信息传播媒介的局限，人们获知信息的途径非常有限，信息需求满足的形式比较单一，除了传统的面对面的口耳传播之外，便是借助于报纸、杂志、广播、电视等大众传播媒介的力量。受制于信息储存技术和信息传递技术的局限，在前互联网时代，不仅社会的信息总量不大，而且人与信息之间也并没有建立通畅、快速的连接渠道。

互联网时代的到来则彻底消除了前互联网时代信息获取的种种障碍。凭借

---

[1] 王宁. 消费社会学：一个分析的视角 [M]. 北京：社会科学文献出版社，2001.
[2] 让·鲍德里亚. 消费社会 [M]. 刘成富，全志钢，译. 南京：南京大学出版社，2014.

较强的信息储存能力和迅捷的信息传递技术，社会上的信息总量迅速增加，人们开始在互联网空间中与海量的信息直接相对。随后，连接人与信息的网络服务技术开始出现，一系列提供信息搜索服务的互联网公司也逐渐发展壮大。

信息消费的内容非常广泛，包括搜索信息、传播信息、信息发布、信息互动等在网络空间中开展的与信息相关的消费活动。与其他物品的消费不同，消费者在开展信息消费的过程中，除了要支付一定数额的货币之外，还需要付出注意力成本、个人信息成本等信息消费中的非货币化成本。

注意力成本是指消费者对某一个信息的关注成本，即消费者付出一定的时间和精力对该信息进行浏览的成本。注意力成本是互联网时代的重要成本之一。这是由于互联网时代中，信息极大丰富，人们的注意力逐渐成为稀缺资源。对于一个企业而言，如何在互联网海量的信息中让自己的信息吸引人们的注意力，是培养潜在消费群体，进而获得未来最大商业利益的重要途径。企业可以通过向互联网公司交纳一定费用从而使自己的信息出现在该网络平台上，比如当我们浏览网站新闻、免费使用某个网络软件、下载音乐视频时，经常会同时看到企业发布的商业信息，支付一定的注意力成本。

个人信息成本是指消费者在进行获取信息、发布信息等信息消费活动时需要透露个人信息而产生的成本。个人信息主要包括与个人相关联的、反映个体特征的具有可识别性的符号系统，包括个人身份、工作、家庭、财产、健康等各方面的信息。当消费者进入互联网空间，想要使用某个网络平台获取或发布信息时，通常会被要求提供相应的个人信息注册成为会员，这些个人信息的提供，即是消费者在进行信息消费之前付出的个人信息成本。除了一些直接反映个人特征的信息之外，还有一些信息虽然并非直接与个人特征相连，但也在一定程度上反映了个人的信息需求，比如搜索记录等，也属于个人信息成本，会被收集汇入网络大数据，进而产生一定的经济作用。比如人们在搜索平台上输入一个信息时，他们的信息需求、网络 IP 地址等与个人有一定关联的信息会立即被后台的数据分析系统所捕捉，并被企业用于对消费者的商业分析中。尤其是移动互联网的出现，使得手机号与互联网信息消费行为紧密地结合起来。通过大数据分析，互联网很容易对一个人的信息消费行为进行全面还原。

这些成本的付出，都是互联网时代信息消费不同于其他消费活动的新特征。据统计,截至 2021 年 12 月,我国网民规模达 10.32 亿,互联网普及率为 73.0%。❶ 这便意味着我国有七成多的社会成员在网络空间中开展着各种各样的信息消费活动。他们或者是通过搜索引擎、新闻网站获取某些信息,或者是在某个网站平台发布信息与其他人开展信息互动,或者是消费网络文化产品如电子书、电影、电视剧、网络游戏等。除了直接支付货币这一消费成本之外,他们中的大部分人其实在上述网络信息消费活动中还支付了注意力成本、个人信息成本等其他成本。

网络信息消费是网络消费的重要内容,也是最基础的内容。在实物消费和劳务消费兴起后,信息消费仍然作为网络消费的重要内容在发挥作用,甚至与后两者相融合而出现了综合性的消费现象。

二、网络实物消费

网络实物消费,是指在网络空间中,以互联网为媒介和平台开展的经济消费行为,消费过程体现为真实的商品购买过程,互联网在整个消费过程中发挥平台或媒介的作用,基本等同于人们通常所说的"网络购物"。在互联网发展过程中,我国的网络实物消费市场获得了快速发展。截至 2021 年 12 月,我国网络购物用户规模达到 8.42 亿,占网民整体的 81.6%。❷

(一) 发展阶段

在我国,伴随着电子商务的发展,网络实物消费也经历了一个从无到有、从初现到兴起的过程,主要经历了萌芽阶段、迅速发展阶段、百花齐放阶段、高科技发展阶段。

第一,萌芽阶段。1998—2002 年为网络购物消费的萌芽阶段。1998 年 4 月 7 日,我国网络购物第一单交易的顺利成交,开启了我国网络购物消费的大幕。❸ 在这一阶段出现的购物平台主要为阿里巴巴、易趣网、携程网、当当

---

❶❷ 中国互联网络信息中心. 第 49 次《中国互联网络发展状况统计报告》[EB/OL]. (2022-02-25). http://www.cnnic.net.cn/hlwfzyj/hlwxzbg/hlwtjbg/202202/P020220721404263787858.pdf.

❸ 大魏. 我国电子商务第一单交易顺利成交:中国商品交易中心首单电子交易纪实 [J]. 中国经贸导刊,1998 (9):30.

网、卓越网等。在这一阶段，由于网民规模较小，网络应用比较单一，网民的网络消费内容主要表现为电子邮件、新闻浏览等信息消费内容，网络购物消费在这一阶段没有得到较大的发展。

第二，迅速发展阶段。2003—2008年为网络购物消费的发展阶段。2003年的"非典"疫情扰乱了人们正常的生活与商业活动，由于人们足不出户，网络交易成为最受青睐的手段，网络购物的社会信任基础逐渐确立。随后，在网络支付和物流体系发展的推进下，网络购物消费进入迅速发展的时期。这一时期的消费平台主要包括当当网、卓越亚马逊、慧聪网、淘宝网、京东网、凡客诚品等。

第三，百花齐放阶段。2009—2010年为网络购物消费百花齐放的阶段。在该发展阶段中，原有的购物网站不断调整自己的商务定位，从垂直转向综合，如卓越亚马逊、当当网等纷纷由原来的主营图书转向百货商品。与此同时，一些新的消费平台纷纷涌现，如国内专营女性内衣的梦芭莎、专营鞋子的乐淘网等。此外，越来越多的实体企业开始建立自己的网络购物平台，如苏宁、国美等，开启了传统企业进入电子商务市场的新篇章。这些都进一步推动了网络购物消费的发展。

第四，高科技发展阶段。2011年至今为网络购物消费的高科技发展阶段。从网络购物消费基础来看，该阶段的网络购物行业呈现出产业生态日益完善、商务新模式不断出现、多元平台跨界融合、人工智能开始应用等特点，从而推动网络购物消费的平台、环境、技术都上了一个台阶。在产业生态方面，网络平台发展成熟，产业布局基本稳定，通过一些新科技的应用，精准销售广泛普及。在商务新模式方面，主要体现在直播电商❶、工厂电商❷、社区零售等新模式的兴起和发展，同时，团购、网络外卖等消费方式的兴起，促使传统的基于实体消费空间的出行购物消费转向网络与实体并存的消费方式。在跨界融合方面，多元平台之间展开广泛合作，电商与直播、短视频进行深度融合，如淘宝上线独立直播平台、拼多多联合快手进行直播推广、京东购物车接入抖音等，推动网络购物消费呈现发展新局面。在人工智能应用方面，在有些购物网站上，

---

❶ 直播电商，指电商通过视频直播的方式展示商品，吸引用户购买商品。
❷ 工厂电商，指工厂生产、电商平台贴牌的模式。

人工智能已经被应用于客服、物流等环节，预计在未来的发展趋势中，云计算、物联网、大数据和人工智能都会与网络购物消费过程更加紧密地联合起来。

（二）代表性的电商平台

一般而言，我国目前的电商平台主要分为交易型、内容型、社交型、直播型。目前我国比较大的交易型平台主要以京东、阿里巴巴为代表；内容型平台以小红书为代表；社交型平台以拼多多为代表；直播型平台以抖音为代表。

阿里巴巴是我国最早创立的电商企业之一，全称为"阿里巴巴网络技术有限公司"，简称"阿里巴巴集团"，也被人们称为"阿里"，创始人为马云，是以马云为首的18人于1999年在浙江杭州创立的公司。据称，阿里巴巴意谓"芝麻开门"，是指该平台为小企业开启财富之门。阿里巴巴经营多项业务，主要包括淘宝网、天猫、聚划算等。2014年9月19日，阿里巴巴集团在纽约证券交易所正式挂牌上市。2018年12月，阿里巴巴入围2018世界品牌500强。阿里巴巴极大促进了网络购物行业的发展。在阿里巴巴平台上开展的实物消费过程也产生了重要的社会影响，比如"双11"购物狂欢现象等。

京东也是创立较早的电商企业，是由刘强东于1998年6月18日在中关村创业形成的公司，名为"京东公司"。2013年3月30日，京东去商城化，全面改名为"京东"，随后更换LOGO。2004年1月，京东多媒体网正式开通，启用新域名。京东是电商企业中较早开始发展自建物流的公司，2012年获得快递牌照。2015年8月，京东与永辉超市达成战略合作。2016年6月，京东与沃尔玛达成深度战略合作。❶ 与此网购平台相关的社会文化现象主要有"618电商节"等。

阿里巴巴和京东都属于交易型电商，通过交易获得流量。后来，随着网络消费的进一步发展，内容型交易逐渐凸显出来，出现了以小红书为代表的内容型电商。

小红书是源起于社区的电商平台，2013年在上海成立，同年12月建立海外购物分享社区。最初用户注重于在其平台上分享海外购物经验，后来涉及了

---

❶ 陈慧娟. 新零售模式下电商巨头的线下战略布局：以京东和阿里为例［J］. 商业经济研究，2018（6）：67-69.

消费经验和生活方式的各个方面。小红书成为连接中国消费者与国际优秀品牌的纽带。通过大量用户在社区分享消费体验，小红书成为重要的内容生产平台，优质信息的拥有使其成为消费者和品牌方共同看重的"智库"。2014年12月，小红书正式上线电商平台"福利社"，从社区升级为电商。2019年1月，小红书用户突破2亿，小红书成为以内容型流量为基础的电商平台。2019年8月1日，小红书针对"App在各大应用市场下架"一事在官方微博发表声明，指出小红书正对站内内容启动全面排查、整改，积极配合有关部门，促进互联网环境的优化与提升。不过，随着互联网的发展，小红书等已经触碰到流量红利增长的天花板，移动互联网的流量红利正在渐渐消失。在这种情况下，具有较强人际网络效应的社交渠道开始引起人们的关注，且正在成为新的流量增长平台。拼多多正是以"社交型流量"为基础的电商平台。

拼多多是后来创立的电商公司，成立于2015年9月，隶属于上海寻梦信息技术有限公司，是一家专注于C2B拼单的第三方、全品类的社交电商平台。虽然成立较晚，但借助于社交网络的巨大宣传、购买作用，拼多多在短短的两年时间内便迅速崛起，成为电商格局中的重要一员。从2015年10月上线起，仅仅用了2年2个月的时间，拼多多的用户量便突破3亿，并同时拥有百万级商家，月成交总额超过400亿元。社交型电商兴起于互联网Web 3.0时代。在Web 1.0时代，门户网站和信息搜索占据人们网络生活的主流。在Web 2.0时代，人们通过互联网开展社交，由互联网作为媒介的人际互动的重要性日益凸显。Web 3.0时代是移动和智能占据核心地位的时代，不同网络平台之间可以信息交互，网络用户人际社交圈的范围更广、交互性更强，移动互联网的社交效用获得最大功能的发挥。正是借助社交媒介（微博、微信等）的传播途径，拼多多以"拼团"为模式，将关注、分享、互动等社交化元素应用于消费过程之中，促进了社交媒体与电子商务的深入融合，迅速崛起为电商格局中的重要一员。

此外，短视频直播兴起之后，直播与电商开始结合起来，出现了"直播电商"。直播电商是网红经济的重要表现，也是短视频红利的结果。2019年虽然不是短视频公司和网红经纪公司的发展元年，但却是直播和电商结合的爆发之年，"口红一哥"李佳琦5分钟卖出15000支口红。网络直播与网络购物结合到一起，成为电子商务的新形态。目前，开展直播的电商正处于兴起阶段，平台比较多。直播电商兴起后，"直播带货"已经成为一种网购形式。相比于传统网购和线下零售，网络直播带来的是更好、更舒适的网购体验，不仅可以在直播过程中回应顾客对商品的疑问，实现消费者与一些品牌方的有效互动，还可以在直播中传递商品使用等方面的信息和知识，让消费者获得边看边买的购物体验。

三、网络劳务消费

网络劳务消费，与网络服务消费的含义基本相同，是消费者通过互联网获得相关劳务内容的消费。互联网时代，借助于互联网对文字、图片、声音、视频等传播的巨大优势，同时在互联网技术发展的基础上，网络空间成为劳务消费的平台之一，网络劳务消费现象开始凸显，出现了许多新的发展形态，如网络直播、在线教育等。

其中，网络直播是比较有代表性的消费形态，尤其随着短视频的兴起，通过观看直播，获得休闲娱乐等需求的满足，逐渐成为人们进行网络消费的内容。截至 2021 年 12 月，我国网络直播用户规模达 7.03 亿，占网民整体的 68.2%。[1]

网络直播的发展，大致经过了 PC[2] 直播和移动直播两个阶段。PC 直播阶段，主要的代表性平台为 YY、9158、六间房等，直播内容主要是秀场直播，后来拓展到游戏竞技直播。直播背景比较模式化，普遍都是一个狭小的经过设计装饰的房间，一个麦克风，一个摄像头。后来，随着移动互联网的发展，直播门槛大幅降低，并在社会成员中迅速普及，只需要一个手机就能简单完成直播，原来固定的经过设计的房间背景也被生活中丰富多彩的背景所替代，内容、场景的创新层出不穷，出现了泛娱乐直播、全民直播、社交直播等。由于移动直播的内容生产门槛更低、理念更新、生态更加开放，用户群规模不断扩大，用户参与直播互动的程度和频率也不断加强，这为之后的直播变现奠定了基础。

从直播内容来看，网络直播主要包括娱乐直播、游戏直播、百姓直播、其

---

[1] 中国互联网络信息中心. 第 49 次《中国互联网络发展状况统计报告》[EB/OL]. (2022-02-25). http://www.cnnic.net.cn/hlwfzyj/hlwxzbg/hlwtjbg/202202/P020220721404263787858.pdf.

[2] PC 是个人计算机的英文缩写，一般是指个人计算机。

他直播等。娱乐直播包括唱歌直播、聊天直播、舞蹈直播、乐器直播等，主播人普遍以"90后"和"00后"居多，通常具有一定的才艺，比如唱歌、跳舞、说唱等，形象较好，以女性居多。游戏直播以对游戏的直播为主要内容，主播人由游戏职业玩家、游戏红人等转型而来。百姓直播，即移动直播阶段，越来越多的用户开始自己拿着手机直播，内容涉及自己身边的工作和生活，包括美食直播、户外直播、工作内容直播、家庭生活直播等。

2016年被称为"中国网络直播元年"。网络直播是移动互联网发展的产物，属于互联网时代的网络劳务消费，同时也是网络平台上的一种新的娱乐和社交形式。在直播平台上，主播们付出了相应的劳务，包括脑力、体力、整合资源等多种形式的劳务。与网络信息消费类似，在网络劳务消费过程中，消费者除了支付金钱成本之外，还支付了注意力成本与时间成本。

网络直播的劳务消费过程主要包括三个环节：一、直播内容受到消费者关注，消费者支付注意力成本和时间成本，成为直播平台和主播进行直播变现的重要流量基础；二、在观看直播的过程中，消费者获得感官与精神的满足，通过直播平台提供的虚拟消费平台进行消费，在直播间最基本的互动消费中，送花、送礼物、买演出门票、买周边产品仍然是在线直播最主要的消费途径；三、消费者在虚拟消费平台的消费完成现实的资金转化，成为直播平台和主播的收入来源。

在网络直播的消费过程中，消费者的消费动力主要源于几方面的需求：享受娱乐、满足好奇心、获得生活信息、寻求群体认同、消除压力等。从播放内容来看，网络直播的消费吸引力主要体现为三个方面：内容、时效、互动；从年龄上看，对直播的消费主要以年轻人为主。

除了网络直播，网民对在线教育"劳务"的消费也具有一定代表性。据统计，截至2021年6月，我国在线教育用户规模达3.25亿，占网民整体的32.1%。❶ 2019年，我国政府工作报告中明确提出要发展"互联网+教育"，促进优质资源共享。❷ 未来的发展中，在相关政策的影响下，在线教育将逐渐

---

❶ 中国互联网络信息中心. 第48次《中国互联网络发展状况统计报告》[EB/OL]. (2021-09-15). http://www.cnnic.net.cn/hlwfzyj/hlwxzbg/hlwtjbg/202109/P020210915523670981527.pdf.

❷ 向雪妮. 优质资源共享！"互联网+教育"写进2019年政府工作报告[N]. 南方都市报, 2019-03-05.

延伸到广大农村和边远地区，以 AI 技术为驱动的个性化教学将成为在线教育的重要发展方向。

第三节 社交、经济与娱乐：网络消费典型现象分析

在网络信息消费、网络实物消费和网络劳务消费的过程中，社交、经济和娱乐是社会成员开展网络消费的重要内容，并围绕这三个方面形成了社交、经济和娱乐的网络消费典型现象。对这三方面典型现象的分析，有助于更深入地认识当前我国社会成员的网络消费情况。

一、网络社交

网络社交是网络消费过程中最基础最普遍的消费现象，也是互联网技术最基础的应用功能。据统计，截至 2021 年 12 月，我国即时通信用户规模达 10.07 亿，占网民整体的 97.5%。[1] 这表明，"社交"是我国网民使用互联网最普遍的需求。

从 20 世纪 90 年代互联网开始在我国发展以来，网络便成为人们开展社交的工具之一。网民的社交需求也催生了网络社交平台的迅速发展，从最开始的网络论坛、QQ，再到后来的微博、微信，还有目前流行的抖音、快手，网民的网络社交平台、内容、途径越来越丰富多样。从发展过程来看，网络社交大致经历了四个发展阶段。需要注意的是，虽然这四个发展阶段从时间上具有一定的先后之分，但并不是截然独立的，而是相互影响、相互促进的关系，共同推进了我国网络社交消费的繁荣发展。

（1）通信社交阶段（大致出现于 1994—2003 年）。该阶段主要发展于 Web 1.0 阶段，"文字""符号"是网络社交的主要内容和媒介，主要的社交应用包括 E-mail、网络论坛，在网络论坛基础上发展起来的各种虚拟社区，包

---

[1] 中国互联网信息中心. 第 49 次《中国互联网发展状况统计报告》[EB/OL]. (2022-02-25). http://www.cnnic.net.cn/hlwfzyj/hlwxzbg/hlwtjbg/202202/P020220721404263787858.pdf.

括天涯、猫扑、西祠胡同，以及早期的QQ等。"通信"是该阶段社交的主要功能，也是网络社交消费的主要消费内容。

（2）娱乐社交阶段（大致兴起于2004—2010年）。该阶段的社交与娱乐相融合，出现了许多兼具娱乐和社交功能的社交产品，如人人网、开心网等。这些网络社交产品的普遍模式，都是通过开发一些娱乐小游戏来增进社交互动，使消费者在娱乐的过程中开展社交，在社交的同时获得娱乐体验。这一阶段的社交产品大大推进了我国网络社交的发展，增强了社交产品的休闲娱乐功能，扩大了社交用户群体的规模。

（3）公共社交阶段（大致兴起于2011—2015年）。该阶段体现出Web 2.0的特点，即互联网内容生产的大众化。该阶段之所以被称为"公共社交阶段"，主要是因为该阶段的社交具有一定的公共性。代表性的社交产品主要包括微博、微信等。尤其是微博的兴起，大大促进了网络社交的公共性。一系列社会现象和突发事件在发生之后，通过微博的社交网络，推动了相关信息的迅速传播和公共话题的讨论，产生了"网络舆论撬动现实社会"的力量。❶ 同时，微信的广泛普及也进一步扩大了网络社交的用户规模，与微博一起，在一些公共话题的信息传播过程中发挥了重要作用。

（4）视频社交阶段（2016年至今）。2016年以来，伴随着大量短视频平台的兴起，视频社交开始广泛普及，开启了视频社交阶段。该阶段的社交产品比较庞杂，且与网络娱乐消费产品相混合，主要包括美拍、抖音、快手、秒拍等。视频社交是随着互联网技术的发展逐渐兴起的，融合了通信社交、娱乐社交、公共社交的功能，使得消费者在满足通信需求的基础上，还满足了娱乐需求，同时对于一些公共话题，也具有信息传播和舆论形成的作用。未来随着5G技术的广泛应用，VR❷、AR❸技术在视频中的普及，视频社交将会获得更

---

❶ 张荣. 从虚拟到现实：网络意见群体的舆论影响［J］. 人文杂志，2013（5）：123 – 128.

❷ VR即虚拟现实的简称，为英文Virtual Reality的缩写。VR技术，又称灵境技术，是包含了计算机、电子信息、仿真技术等在内的，利用现实生活中的数据，通过模拟合成产生的虚拟环境使人获得环境沉浸体验的应用技术。由于在带给使用者沉浸体验的环境中，有些现象并不存在，而是模拟现实产生的，所以称为虚拟现实。

❸ AR即增强现实的简称，为英文Augmented Reality的缩写。AR技术是一种将虚拟信息与真实世界巧妙融合的技术，广泛运用智能交互、传感、多媒体等技术，将计算机生成的文字、图像、音乐、视频等虚拟信息模拟仿真后，应用于真实世界中，与真实世界的信息相互补充，实现对真实世界的"增强"。

加丰富的发展。

二、网络经济

网络经济是网络消费中比较重要而典型的消费现象，也是产生了重要的社会影响的网络消费现象。广义而言，网络经济的含义比较广泛，包括所有与互联网相关的经济现象，甚至网络社交、网络娱乐也都具有"经济+"特点。从狭义来看，网络经济可以看作与商务交易、金融服务等经济交易相关的网络消费活动。为了与网络社交、网络娱乐相区分，本研究主要从狭义的角度对网络经济进行分析。

从目前网络经济消费现象的应用程度来看，网络购物、网上外卖、旅行预订、互联网理财、网约车等都是应用比较广泛、用户群体规模较大的消费现象，并且产生了相应的社会影响。以下主要介绍淘宝村、网络外卖、网约车三类比较典型的网络经济现象。

（一）淘宝村

淘宝村是指一种特殊的网络经济现象。互联网时代，伴随电子商务的发展，越来越多的农村人成为淘宝电商，进而在带动效应下，有时一个村庄的大部分农民都成为淘宝电商，形成淘宝村。一般而言，淘宝村是指活跃网店数量达到当地家庭户数10%以上，电子商务年交易额达到1000万元以上的村庄。淘宝村是我国互联网发展过程中出现的对于现实农村社会发生影响的典型现象。

淘宝村最早出现于小商品经济比较发达的地区，如浙江、广东、江苏等地。淘宝村大致诞生于2009年，从最初发现的3个淘宝村，到2013年进入统计数据的20个，再到2014年的200多个，淘宝村的发展非常迅速，数量增长很快。2019年，全国淘宝村超过4300个，淘宝村集群达到95个，大型淘宝村集群达到33个，超大型淘宝村集群达到7个。❶ 展望下一个10年，预计全国

---

❶ 邵琨. 全国淘宝村超过4300个，覆盖25个省份[EB/OL]. (2019-08-30). https://baijiahao.baidu.com/s?id=1643269195692257809&wfr=spider&for=pc.

淘宝村将超过 2 万个，带动超过 2000 万个的就业机会。

从经营内容来看，淘宝村主要包括农贸类淘宝村（网络主营商品以农、林、牧、渔等农产品为主）、工贸类淘宝村（网络主营商品以工业制成品或手工艺产品为主）、纯贸易类淘宝村（如大型专业批发市场周边的淘宝村）等。

从空间分布而言，淘宝村的分布主要受资源禀赋、地理区位、产业集聚以及上网普及率的影响，更多地分布在资源禀赋较好、交通便利、产业集聚区和上网普及率更高的地区，在全国范围内呈现出明显的以浙江为中心先向东部沿海省份扩散，进而向中西部地区扩散的特征。

在社会影响方面，淘宝村在增加农民收入、带动返乡创业、促进产业兴旺等方面显现出重要的经济、社会价值，已经成为影响中国农村经济发展的一股不可忽视的新兴力量。有报道指出，"30 年前有小岗村，现在有淘宝村"，未来 20~30 年，因为互联网，农民会转型成为"新农民"。❶ 淘宝村吸引农民工返乡创业，使村庄重现了生机与活力。农村通过经营淘宝电商增加了经济收入，进一步在住房、交通、医疗、教育、环保等方面有了更高追求，富裕起来的农民具有参与美丽乡村建设、乡村治理、乡村文明建设的积极性，会共同推动农村生态环境、公共服务设施的进一步提升。

（二）网络外卖

网络外卖是网络经济现象中比较典型并具有较大影响的经济现象。数据显示，截至 2021 年 12 月，我国网络外卖用户规模达 5.44 亿，占网民整体的 52.7%。❷

网络外卖大约兴起于 2015 年，代表性的外卖平台包括美团、饿了么、百度外卖等。在 2016—2017 年，这些平台依靠补贴和广告宣传快速完成了市场培育，培养了一定规模的用户群，并在一定程度上培养了人们使用网络外卖的消费习惯。外卖逐渐成为餐饮行业的增长内容，一些小餐馆通过外卖带来的时

---

❶ 肖戎川. 中国已建 2100 个淘宝村 淘宝村模式已成为农村脱贫新模式 [N]. 中国青年报，2017 - 12 - 07.

❷ 中国互联网络信息中心. 第 49 次《中国互联网络发展状况统计报告》[EB/OL]. (2022 - 02 - 25). http://www.cnnic.net.cn/hlwfzyj/hlwxzbg/hlwtjbg/202202/P020220721404263787858.pdf.

第二章 网络消费：网络社会的重要消费形态

空压缩与时空扩展，抵消了房租和经营成本带来的经营压力，获得蓬勃发展。❶ 甚至对于有些小餐饮店而言，外卖已经成为其主要的经营内容。

网络外卖促进了"外卖员""外卖骑手"职业的兴起和发展。据业内统计，"饿了么""美团外卖""百度外卖"三家外卖平台的注册人数超过400万，其他众包物流平台的兼职外卖小哥有300多万，全部加起来有700多万。围绕骑手群体工作生活，美团还开展了骑手"十大关怀"行动，并将每年的7月17日打造成骑手专属节日——"717骑士节"。2019年美团发布的统计报告显示，大约77%的外卖员来自农村，以"80后""90后"为主，92%的外卖员为男性，其中已婚已育的外卖员占比60%，40%的外卖员的爱人选择在家照顾孩子和老人。❷ 2019年的两会上，有政协委员指出，外卖这一业态已经囊括了包括商家、用户、骑手、生态伙伴在内的完整角色链条，在推动行业变革以及促进就业等社会效益上发挥着越来越大的作用。❸

网络外卖经济的发展也进一步推动了餐饮店家的理性化。由于外卖平台在管理上普遍引入了互联网技术和大数据分析，"通过外卖平台的销量和点评可以获取消费者的直接反馈"❹，因而餐饮店家能够清楚了解资源配置的效率等情况。网络外卖在宏观经济影响方面优化了社会的资源配置，使得越来越多的商户与消费者借助外卖平台实现了直接对接。

网络外卖也影响和改变了许多人的生活方式。比如网络外卖的发展就更加促进"宅"一族的"宅生活"。"宅生活"是一种在现代社会比较流行的热衷于待在家里的生活方式，是在消费社会发展到一定水平的基础上而出现的社会生活现象。在热衷"宅生活"人群中，"90后""95后""00后"是主要构成人群，他们喜欢宅在家中，通过互联网了解信息，与天南海北的朋友进行沟通交流，通过网络购买生活用品，通过网络外卖满足餐饮需求。微信发布的数据

---

❶ 刘少杰，王春锦. 网络外卖的时空压缩与时空扩展 [J]. 学术界，2017 (3)：73-80.
❷ 陈薇. 机构数据：全国每10个美团外卖小哥，就有一个来自河南 [N]. 河南商报，2019-01-17.
❸ 李雨昕. "外卖经济体"新业态成创新发展新动能 [EB/OL]. (2019-03-15). http://www.chinanews.com/business/2019/03-15/8781037.shtml.
❹ 赵文君，周琳，叶昊鸣，等. 外卖经济如何影响你我生活？[EB/OL]. (2017-12-14). http://www.rmzxb.com.cn/c/2017-12-14/1901049.shtml.

显示❶，2018 年 9 月 30 日至 10 月 6 日，全国共有 2100 万微信用户选择假期宅在家里，56% 的用户为 "80 后" 和 "90 后"，他们的微信运动步数不满百步，被称为 "百步青年"。

（三）网约车

网约车，即通过互联网预约出租汽车经营服务的经济活动，是近几年发展迅速的网络经济现象。统计数据显示，截至 2021 年 12 月，我国网约车用户规模为 4.53 亿，占网民整体的 43.9%。❷

从发展过程来看，我国网约车的发展大约经过了 2010—2013 年的起步发展、2014—2015 年的快速发展、2016 年至今的规范发展三个阶段。

网约车服务首现于 2010 年，当时被称为 "专车"，主要的专车公司为 "嘀嘀" 和 "快的"。经过了 2010—2013 年的起步发展之后，从 2014 年开始，随着手机网购、网络支付、手机银行、手机团购等移动互联网技术的发展和应用，网络专车才获得了大规模的普及，迅速发展起来。当时 "滴滴"（"嘀嘀" 于 2015 年更名为 "滴滴"）和 "快的" 通过采用全民补贴的策略抢占大众打车市场，并帮助用户养成了 App 软件叫车和网络支付的消费习惯。后来在用户发展到一定规模之后，"滴滴" 和 "快的" 又先后推出了专车、快车、拼车等细分领域的应用。

后来，随着专车的快速发展，专车与出租车的竞争、博弈日益激烈。为了进一步规范市场，2016 年 7 月，交通运输部、工信部等七部委联合发布了《网络预约出租汽车经营服务管理暂行办法》（2016 年 11 月 1 日起施行），将"专车" 定义为网络预约出租汽车，即 "网约车"，并列入出租汽车管理法规框架体系，对网约车平台公司、网约车车辆和驾驶员、网约车经营行为进行了规范。

2019 年，网约车的政策监管显现成效，相关政策文件的出台为网约车的规模化运营夯实了规范基础，网络预约出租汽车经营许可证、网络预约出租汽

---

❶ 林迪. 中国人的宅与行：微信公布 "国庆长假数据报告" [EB/OL]. (2018-10-08). https://baijiahao.baidu.com/s?id=1613717605850443550&wfr=spider&for=pc.

❷ 中国互联网络信息中心. 第 49 次《中国互联网络发展状况统计报告》[EB/OL]. (2022-02-25). http://www.cnnic.net.cn/hlwfzyj/hlwxzbg/hlwtjbg/202202/P020220721404263787858.pdf.

车驾驶员证、网络预约出租汽车运输证三证齐全成为当前我国网约车市场准入条件。❶

在用户应用上，网约车的消费群体具有年轻化的特征。网约车用户在20～29岁、30～39岁年龄段网民中的使用率分别为74%、57%，均高于其他年龄段。从空间分布上，中东部地区网民使用率为54%，中部地区为43.4%，西部地区为44.8%，东北地区为34.6%。❷

三、网络娱乐

网络娱乐一直是网络消费的重要内容，也是互联网用户开展网络消费的主要需求动力之一。网络音乐、网络游戏、网络文学、网络视频等，都是网络娱乐的构成内容。其中，网络视频是对社会生活产生相当重要影响的娱乐消费内容。截至2021年12月，我国网络视频（含短视频）用户规模达9.75亿，占网民整体的94.5%，其中短视频用户占网民整体的90.5%。❸ 随着互联网技术的不断发展，网络视频平台的日益多元，网络视频内容也越来越丰富，网络视频在网络娱乐消费中的重要性也越来越明显。本研究主要以网络视频为例对网络娱乐现象进行分析。

网络视频是指视频网站提供的在线视频播放服务，主要经历了四个发展阶段：初期培育（2005—2006年）、扩张发展（2007—2009年）、业内竞争（2010—2015年）、短视频兴起（2016年至今）。

2005年前后，网络视频商业网站开始出现并发展起来，包括PPLive、PPS、土豆、优酷、酷6等。从2007年开始，"网络视频"领域出现了融资高峰，大量的资本流入使得各大网络视频商业网站获得了大规模发展，纷纷上市，迅速扩张。与此相伴，网络视频的发展也出现了一系列不规范的问题。因而，我国政府相关部门对该行业进一步加大了规范监管力度。进入2010年，行业内竞争开始加剧，行业布局开始显现，主要的网络视频商业网站有优酷、

---

❶❷ 中国互联网络信息中心. 第44次《中国互联网络发展状况统计报告》[EB/OL]. (2019-08-30). http://www.cnnic.net.cn/hlwfzyj/hlwxzbg/hlwtjbg/201908/P020190830356787490958.pdf.

❸ 中国互联网络信息中心. 第49次《中国互联网络发展状况统计报告》[EB/OL]. (2022-02-25). http://www.cnnic.net.cn/hlwfzyj/hlwxzbg/hlwtjbg/202202/P020220721404263787858.pdf.

土豆、搜狐视频、爱奇艺、迅雷看看、腾讯、乐视、凤凰、PPTV等。从2016年开始，短视频开始兴起，由于短视频作为立体的信息承载方式，内容丰富、互动性强，同时又非常契合网民碎片化的娱乐需求，因而短视频的应用普及率迅速提升，短视频时代逐渐开启。比较大的短视频应用平台有抖音、西瓜、快手等。尤其是从2017年至2018年春节，短视频应用迅速下沉至三四线城市，用户规模迅速扩大。目前，从用户数量而言，短视频用户已经超过了长视频用户。

伴随着网络视频的兴起及发展，直播视频的主播开始引起社会关注。在我国，网络主播相关的网络消费是伴随网络视频发展而出现的特色消费内容，也产生了独特的社会影响，包括网红群体的崛起、网络主播的职业化等。数据显示，2017年我国网络直播市场整体营收规模为304.5亿元❶，不少年轻人在网络直播的热潮中，以主播为职业，月入过万元。

短视频兴起以后，视频拍摄和发布的门槛逐渐降低，越来越多的普通人开始通过短视频展示自己的才艺、工作、生活等各方面内容，短视频的娱乐内容日益丰富，娱乐范围也越来越广，呈现出直播的全民化现象。在这个过程中，更多的人开始通过短视频表达自己的个性、观点等，甚至有一些年轻人通过拍摄短视频吸引网友的关注而成为"网红"。作为一种娱乐形式，短视频可以在某种意义上缓解现代社会里人们在生活工作中产生的孤独感、无意义感，同时，短视频的多元互动也满足了民众的社交需求。

2018年以来，短视频由于传播快、娱乐性强、门槛低、应用平台操作简单、互动直接等特点，通过市场下沉，吸引了大量的三四线城市的人群，还有广大农村地区的农民群体，拍摄发布了大量"新三农"题材的短视频，并出现了一大批"乡土网红"，比如"华农兄弟""手工耿""李子柒""巧妇九妹"等。与之前"农村网红"的"喊麦、社会摇和杀马特"特征不同，这些"乡土网红"开始建构自身的形象特征，包括"新奇、治愈、原生态、美食、萌宠"等，这些"农村网红"在2019年完成了形象升级，通过短视频在网络空间中占据了一席之地，并进而由线上转到线下，通过流量变现、农村电商等

---

❶ 熊英英，申梦芸，杨金祝. 网红"操盘手"揭秘：3个月包装出网红主播，月入万元是常态[EB/OL]. (2018-04-25). https://baijiahao.baidu.com/s?id=1598724583008184438&wfr=spider&for=pc.

第二章 网络消费：网络社会的重要消费形态 // 031

途径，对我国农村地区的发展发挥了一定的推动作用。

在网络信息消费、网络实物消费和网络劳务消费的过程中，围绕社交、经济和娱乐等消费内容，形成了一些典型的网络消费现象，出现了一些典型的人物和事件，以下围绕这些典型的网络消费事件和人物，对网络消费的社会影响进行分析。

第三章
阶层分化：网络消费中的空间折叠与消费分层

拼多多是一个电商平台，发展速度非常快，并迅速崛起成为我国电商格局中的重要一员。2018年，拼多多上市的消息引起社会关注，并围绕这一消息形成了网络舆论。通过对拼多多的分析，可以在一定程度上发现网络实物消费、网络经济对我国阶层结构的部分影响。

拼多多现象

拼多多的崛起无疑是2018年度网络社会的重要事件之一。2018年7月26日，拼多多正式在美国纳斯达克上市，这个消息一经公布，立即引起了社会舆论的关注。

社会舆论对拼多多的关注主要集中于其出人意料的崛起速度。当前，在人们普遍认为电商格局早已固定时，拼多多这家成立只有3年时间的年轻公司，面对淘宝、京东两大电商巨头，用户数迅速突破3亿，并成功上市，使得原有的电商格局为之一变。上市首日，拼多多股价即大涨40%，最高市值接近于300亿美元。[1] 拼多多无疑是近几年电商界的一匹"黑马"。从2015年10月上线起，仅仅用了2年2个月的时间，拼多多的用户量便突破3亿，并同时拥有百万级商家，月成交总额超过400亿元。[2] 而与之相对，同样是发展3亿多用户，淘宝用了5年时间，唯品会用了8年，京东则用了10年时间。

---

[1] 郑刚，林文丰. 拼多多：在电商红海中快速逆袭 [J]. 清华管理评论，2018 (9)：105-112.
[2] 张凯. "电商黑马"拼多多崛起之路 [J]. 知识经济，2018 (5)：80-83.

第三章　阶层分化：网络消费中的空间折叠与消费分层

拼多多成立于2015年9月，隶属于上海寻梦信息技术有限公司，是一家专注于C2B[1]拼单的第三方、全品类的社交电商平台。[2] 拼多多的崛起大致包括三个阶段：2015年10月到2016年12月的产品探索期，拼多多逐渐形成自己特有的商业模式；2016年12月到2017年10月的初步增长期，拼多多通过各种形式的运营宣传提升了自身的社会认知度；2017年10月至今的快速增长期，拼多多全面进入大众视野，用户量迅速增长，其App曾长期占据电商品类下载量的首位，并且交易量超过京东，成为电商格局中的重要一员。

拼多多是社交电商的典型代表。在该平台上，用户可以通过发起和家人、亲戚、朋友、同学等"拼团"的形式，以较低的价格购买商品。该平台上的商品种类非常丰富，主要涵盖了食品、水果、服饰、电器、化妆品等各品类商品。与以往电商的"拼团"销售模式相比，拼多多的"拼团"模式具有更强的社交性。例如，以往电商平台的"拼团"，往往是由商家或平台发起的针对特定商品进行的促销活动，而拼多多的"拼团"模式，则是由用户针对某个商品自主发起的拼购活动，发起后既可以等待其他用户自愿加入，也可以通过在微信等社交平台转发宣传发动自己的亲戚朋友参加，并且"拼团"成功后还可以发到自己的朋友圈。这便使得拼多多的"拼团"模式被注入了积极、灵活的社交元素，成为融消费和社交于一体的新型电商消费模式。同时，区别于以往电商消费的"搜索式购物"，即"人找货"，拼多多给予消费者"非目的性购物"的机会，即"货找人"，因而很多用户并不是基于商品需求，而是看到亲戚朋友转发的"拼团"链接，出于社交目的而参与到购物当中，从而产生了"非目的性购物"。

伴随拼多多的快速崛起而来的，还有诸多的质疑和争议。这些质疑和争议主要集中于拼多多平台上存在的大量山寨商品、假货、次品的问题。例如，著名出版人、知名作家路金波，以及"童话大王"郑渊洁都曾公开质疑拼多多在其平台销售盗版书的行为。同时，就在拼多多上市后的第二天，知名电视生

---

[1] C2B 是 Consumer-to-Business 的缩写，其中文简称为"客对商"，或称"从消费者到企业"，是互联网经济时代新出现的商业模式。该模式改变了原有的生产者（企业和机构）和消费者的关系。C2B 的核心是以消费者为中心，即先有消费者需求产生而后有企业生产。通常情况为消费者根据自身需求定制产品和价格，或主动参与产品设计、生产和定价，然后生产企业进行定制化生产。

[2] 张凯. "电商黑马"拼多多崛起之路 [J]. 知识经济, 2018 (5): 80-83.

产商创维集团也发表声明维权,针对拼多多平台销售大量假冒创维品牌的电视产品问题与拼多多交涉,要求即日起停止所有假冒创维电视产品的展示及销售活动。此外,微博上一条关于"实拍拼多多热卖纸尿裤黑工厂"的视频也迅速"走红",在各大媒体、社交平台上获得广泛传播,这更加引发了人们对拼多多销售低质商品的质疑。

与此同时,网络上出现的一些关于拼多多商品及买家秀的"调侃话语"也吸引了舆论的关注。比如"盘点拼多多'奇葩'商品""拼多多买家秀治好我的'五环内视障'❶""买家秀承包了10亿人的笑点"等,这些具有调侃性的话语主要是围绕拼多多平台上五花八门的山寨商品、假货、次品,以及商品评论区中出现的买家评论、买家秀照片等而形成的,在拼多多上市后的一段时间内,受到了社会舆论的重点关注。一方面,舆论关注的是销售如此多低质商品的拼多多竟然以飞快的速度拥有了3亿用户,月成交总额超过400亿元,并最终成功上市;另一方面,社会舆论也开始关注拼多多的用户群体,即虽然购买了低质商品却还给予好评,并在买家秀照片中获得部分展现的消费者群体。

通过拼多多买家秀的照片,可以发现该消费群体的部分特征。比如,通过买家秀照片上呈现的房间内景,可以判断这个群体主要生活在三线以下城市或乡镇;通过他们发布的商品评论中的错别字,可以大致推测他们的教育水平不是太高,而他们发布的模糊照片也反映出他们使用的手机质量比较一般。有数据显示,在拼多多的用户群体中,70%为女性,65%来自三四线城市,来自一线城市的仅为7.56%,且该用户群体平时对价格特别敏感,愿意为了以较低价格购买商品而付出一定的时间和精力。❷ 总体而言,拼多多平台上的商品普遍具有较低价格,客单价仅为39元,是京东400元客单价的1/10。因而,从拼多多的用户群体及其商品的低价化程度来看,拼多多就好像是将三线以下城市及乡镇广泛存在的路边摊、两元店、跳蚤市场等移到了网络空间中,而原有的购物人群也随之一同进入网络空间进行电商消费。

---

❶ 网络用语。五环内人群是指居住在大城市"五环以内"区域的人群,指称在社会分层结构中处于上层的人群。"五环内视障"是指"五环内人群"对待其他阶层人群的视野和心理偏见。主要表现为:因为生存环境和生活习惯的区隔,无法理解今日头条、快手、拼多多等互联网应用的迅速崛起,认为这些应用具有"低俗""残酷""山寨"的特点。

❷ 张凯. "电商黑马"拼多多崛起之路 [J]. 知识经济, 2018 (5): 80-83.

第三章　阶层分化：网络消费中的空间折叠与消费分层

拼多多的崛起之所以出乎意料，就在于当其他电商都在尽全力地针对高端消费人群开展营销时，拼多多则针对三线以下城市及乡镇的消费群体，通过低价商品的销售异军突起，在电商格局中占据一席之地。其实，拼多多注意到的三线以下城市及乡镇消费群体是一个庞大的、具有潜在消费力的群体。这个群体人数较多，处于我国消费金字塔的中低层。拼多多出现之前，其他电商也曾经尝试将业务"下沉"到这个群体，但收效甚微。而拼多多则通过微信社交平台的"病毒式转发链接""洗脑"广告的宣传、爆款商品的打造等方式，有效吸引了这个群体的关注，并最终借助这一群体的庞大消费量成功崛起。

拼多多出现之前，这个群体在互联网空间中是比较"沉默"的一个群体，按照自己的生活轨迹在现实空间中工作、生活，就好像是"被折叠"起来一样。而拼多多崛起之后，这个群体的消费情况在网络空间中获得了部分呈现，而其发布的买家秀照片也在一定程度上展现了他们的部分生活状况。拼多多用户群体在网络空间的呈现，引发了"消费降级"和"消费升级"的讨论。一方面，当京东、天猫等电商的崛起，使人们普遍认为在其平台上的高端消费必然代表了现实社会的"消费升级"时，拼多多的出现则使我们看到了现实社会消费的另一个面貌，即依然有不少人在抢购类似398元大彩电等质量低劣的便宜山寨商品，似乎显示出当前社会的"消费降级"。另一方面，对于一部分低收入人群而言，拼多多的出现反而带动了他们的"消费升级"，正是拼多多的出现，才得以让他们以能承受的价格购买以前"不能买"的商品，比如一两百元的智能手机、四五百元的能玩大型游戏的计算机，还有电动滑板车、遥控无人机、可穿戴设备等"科技玩物"。

"消费升级"和"消费降级"讨论的背后，实际上反映了移动互联网时代"消费分层"的复杂化、动态化、多元化。与现实社会不同消费人群的"时空区隔""层级区隔"不同，在网络空间中，不同的消费人群通过消费数据呈现、信息沟通等发生了互动和交互，原先的"时空区隔""层级区隔"的界限开始模糊，"消费分层"日益复杂、多元，并出现动态化的重构和调整。因而，在互联网时代中，消费与社会的互动关系也由于互联网维度的加入而发生了一些新变化。

从"电商黑马""社交电商第一股"到"山寨、假货""纸尿裤黑工厂"，再到"消费降级""消费升级"，拼多多的崛起引发了社会舆论的关注。以这些社会舆论为起点，通过对"拼多多崛起"话题背后的社会现象的分析，可以发现网络消费过程中的新变化、新现象，以及这些变化对阶层结构的一定影响。

第一节　拼多多：社交电商第一股

拼多多是社交电商的典型代表。与以往依靠"网红"带动商业流量的方式不同，拼多多主要是借助微信等网络社交平台，基于熟人的口碑传播获得流量。拼多多的出现使人们的消费与社交达到了深度融合，带动人们通过社交引导消费，在消费中开展社交。

一、移动社交催生网络商机

目前，互联网已经发展进入 Web 3.0 时代。在 Web 1.0 时代，门户网站和信息搜索占据人们网络生活的主流。在 Web 2.0 时代，人们通过互联网开展社交，由互联网作为媒介的人机互动、人际互动的重要性日益凸显。Web 3.0 时代是移动和智能占据核心地位的时代，不同网络平台之间可以信息交互，网络用户人际社交圈的范围更广、交互性更强，移动互联网的社交效用获得最大功能的发挥。

在移动社交时代，社交成为网络社会的重要内容，众多网络社交平台开始兴起。其中，发展最多元、用户量最大的当数"微信"。多元的社交功能使微信获得了人们的青睐。同时，随着网络经济的发展，网络购物、移动支付用户规模不断扩大。

网络社交的广泛普及和网络经济的快速发展，共同推动了"微商"的出现。"微商"是基于移动互联网，借助于社交软件，以人为中心、以社交为纽带的新商业模式，是指一些网民在工作、学习之余，利用微信朋友圈的"信息传播"和"小程序"功能开展一些商业行为。"微商"现象大约出现于2012 年，是一种基于微信社交生态、萌芽于社交场景下的自发商业现象。"做微商多少能挣点零花钱"是大多数微商从业者的心态。微商从业者主要集中于网红、宝妈、在校大学生等群体，有着闲暇时间多、愿意主动社交等共同特点，据统计，2014 年至 2017 年我国微商从业人数从 1024 万人上涨到了 2019 万人。❶ 最初，微商刚开始出现时，人们的接纳度不是太高，认为微商的出现影响了微信的社交功能。后来，随着微商规模的扩大，社交应用商业模式的不断成熟，社交与商业的相互融合现象也逐渐被人们所接受，微信朋友圈中的商业元素也越来越多。

拼多多便是崛起于这种集社交和商业于一体的社交商业氛围之中。基于微信朋友圈的信任，借助于用户在微信平台上的转发、宣传，拼多多在微信平台上实现了"裂变式"传播，极大提升了自身的社会认知度。同时，拼多多利用"拼团"购物形式，最大化地把社交融合到网络购物的全部过程。从发起拼团、动员微信好友参与，到拼团成功后的朋友圈分享、产品使用评论等，拼多多极大地促进了社交与购物的相互融合。一方面，社交促进电商消费；另一方面，电商消费也促进了社交，比如人们对于拼多多"拼团"信息的转发。"分享"一直是网络社交的重要内容。人们看到美食、美景，有了新发现、新感悟，便会通过文字、照片、视频等形式在微信朋友圈中进行分享。在这样的社会心理基础上，有些人便认为相比于分享鸡汤、养生文，分享一些优惠信息是一种更好的熟人关系的润滑剂。在"拼团"过程中，你帮我拼，我帮你拼，激活了社交关系，又形成一个完美的互助圈子。

正是意识到了移动社交中的重要商机，作为社交电商的典型代表，拼多多基于人际关系网络，借助社交媒介（微博、微信等）的传播途径，以"拼团"为模式，将关注、分享、互动等社交化元素应用于消费过程之中，促进了社交媒体与电子商务的深入融合，迅速崛起为电商格局中的重要一员。

二、后流量时代的商业红利

进入移动互联网时代以来，"流量"概念的重要性逐渐凸显。一般而言，"流量"是指在规定时间内通过一个指定点的车辆或行人数量，互联网时代中

---

❶ 潘亦纯. 千万微商告别"裸奔" 年入百万者要交多少税？[N]. 新京报，2019-01-03 (B04).

则指在一定时间内打开网站地址的访问量,也可被用来指对手机移动数据的统计,但主要是指网站流量,即网站访问量。

Web 1.0时代,流量是影响网站价值的重要指标之一,衡量一个网站是否受欢迎,经常会使用"流量"这一指标。常用的流量统计指标主要包括:网站的独立用户数量(一般指IP)、总用户数量(含重复访问者)、页面浏览数量、每个用户的页面浏览数量、用户在网站的平均停留时间等。移动互联网时代,网络经济兴起,"人人都有麦克风""人人都可能成为网红",普通网民也可以凭借一些出众的才能拥有大量粉丝而成为网红。通常而言,一个网民拥有的粉丝数量越多,影响力便越大,发布信息的接收范围越广,也便拥有越大的流量。网络经济时代,流量便意味着商机。比如一个网红可以通过在微信公众号发布信息、进行内容生产等获得粉丝的关注,进而拥有流量。

从内容来看,流量主要包括四种类型:搜索型流量、交易型流量、内容型流量和社交型流量。其中,搜索型流量(如搜索网站)主要兴盛于Web 1.0时代。随着互联网技术的发展,互联网时代已经由PC时代转型为移动互联网时代,搜索型流量的重要性逐渐下降,交易型流量的影响力不断提升。交易型流量主要作用于电子商务兴起的时代。伴随着电子商务的发展,各大电商平台都普遍使用多种形式实现用户增长,增加交易流量。但是,伴随电商竞争的加剧,在移动互联网时代的后期,交易型流量的增长空间越来越小。与此同时,在电子商务发展中期兴盛起来的内容型流量也逐渐式微,几个大的以内容型流量为基础的电商平台如小红书等,也已经触碰到流量红利增长的天花板,移动互联网的流量红利正在渐渐消失。这种情况下,具有较强人际网络效应的社交渠道开始引起人们的关注,正在成为新的流量增长平台。

伴随着流量内容的变化,当前的网络经济逐渐进入后流量时代。在后流量时代,要获取流量越来越困难,线下流量被分散到各个领域和角落,需要使用更加新颖、更为多元的形式来获取。同时,流量时代的"二八法则"逐渐失效,流量也不再被一些大的互联网平台垄断,而是更为分散化。此外,在后流量时代,获取流量的方式更为新颖,并且很难预估。

后流量时代,流量的产生和聚集主要有四个特点。第一,超级App(Application,应用程序)成为重要的流量聚集点。这些App以用户为基础,承载了多样的内容和服务,实现了互联网信息和服务的全面整合,用户使用App

的时间越长,流量便越集中。比如微信,目前微信已经实现了内容、游戏、搜索、金融、电商、O2O（Online to Offline,线上到线下）等功能的全面整合,逐渐成为一个封闭的、能够实现自我循环、满足网民几乎所有需求的超级App。第二,视频正在取代文本成为新的流量吸引点。与文本相比,视频的消费门槛更低,并且具有较强的娱乐消遣性,尤其是短视频更符合用户的碎片化阅读和消费习惯,因而短视频开始成为流量增长的重要渠道。第三,智能推送成为吸引流量的重要力量。通过数据计算,系统会为用户推送更适合用户需求的内容,从而增加用户黏性。第四,三线以下城市及乡镇成为新的流量增长点。在移动互联网时代,随着宽带网络和智能手机的广泛普及,当一二线城市的用户增长空间已经渐趋饱和时,三线以下城市及乡镇的网络用户正在增加。

其中,拼多多正是有效利用了微信平台上庞大的社交网络,同时通过大量低价商品的营销吸引了三线以下城市及乡镇的用户,而成为后流量时代的电商赢家。不过,拼多多的低价营销策略也使其平台上聚集了大量的山寨商品、假货、次品,从而引发质疑。

三、"拼多多"or"坑多多"

拼多多链接在微信朋友圈中大范围传播时,主要基于其"砍到0元免费拿""拼得多,省得多""叫好友砍价"等具有一定诱惑力的宣传。人们被其"1元拼团"甚至"0.1元拼团""免费拿"的宣传所吸引,纷纷打开链接,下载App进行查看。不过,后来人们发现,看似非常划算的超低价"拼购",实际上暗藏"门道"。比如凑足人数显示拼团成功后,卖家却不发货,有的用户买水果拼团成功后发现水果的质量很差。❶ 再如拼多多让大家开团并转发链接,说可免费领取一件物品,但当下载拼多多App后,人们才发现是抽奖活动。另外,有人收到中奖通知,但打开链接却发现仅仅是邀请用户参与活动。对此,人们非常不满,纷纷质疑拼多多是虚假宣传、欺骗消费者。甚至有人对此调侃称"在天猫和京东我都担心会不会买到假货,在拼多多我就完全不会

---

❶ 朱蓉,等. 拼团热、苦水多,低价背后拼的啥[N]. 三湘都市报,2016-07-28（A04）.

担心,因为买到的肯定是假货!",这虽然是一句调侃的话,但也从侧面反映了拼多多平台上商品质量问题的严重性。上市一个多月后,因为投诉量居高不下,拼多多面临其平台运营以来最大的信任困境。

此外,拼多多的赔付措施也被消费者所质疑。有人指出,由于拼多多没有支付宝这样的钱包,不能通过现金进行赔偿,因此使用无门槛的现金券对消费者进行赔付。这便会导致消费者只有继续购物才能使用现金券,因而无法让消费者完全满意。

除了受到消费者的质疑,拼多多还遭到了不少商家的投诉。在发展之初,商家入驻拼多多平台的门槛较低,从而吸引了大量商家入驻。后来,当出现越来越多的消费者投诉事件之后,拼多多便开始了对售假商家的打击,处置措施包括"假一罚十""劣一罚三"等。由于拼多多对售假商家的处置条件过于严厉,在一定程度上导致商家出现了恶意骚扰、恶意投诉其他商家的过激行为等,从而引发了一部分商家的不满。另外,拼多多在评判处罚时,会要求商家出示商品品牌商的正规授权文件。但是一般而言,品牌商对于渠道正品统一控价,不会为拼多多的经销商授权。因此,即使有些商品是正品,本身是原厂生产的,但品牌商不会像在天猫、京东一样授权给拼多多的经销商。品牌商只想提升商品销售量,但是不希望给低价渠道的商品以正品身份。这就导致,如果被消费者投诉售卖假货,拼多多开启查处措施,商家没有具有实质性的正品文件,肯定会被惩罚,这也逼得一些正品商家开始走向维权的道路。

正是由于拼多多平台的"坑"多多,因此拼多多虽然在《快乐大本营》《中国新歌声》《非诚勿扰》等娱乐节目上砸下数亿元广告费,但是从《快乐大本营》微博曾经由于拼多多广告被大量差评"攻陷"来看,次品、山寨商品、假货等商品质量问题始终是拼多多低价营销策略无法避免的"坑"。

不过,从另一个角度看,虽然拼多多被调侃为"坑多多",但依然拥有庞大的用户量和销售量。对于其用户群体,尤其是三线以下城市及乡镇的用户来说,即使有人在拼多多上买到了不称心的商品或者是山寨商品、假货,对他再次在拼多多上购物的影响并不大,这主要是由于"拼团"的超低价格对他的吸引。其实拼多多销售最多的产品是衣服、手机配件和生活日用品等,这些商品本身成本就比较低,有些质量问题也是在一些用户的容忍范围之内,因而会继续在拼多多上购物。这非常类似于现实社会中的路边摊、两元店、跳蚤市场等，人们会为了以低价购得物品而容忍一些不影响使用的质量问题。只是，这个消费市场、消费人群在拼多多出现之前处于"被折叠"的状态，拼多多的崛起使得该市场及其消费人群在网络空间中获得展现。

第二节 消费空间的现实折叠与网络伸展

拼多多崛起后，原先处于被忽略、"被折叠"的三线以下城市及乡镇的消费空间引起了社会的关注。通过拼多多，这一消费空间在网络空间中获得了展现。

一、"被折叠"的低线消费空间

"低线消费"主要指的是三线以下城市及乡镇居民的消费行为，这一概念被广泛提及大约是在2018年，特别是拼多多上市之后，该消费类型开始受到社会的广泛关注。"低线消费"与"高端消费"相对。在拼多多出现之前，由于人们生活水平的提高和消费品质的上升，"高端消费"一直是社会的关注重点。与之相反，低线消费空间、低线消费人群等处于被忽略、"被折叠"的状况。

在物理学上，"空间折叠"是一种因为强大的引力使空间发生扭曲的现象。这种现象是真实存在的，在理论上只要能达到一定引力就能使空间发生弯曲。就好比要从一张平整的纸的一端到另一端，除了走两点间的直线外，还可以把纸折叠起来，让两点靠近。而在这两点之外，纸的其余部分便被折叠隐匿起来。对比消费市场，纸的两点便类似于主要存在于一二线城市的高端消费市场，而被折叠隐匿起来的纸的其余部分则类似于三线以下城市及乡镇的低线消费市场。一二线城市居民数量多、收入水平和消费能力相对较高，因而一直备受市场的重点关注。一些著名的国际国内品牌也倾向于在一二线城市开展商品营销。而三线以下城市及乡镇由于消费力较弱，一直被市场所忽略。

但在移动互联网时代，通过拼多多，这个被忽略、"被折叠"的低线消费空间在网络空间中被显现出来。与此同时，伴随拼多多崛起而展现出来的，还有低线消费人群的庞大消费力。拼多多之所以能够在短短3年时间内迅速崛起并成功上市,正是因为它较好契合了广大中低收入阶层的低线消费需求。对于他们来说,拼多多的出现确实带来了实实在在的福利。在拼多多的首页,很容易就会看到20元一件的包邮针织衫或者爆款打底T恤,也很容易找到50元左右的"买一送四真皮质感2018年新款女包",或看到一双已成功拼团9.9万件的"花花公子贵宾正品"运动鞋,每双鞋的售价只有26.9元……

与具有潜在消费能量的低线消费市场一同"被折叠"的,还有数以千万计的小企业。它们以生产中低端产品为主,生存于全国贸易链条的最底层,为低价市场贡献出巨大的产量。拼多多出现之前,它们在品牌商品广泛存在的电商空间中默默无闻。拼多多的崛起使它们从"被折叠"状态转变为"被显现"状态。

大量中小生产企业是通过销售爆款产品而被显现出来的。爆款是指在商品销售中,供不应求、销售量很高、人气很高的商品。在电商中,拼多多将爆款销售做到了极致。拼多多把商品成本及毛利极大压缩,通过增大销售量来实现商品的低价化。最典型的代表是拼多多的爆款纸巾。据统计,两年时间,可心柔、植护两家纸巾工厂在拼多多平台上共卖出2.61亿包纸巾,一包纸巾的利润最低只有3分钱。❶ 其实,对于商家和卖家而言,爆款都意味着一种"高效":既可以让商家集中优势主打爆款产品,又大大降低整体备货成本,同时使消费者节省一定时间和精力买到低价高质商品。除了纸巾,一些农产品、日用品也出现了很多爆款,如9.6元包邮的5斤鲜蒜,一天能卖出4.7万单,此外还有百万单的芒果等,大量的爆款产品从田间、工厂直达零售端,创造了诸多销售奇迹。

这些销售奇迹的创造,主要依靠的是"超低价"和"高销量",而正是由于"高销量",才让低线消费人群的消费力获得彰显。其中,"高销量"的取得主要依靠的是拼团。

二、拼团:低线消费空间的网络伸展

拼团指的是一种团体消费形态,即人们基于共同的需求聚集起来消费某件商品的消费形式。由于群体聚集起来针对一件商品消费,可以使商家通过提高

---

❶ 林北辰. 探访"拼工厂":这才是拼多多低价爆款的秘诀 [J]. 公关世界, 2018 (7): 64–68.

销售量降低价格而保证利润，因而消费者可以用较低的价格获得商品。追根溯源，最早具有"拼"意识的消费方式大约是出现于20世纪初的"众筹"。众筹，即大众筹资，是指使用"团购+预购"的形式，向人们筹集资金的一种消费模式，参与众筹后的消费者可以获得以更低的价格购入众筹商品的资格。

拼团的达成与否，信息的沟通非常关键。只有消费者拥有便捷的信息沟通途径，能够实现快速聚集，才可能达成拼团。因而在前互联网时代，拼团不是特别普遍。进入互联网时代，人们的信息沟通成本大大降低，具有相同需求的消费者聚集在一起也更为迅捷，因而，拼团的发生也就更为普遍而频繁。最先开展拼团的主要是年轻人。通过多元的社交平台，年轻人很容易快速地聚集起来，从而为拼团的发生提供了条件。后来，随着电商经济的良性发展，以及移动互联网在中老年人群中的普及，中老年人参与网购的心理和物理障碍逐步打破，同时受到社交圈的影响，中老年人群开始成为拼团消费的重要人群之一。拼团的火爆大概始于2015年，尤其在2016年发展较快，几乎红遍大江南北，2017年继续发展，开始蔓延到更加深入的次级城市。这段时间，出现了几个主打拼团的App，如拼多多、拼好货、萌店等。在这些主打拼团的App中，拼多多无疑是最成功的一个。

从一定程度而言，拼多多更像是"团购"在移动互联网时代的变身，不过拼团与团购还是具有一定的差别。早期的团购主要是围绕商品展开的，从吸引购买者到消费行为的完成都是围绕商品展开的，与用户本身的社交关系没有关联，团购用户自身也没有分享的动机，没办法诞生出裂变式的传播。而拼团则更为强调社交和分享，与消费者本身的社交关系具有密切联系。因为"拼得多，更便宜"，这便给予用户一个分享刺激点，进而引导用户在社交关系网络中广泛传播。同时，团购是一个打折优惠活动，每个人享受的价格都是一样的，不会因为人数多少带来价格上的波动，没有数量限制，即到即买。因而在团购中，用户没有较强的参与感。而拼购则不单是便宜，还会把用户放在第一位，由用户通过拼单的多少来决定商品的成交价格，同时还将时间维度加入，使用"剩余多少时间"倒计时的方式增加用户的参与感和娱乐感，刺激了消费行为的产生。在团购过程中，消费者看中的是商品详情；在拼购过程中，消费者则相信亲戚朋友。

除了消费人群方面的原因，拼团的成功还源于供货方在互联网时代的发展动力。在现实空间中，由于供需信息不对等，"农产品卖难"一直是困扰我国农业的难题之一。盲目的种植，缺乏科学的管理手段，市场信息的闭塞，物流快递线路的稀少等，造成了农产品在销售和流通上的薄弱。拼多多最早是做生鲜农产品崛起的。虽然农村的市场广阔，各大电商在农村的宣传也非常频繁，但真正"下沉"的电商却并不多，拼多多则是"下沉"农村市场，通过生鲜农产品销售崛起的重要电商。一方面，乡镇居民因是拼多多的用户成为买方；另一方面，他们将自己的农产品放在拼多多平台上进行销售成为卖方。在拼多多上，不需要花费大力气做营销推广，也不用花费很多费用去买位置、买流量，通过亲戚朋友的口碑营销，农产品的销量便能实现裂变式增长。比如黄河滩枣、山西老陈醋、太行山蜂蜜等曾经因为产量剧增而滞销的大量农产品通过拼多多平台获得了较好的销售。

三、低线消费空间网络伸展的现实基础

通过拼多多，低线消费空间获得了网络伸展，低线消费人群及其消费行为也在网络空间中得以显现。低线消费空间的网络伸展具有相应的现实基础，主要包括：互联网普及率的大幅提高、低线消费人群的低价需求、适度消费理念的流行、物流体系的进一步发展完善。

从2015年到2018年，在拼多多崛起的这三年中，我国互联网的覆盖范围不断扩大。据统计，截至2018年12月，贫困地区网络基础设施"最后一公里"逐步打通，不同地区、城乡之间、不同年龄人群、不同阶层等方面的"数字鸿沟"都逐渐趋于弥合；网民数量逐年增长，互联网普及率达到59.6%；移动流量资费大幅下降，居民入网门槛进一步降低，手机网民有8.17亿，占全部网民的98.6%，尤其是农村网民数量持续增加，网民规模为2.22亿，占整体网民的26.7%，增长率为6.2%。[1] 这三年互联网普及率的不断提高，为拼多多在网络空间中开展针对低线消费人群的电商营销奠定了坚实

---

[1] 中国互联网络信息中心. 第43次《中国互联网络发展状况统计报告》[EB/OL]. (2019-02-28). http://www.cnnic.net.cn/hlwfzyj/hlwxzbg/hlwtjbg/201902/P020190318523029756345.pdf.

的网民基础。

拼多多起初以农村电商起家,而后主做平台,其定位是"农村包围城市"。更确切地说,这里的"城市"实际是指一二线大城市,而"农村"则是指三线以下城市及乡镇。在最初的发展过程中,拼多多便是针对三线以下城市及乡镇人群的消费需求,以营销低价商品为主。智能手机普及后,三线以下城市及乡镇人群虽然接入互联网,进入了网络空间,但由于收入水平有限,其网络购物的需求一直处于压抑之中。京东、天猫等电商平台重点瞄准一二线城市居民,以销售高端商品为主。对于低线消费人群而言,这些商品普遍超出了他们的支付能力。据国家统计局公布的数据,2018年全国居民人均可支配收入为28228元❶,相当于一个月只有2352元,除了日常必要开销,剩余的消费力非常有限。因而以低价商品销售为主的拼多多较好地契合了他们的消费需求,当拼多多的"砍价到0元免费拿""拼得多,省得多"等宣传一出现,便迅速激活了他们的电商消费动力,从而产生了一系列的销售"爆款",比如9.9元20片的补水面膜、16.9元两双的老北京运动女鞋、8.41元的成人可穿浴巾、9.9元一条的薄款学生运动裤……

适度消费理念的流行奠定了低线消费空间向网络伸展的观念基础。虽然拼多多因为山寨商品、假货、次品等问题而备受质疑,但不可否认拼多多平台上也存在大量的高性价比商品,比如一些质优价廉的农产品。与京东做家电起家、淘宝做服装起家不同,拼多多做食品起家。因为拼多多做的食品比服装和家电消耗更快、客单价更低,更容易让消费者花费较少的钱而获得暂时的巨大满足,因而能够迅速积累用户。拼多多的高性价比商品比较契合当前社会的"适度消费观"。"适度消费观"是伴随社会发展变迁逐渐出现的消费理念,主要指适应特定的生产或生活需要,选择性价比高的产品,是继节俭型消费理念、享乐侈靡消费理念之后出现的消费理念。这一消费理念也比较契合日本消费社会研究专家三浦展所称的"第四消费时代"。在第四消费时代中,人们的消费理念从追逐时尚和享受逐渐转向"回归内心的满足感以及人与人之间的

---

❶ 国家统计局. 2018年居民收入和消费支出情况[EB/OL]. (2019-01-21). http://www.stats.gov.cn.

纽带",开始重视"共享",追求"简约"。❶

物流体系的进一步完善是拼多多迅速吸引低线消费人群的设施基础。对于电商而言,物流发挥着重要的基础作用。无论是京东的自建物流还是天猫的第三方物流,物流体系的完善、畅通、快速都是电商快速发展的关键因素。2016年至今,我国电商物流的"向西向下"发展趋势明显,在一二线城市物流体系完备的基础上,内陆地区、中小城市及县城乡镇的电商物流发展快速,城际之间、东西之间、城乡之间的物流一体化程度日益增强。尤其是结合电子商务进农村、信息进村入户、快递"向西向下"服务拓展工程、农村扶贫等工作,逐渐构建起质优价廉产品流入、特色农产品流出的快捷渠道。❷ 所有这些都为拼多多用户拼购低价商品,拼多多入驻商家销售农产品、日用品等奠定了重要的流通渠道,促进了拼多多快速崛起。

第三节 "消费升级"与"消费降级"

拼多多崛起后,关于"消费升级"还是"消费降级"的讨论也一度成为社会舆论的热点话题。当京东和天猫的"正品行货"、唯品会的"品牌折扣"、小红书的"海外购"日益流行,彰显人们的消费逐渐升级时,主推"低价包邮商品"的拼多多出乎意料地突然崛起。这使得人们发现,原先以为的"消费升级"并非全面实现,实际上还有大量人群正在购买低价商品,呈现出一定程度的"消费降级"。

一、"下沉"的拼多多及其用户

拼多多崛起后,"下沉"逐渐成为一个备受关注的概念。在众多电商中,拼多多普遍被认为是开展"下沉"营销最有效果的电商。具体来说,拼多多

---

❶ 三浦展. 第4消费时代 [M]. 马奈,译. 北京:东方出版社,2014:91-133.
❷ 中华人民共和国商务部,发展改革委,交通运输部,等. 全国电子商务物流发展专项规划(2016—2020年) [EB/OL]. (2016-03-23). http://www.mofcom.gov.cn.

的"下沉"主要体现为三个方面：区域下沉、年龄下沉、消费内容下沉。

从区域分布来看，拼多多的用户普遍来自三线以下城市及乡镇。拼多多的"区域下沉"能够成功，一方面源于其商品的低价化较好契合了该区域人群的消费需求，另一方面则受益于移动支付的全面普及。从2015年9月成立至今，拼多多发展的这几年正好是移动互联网快速发展、移动支付全面普及的时期。在此之前，由于手机功能的不完善，支付渠道和场景的匮乏，因而在小城市及乡镇区域，网络购物和移动支付的普及度还不是太高。虽然这时淘宝、京东也开展了"区域下沉"营销，但没有取得明显的宣传效果。而拼多多则重点瞄准"微信"渠道，通过借助微信"下沉"的社交链条，吸引了大量的三线以下城市及乡镇区域的消费人群。拼多多通过大范围、高频率的链接转发一些极具诱惑力的商品信息，快速地将"下沉区域"的人群吸引为潜在的购物人群，而这些人都是那些传统零售、传统电商没有调动起来、边缘化的消费人群。

从年龄层面来看，与其他电商相比，拼多多"下沉"至中老年群体的效果更明显，实现了"年龄下沉"。相比于年轻人，中老年人群进入互联网空间的时间比较晚，主要是在2018年左右，随着智能手机的普及、上网资费的大幅下降，中老年人群的互联网普及率才有了明显提升。据统计，2018年50岁及以上的网民比例为12.5%，相比于2017年年底的10.5%，上升了2个百分点；60岁及以上的网民比例为6.6%，比2017年年底的5.2%，上升了1.4个百分点。❶ 中老年人正在成为互联网空间里增量较大的群体之一。对于中老年尤其是60岁以上的老年群体来说，淘宝、京东等成熟平台上的筛选搜索功能过于复杂，他们不能熟练操作，他们其实是希望通过尽可能少的操作在超级廉价商品中尽快挑选自己需要的商品。他们的时间比较充裕，愿意付出一定的时间和精力"拼团"购买超低价商品。对于他们来说，每天只需要到多多果园中浇浇水，便可获取由免费商品带来的幸福感。虽然拼多多用户中，60岁以上的老年人占比不到10%，但整体高于淘宝、京东，同时，老年人对网购平台的忠诚度也高于年轻群体，拼多多是最受60岁以上老年网民欢迎的购物

---

❶ 中国互联网络信息中心. 第43次《中国互联网络发展状况统计报告》[EB/OL]. (2019-02-28). http://www.cnnic.net.cn/hlwfzyj/hlwxzbg/hlwtjbg/201902/P020190318523029756345.pdf.

App。❶ 同时，通过微信"朋友圈""家庭圈"的带动，中老年群体对"拼购"电商模式也有较高的接受度。❷ 此外，"全货包邮"的推行，也是拼多多竞争成功的重要因素。比如当京东、淘宝的普通用户，在尽力凑够99元的免邮商品时，拼多多却实现了9.9元的东西也一概包邮。简单的成交条件，也会带来中老年用户更积极的回应。

以销售"低价商品"为主的拼多多做到了"消费内容下沉"，这也在一定程度上契合了当前一部分社会成员的消费理念。从消费内容而言，人们对于高性价比商品的需求日益增强，尤其是在移动互联网时代，通过网络社交平台的人际传播和信息分享，出现了一大批生产高性价比商品的厂商品牌，如"无印良品""三只松鼠"等，都是在电商经济中凸显出来的高性价比品牌。目前，人们的消费理念越来越契合"第四消费时代"，即人们越来越喜欢那些简单好用的商品，甚至不在意它是什么品牌，或者当在几个品牌中进行选择时，更倾向于选择那个和自己价值观相符合的品牌，而不在意这个品牌在国内外是否有名。

二、逆消费升级的社会真相

拼多多的崛起引发了关于"消费升级"与"消费降级"的讨论。这些讨论，也在一定程度上反映了目前消费的复杂化、动态化。其实，随着网络社会的发展，"消费升级"和"消费降级"的含义也发生了变化。

从最直观的感受来看，以前买便宜的，现在买贵的，就叫"消费升级"；以前买贵的，现在买便宜的，就叫"消费降级"。由于拼多多上的商品普遍是低价商品，巨大的销售量说明很多人购买，因而使人感觉人们的消费水平有所下降，即"消费降级"。不过，也有反对意见指出，拼多多让原来用不起厨房纸巾的人们能够买得起，这本身就是"消费升级"。因而，直接通过拼多多的崛起来说明消费水平的升级或降级并不全面。对于一个人"消费升级"或

---

❶ 潘敬文，等. 智能手机普及 老年上网群体激增：老年网民也爱玩游戏追主播 [N]. 信息时报，2018 - 08 - 20（B2）.

❷ 石尔. 中老年群体网络消费有了新选择，将成电商新增长点 [N]. 南方都市报，2018 - 04 - 30（A09）.

第三章 阶层分化：网络消费中的空间折叠与消费分层

"消费降级"的判断应该结合其自身的情况来确定。对于低收入消费人群而言，"性价比"仍是进行消费时需要考虑的首要因素，因而通过拼多多买到高性价比的商品，便是在自己能力范围之内最大限度的"消费升级"。

另外，随着社会的发展变迁，尤其是互联网经济的发展，"消费升级"和"消费降级"的内涵也有了变化。比如"消费升级"，其实质并不只是意味着奢侈品、高消费。除了追求品牌、注重炫耀、推崇高价之外，对满足个人需求、具有较高实用价值和消费体验等商品的追求也可以视为"消费升级"。在拼多多上，对于最广大的基层消费者来说，购买一包被极力压缩成本的质优价廉的纸巾所带来的满足感，或者区别于淘宝、京东搜索式购物的社交型购物所带来的社交乐趣等都是"消费升级"的表现。对一位偏远农村的拼多多用户来说，一台彩电的品牌究竟是"创维"还是"创维先锋"，他也许并不是特别在意，他只是在意能不能买到一台便宜的实用性强的彩电。"五环内人群"眼中的"消费降级"，对偏远山村却是实实在在的"消费升级"。

同样地，对于"消费降级"来说，有些消费表面看起来是降低了消费内容，但其背后实际上代表了消费理念的转变。也即，在"追求名牌"消费理念看来，在不降低消费品质的前提下选择价格更为低廉的产品是一种"消费降级"，但在"追求实用价值"消费理念看来，则并不代表"消费降级"。进入移动互联网时代，在线上电商和线下商业的共同作用下，在搜索式电商和社交式电商的共同促进中，商品供给非常丰富多元，消费者可以通过多种方式购买到符合自己消费理念的商品。因而，基于对实用价值的重视，消费者可以通过拼多多选择高性价比的商品。在这种消费理念的推动下产生的"消费降级"并不等于品质的下降，其实质是更为经济实惠的消费方式，是商品供给更为多维、信息沟通更为便捷基础上的消费现象。

此外，在网络空间中，通过拼多多激发出的三线以下城市及乡镇的消费力也是引发"消费降级"表象的原因之一。近两年，由于一二线城市不断攀升的生活成本，三四线城市人口回流加速，消费人群也不断扩大。与此同时，城乡居民收入差距的缩小、较低的供房压力、互联网的全面普及以及较长的休闲时间等都赋予了三线以下城市及乡镇居民潜在的消费力。拼多多出现之前，该群体的电商消费需求并没有被充分挖掘。因此，当拼多多出现之后，激发出该群体的电商消费力，使得拼多多平台上的大量低价商品产生了销售巨量，从而形成了"消费降级"的社会表象。除此之外，该群体的整合消费力也发挥社会影响，带动了现象级消费的出现。

三、现象级消费的背后

"现象级"对应的英文为phenomenal，具有"卓越"的意思，可以引申为"天才的""能力超凡的"，通俗来说就是才能超群、非常优秀、引发高度社会关注的意思。该词被广泛用于许多领域，如现象级球星"乔丹"、现象级动画片《猫和老鼠》、现象级科学家"爱因斯坦"等。进入移动互联网时代以来，该词普遍被用来形容一些引发高度社会关注，或者使人非常惊异的人和事件，并获得广泛使用。其中，最广泛的使用如"现象级影片""现象级手机""现象级产品"等。

《前任3》是典型的现象级影片，即在某一段时间内由于票房价值超高或观影讨论人数较多，而成为热门话题的电影。这部豆瓣评分仅5.7分的影片，在前期风评不佳、上映首日票房平平的情况下，最终却收获了将近20亿元的票房，成为2018年电影市场上的一匹"黑马"，被称为当时的"现象级影片"。据统计，20亿票房中大约有一半是由来自三四线城市的年轻观众消费的，该影片的观影人群中，来自三四线城市的观众占比达47.4%，而一线城市观众仅占12.2%，远低于国内影片的平均水平。❶ 这种现象非常少见。多数情况下，一部新影片都是先在一二线城市经过消费市场的验证，然后再"下沉"到三四线城市，但是《前任3》却打破常态，在三四线城市消费群体的推动下，一举"逆袭"，创造了现象级票房。

OPPO与VIVO两个品牌的手机则是典型的现象级手机。在最初的发展中，这两个并未被一二线市场重视的手机品牌，却在三线以下城市及乡镇悄然崛起，甚至在这些区域被称为"苹果手机"最佳的替代品，"逆袭"为国产手机品牌里的两匹"黑马"。2017年，它们在全球的出货量分别排第二名、第三名，这个销售成绩的取得实际上与我国中小城市和农村市场的消费者密切相关。OPPO与VIVO手机的崛起有很多原因，但其中最主要的原因便是对三线

---

❶ 曾于理. "小镇青年"崛起是文化消费新增量[N]. 新华每日电讯, 2018-02-02 (14).

以下城市及乡镇消费市场的精准把握与重点营销，成功吸引了三线以下城市及乡镇年轻消费群体的注意力和心理认同，取得了销售奇迹。

无论是现象级影片，还是现象级手机，都表示其背后的消费支撑主要来自三线以下城市及乡镇。这也表示，与一二线城市相比，三线以下城市及乡镇会展现出更大的消费能量。低廉的生活成本、较轻的房贷和车贷压力、教育背景的提升、互联网对消费观的开拓、成长环境的舒适安逸等，使得低线城市的年轻人形成了与以往大不相同的消费行为习惯。他们不过分追求品牌效应，对价格更敏感，更偏爱性价比高的产品，多属于实用主义派。相比于一二线城市的居民，低线城市及乡镇居民的闲暇时间相对较多，有更充裕的时间去追求娱乐和消遣，并为之付费。

其实，拼多多也可称为"现象级电商"。主打"低价商品"的拼多多正是通过对低线城市及乡镇消费人群的吸引，而迅速崛起为电商界的一匹"黑马"。在低线城市及乡镇，由于住房和生活压力小，当地消费者用于消费的可支配收入相对较高；由于通勤时间较短，他们也有足够的时间去消费，所以在电影、手机、网络购物等方面，都有他们的重要影响。他们没有关注过消费的"升级"或"降级"，但种种现象级消费已经显示，他们已经成为消费市场的一个重要群体。他们具有的独特消费能力、消费行为和消费理念，将推动消费向品质、个性等多方面展现出"多元分级"趋势。

第四节　分级消费中的阶层分化

拼多多的崛起，展现出三线以下城市及乡镇的消费人群在网络空间中的消费力，体现在人们消费中的"多元分级"现象越来越明显。"多元分级"消费的背后，一方面是现实社会中的阶层分化在网络空间中通过消费获得了呈现，另一方面则又体现了移动互联网时代消费分层的复杂化、动态化。

一、小镇青年：新生代消费群体

伴随着拼多多的崛起，作为消费主力人群之一的小镇青年也逐渐进入大众的关注视野。

"小镇青年"中的"小镇",是相对于一二线大城市而言的三线以下小城市及乡镇,"青年"则是指年龄在 18~35 岁,以"80 后""90 后"为主体的年轻人。若干年前,小镇青年是一个具有贬义的称呼,因为在一二线城市青年的眼中,它与"土里土气""没有审美""收入不高""缺乏品位"等特征相关联。然而,近几年,随着互联网经济的迅速发展,以及种种现象级消费的崛起,小镇青年开始展现出新的形象,这个称呼也越来越具有一定的褒义内涵。

普遍而言,虽然小镇青年大多数只有本科或本科以下的学历,但在家乡通常有一份稳定工作;虽然收入不高,但却不用面对高房贷、高物价的压力。从可自由支配的财产和消费能力来看,他们与居住在一二线城市的白领青年们基本差不多,并且他们的职场工作环境相对更轻松、拥有更多的闲暇时间。总体而言,他们都有着不错的生活质量,其消费升级的欲望和速度都在赶超一二线城市的青年。小镇青年群体数量众多,消费潜力巨大,许多现象级消费的出现都源自小镇青年的推动,典型的如 OPPO 和 VIVO 的崛起。在我国,OPPO 和 VIVO 几乎占领了所有的三四线城市手机市场。

从消费理念来看,小镇青年喜欢高性价比的产品,不过于追求品牌和潮流。一般而言,大部分小镇青年的收入不是太高。互联网时代,随着小额借贷越来越便捷,小镇青年普遍会考虑提前消费,其中,信用卡消费和互联网借贷消费是他们最常见的提前消费行为。比如在使用手机支付时,支付宝的"花呗"便是他们的优选项,次选项为信用卡、银行卡。2017 年 5 月 4 日,支付宝花呗发布的《2017 年轻人消费生活报告》显示,中国近 1.7 亿"90 后"中,超过 4500 万人开通了花呗,平均每 4 个"90 后"就有 1 个人用花呗进行信用消费,超三成(30.59%)的花呗年轻用户每月花销在授信额度的 2/3 以上。❶

从消费内容而言,互联网消费是小镇青年的主要消费内容之一。以"80 后""90 后"为主体的小镇青年是属于移动互联网的一代,智能手机是他们的

---

❶ 习淑祎. 花呗发布《2017 年轻人消费生活报告》:我区年轻人人均信用消费排第四[N]. 西藏商报,2018-05-08(A07).

标配，聊QQ、刷微信、打游戏、看视频等，都是他们日常网络消费的常态。相比于一二线城市青年，他们工作之余的闲暇时间多，因此用在手机上的时间也更加充裕。受地域环境、收入水平、生活方式、教育水平等因素的影响，小镇青年在泛娱乐领域的网络消费有显著体现，其中主要包括网络游戏、网络直播、网络阅读、网络音乐、网络购物等消费。小镇青年是互联网时代不容忽视的一个重要消费群体，构成网络消费的主力军。伴随着"80后""90后"的成熟，以"80后"与"90后"年轻人为主导的消费人群结构也已经形成。

从消费场景来看，移动互联网时代的到来，更加促进了城乡连接。智能手机的迅速普及、移动互联网络的普及，使得小城镇接入互联网非常便捷。移动支付的普及，使得小城镇的小店也可以扫支付宝、微信。物流体系的发展，使得快递能够到村，这为拼多多等电商的发展提供了强大助力。无处不在的互联网让生活更加方便，这使得居住在小城市的小镇青年也能及时了解大城市的信息，与大城市的青年同步享受现代生活。互联网就像是一双无形的手，为城乡青年塑造了消费的定式和空间。

作为新生代的消费力量，小镇青年的出现使得互联网时代的消费市场呈现出许多新现象、新变化、新趋势。拼多多的崛起便是其一。依靠对小镇青年消费力的准确把握，拼多多成为电商界的一匹"黑马"。与此同时，正是通过拼多多，小镇青年的消费力也得以呈现。

二、"伪中产"与"精致穷"

"伪中产"大约出现于2017年，是指被伪造、被命名、被幸福的名不副实的当今社会的所谓中产阶层或中产家庭。与"小镇青年"类似，"伪中产"话语的出现，主要源于互联网时代自下而上的话语体系建构，是人们在"中产阶层"概念的基础上，结合现实社会的发展变化而建构出来的话语。拼多多的崛起，进一步促进了"伪中产"的现实呈现和社会认同。

"中产阶层"概念的出现最早源于2000多年前，古希腊思想家亚里士多德曾指出：社会可按贫富差别将公民划分为极富、极贫、中产阶层三类。最早对中产阶层的确定是依据收入和财富水平。后来，随着社会的发展，确定中产阶层的标准也更为丰富，涵盖了收入、职业、教育、生活方式、主观认同等指标。从社会结构来看，中产阶层的规模与社会运行的动力、稳定度密切相关，因而备受社会关注。

在我国，"中产阶层"又被称为"中等收入群体"，该群体受到关注主要源于20世纪90年代，是指大多从事脑力劳动或具有技术基础的体力劳动，主要靠工资及薪金谋生，一般受过良好教育，具有专业知识和较强职业能力及相应家庭消费能力，有一定闲暇，追求生活质量，对其劳动、工作对象拥有一定管理权和支配权，资产在20万~30万元的群体。对中产阶层的界定指标主要包括收入、职业、教育等。数据表明，2012年该群体在总人口中的占比就已经达到46.02%，不过在分布上面临着城乡差异、区域差异和产业差异等结构性问题。❶

其实，我国的中产阶层除了具有分布的结构性问题之外，还具有一定的"表面性"，也即中产阶层的"指标呈现"与"真实情况"之间存在一定的错位和断裂。也正是这些错位和断裂，成为"伪中产"话语被建构的重要背景之一。

在表面呈现上，现在步入中产阶层的年轻人普遍拥有一辆车、一套房，已经在物化标准上符合城市中产的标准。但其实有一部分年轻人是依靠自己的父母甚至家庭几代人的力量才成为中产阶层的一员。在这一点上，我国的中产阶层与欧美国家的中产阶层具有一定差别。在欧美国家，中产阶层的子女一般是依靠自己的能力成为中产，即使脱离了父母的经济基础，凭借自己的素质和能力及较好的福利，阶层地位基本会比较稳定甚至还会不断上升。但在我国，虽然有些父母不一定是城市中产或富裕阶层，但会想尽办法用大部分积蓄补贴孩子贷款买房、买车，在城市里结婚安家，使自己的子女看上去符合城市中产的一切物化标准，而实际上年轻人能不能依靠自己的能力继续稳固其中产阶层的地位则是千差万别。因而，从这一点而言，不是依靠自己的能力，而是集聚了原生家庭的力量形成的中产阶层，在一定程度上可以被称为"伪中产"。

"伪中产"是提前透支家庭消费能力的一个群体。在他们建立家庭后，房贷、车贷、子女教育、固定开支、自身消费等都是一个沉重的负担。这是一个脆弱的群体，任何一项消费都是引发他们焦虑的来源。如果父母本身就是城市

---

❶ 李强，王昊. 当前中产阶层壮大面临的结构性难题 [N]. 北京日报，2017-08-28 (19).

中产，子女的能力也不错，还能维持一定中产水平，但如果是来自经济条件不太好的家庭，"伪中产"维持自身中产地位的难度更大。而对于依靠自己的能力毕业于知名高校、从事比较体面的工作，进而在大城市安下家成为中产阶层的群体，也会面对消费力不足的问题。高额的房价、物价，以及子女教育的花费等同样是一个沉重的负担，同时每天公交—地铁—共享单车的漫长通勤时间也降低了他们的生活质量。因此，对于他们而言，个人可支配的消费资金非常有限，这直接导致了大多数人对价格的敏感，便会出现上淘宝买低价商品、上拼多多"拼团"购物等行为。他们对产品的要求是"够用"，对于"价格便宜"这一点还是非常在意的。

"精致穷"，是一个网络流行语，用来指发生在一部分年轻人群体中的生活方式：虽然赚得不多，但并没有因此而放弃追求"美好"和"精致"，从而宁愿付出"穷"的代价来换取自己想要的生活。比如很多人愿意通过吃一个月的方便面省钱来买一件价值不菲的品牌衣服；有一部分年轻人更愿意"穷"在租房上，虽然租房价格一涨再涨，但为了自己住得舒服，还是愿意花费大部分收入租住在环境较好的房子里，过着自己想要的精致生活；还有很多年轻人喜欢苹果手机，成了忠实的"果粉"，为了能赶上"潮流"，他们在其他方面非常节俭……虽然每个人追求的"精致"各有不同，但相同的地方是他们都是为了追求一个方面的"精致"，而压缩其他方面的需求。一方面，他们花费大量收入为名牌产品买单；另一方面，却又在拼多多平台上抢购超低价商品。这一点也显现出移动互联网时代消费的"多级分化"。

三、互联网维度下的消费分层

消费分层是社会分层在消费领域的延伸与体现。拼多多的出现，使得一些现实生活中被隐藏、"被折叠"的消费情况在网络空间中得以呈现。通过分析拼多多的崛起，以及拼多多用户群体的消费情况，可以发现移动互联网时代以来，我国消费分层的复杂性、动态性，以及发生的一些变化。

一方面，互联网使得消费分层更清晰地呈现出来。互联网时代，通过互联网对现实的"放大镜"作用，消费分层的现象可以被更清晰地呈现出来。移动互联网时代，手机成为主要的上网工具。各个互联网业务都开发出自己的

App，每一个 App 所沉淀的用户都是消费分层的表现，App 就像过滤器一样将同类型的消费者集中到一起。无论是京东、淘宝、网易严选，还是饱受争议的快手、趣头条、拼多多，通过它们的 App，不同的用户被大致归类到不同的消费阶层，尽管有时一个用户会选择不止一个 App，但大概能够看到在消费层面的群体分层。

另一方面，互联网又对现实空间的消费分层进行解构，促进了消费分层的复杂化、动态化，同时发挥了对消费分层的重塑作用。

互联网时代，城乡消费分层的界限逐渐模糊。拼多多的出现促进了小镇青年的崛起，也使得城乡消费分层的界限日益模糊。小镇青年一方面没有完全脱离乡村，另一方面又通过互联网与大城市连接紧密。小镇青年成为连接城乡的重要元素。从消费而言，智能手机和移动支付的城乡全面普及，使得乡镇居民也能够方便快捷地通过互联网进行消费。商品供给丰富而一致、网络消费过程基本相同、物流通道日趋畅通，使得城乡之间的消费内容、模式日益趋同。尤其是拼多多的兴起，更是将乡镇的消费群体吸引到网络空间中，快速促进了城乡之间的商品流通。一方面，大城市种类繁多的现代化商品能够通过拼多多等电商平台流入乡村；另一方面，乡村的优质农产品也能通过拼多多的"拼团"快速流入城市。原先存在于城乡之间的消费界限由于互联网而日益模糊。此外，"90 后"消费人群的成熟也进一步减小了城乡的消费差距。无论是城市还是乡村，作为"互联网一代"的"90 后"人群的消费观呈现出一致性，城乡差距日益缩小。

代际消费的差异逐渐清晰而多元化。据统计，截至 2021 年 12 月，20～39 岁群体占整体网民的 37.2%❶，因而以"80 后""90 后"为主的年轻人逐渐成为网络消费的主力人群，并且，"00 后"随着年龄的增长其网络消费日益多元化。从代际消费来看，"80 后""90 后""00 后"呈现出与上代人完全不同的面向，消费意识更加自主，消费内容与消费方式日益多元化，消费"去性别化"趋势明显。其中，Z 世代❷的消费更是呈现出新特点。Z 世代生活在新

---

❶ 中国互联网络信息中心. 第 49 次《中国互联网络发展状况统计报告》[EB/OL]. (2022 - 02 - 25). http://www.cnnic.net.cn/hlwfzyj/hlwxzbg/hlwtjbg/202202/P020220721404263787858.pdf.

❷ 根据巴克莱银行的界定，普遍将出生于 1995—2009 年的人群称作 Z 世代，把出生于 1980—1994 年的人群称作 Y 世代（也即千禧一代）。

中国成立以来人均可支配收入最高的时期，同时又出生成长于移动互联网时代，是进行网络社交、网络泛娱乐等虚拟消费的主体人群。"去性别化消费"主要源于当前两性分工的变化和男性自我形象管理意识的提升，改变了传统基于性别标签定义的消费需求，男性消费和女性消费的结构逐渐趋同，主要凸显在"90后""00后"年轻群体中。另外，蕴含亚文化元素、定位个性化展示的潮牌文化迅速被消费人群接受，成为"去性别化消费"的主要推动力之一。

消费的圈层化现象逐渐显现。作为社交型电商的典型代表，拼多多进一步促进了社交与消费的密切结合，从而促进了消费的圈层化现象。消费的圈层化现象主要源于社交的圈层化，从而使得基于社交基础的消费也呈现圈层化的特点。与原先消费分层的固态性特点相比，消费圈层化更富于流动性和变化性。从人际交往的角度来看，每个人在网络空间中都有自己的一个交往圈。随着信息的快速流动，社交与消费相互影响，一个交往圈的消费理念、消费内容、消费方式等也会逐渐趋同。一个人的消费也可以作为"社交货币"用于交往。比如一个人买了一个名牌包，在高档酒店住宿，在著名景点游玩，都可以发在微信朋友圈，进而形成带动效应。拼多多最初发展时，其商品链接在微信群中广泛传播，通过"商品"把不同人在相同场景下的相同需求汇聚起来，形成消费圈，从原先的"物以类聚"转变为"人以群分"。拼多多通过大量分红包、抽奖、砍价等活动，持续刺激用户的各种消费欲望如冲动消费、理性消费、攀比消费等，最终促成拼团。"拼团"消费中，既拼优惠，也拼关系。

第五节 拼多多背后的阶层现象

从拼多多的崛起，可以发现我国社会居民网络消费过程中的一些阶层消费情况，以及现实社会的阶层变化。一方面，互联网就如镜子一样，"反映"了社会各阶层消费人群、消费结构、消费模式的情况；另一方面，也显示出社会成员在包括拼多多在内的电商平台上的消费对现实社会的影响。

此次拼多多现象中，在人们普遍认为电商格局已经固定的时候，拼多多异军突起，展现了三线以下城市及乡镇居民的重要消费力。与其他电商的"人找货"不同，拼多多的"货找人"销售模式使其成为社交电商，被业界称为

"新电商"平台,实现了B2C向C2B的逆转。同时,拼多多等社交电商基于社交网络进行营销传播,其"人以群分"的消费逻辑进一步增强了消费的分层、分级作用,现实空间的阶层划分也在网络空间中通过消费获得了一定的固化与重塑。

拼多多展现了三线以下城市及乡镇的巨大消费力。总体来看,我国互联网人口红利主要包括三个阶段,第一阶段的人口红利主要是移动互联网的广大网民,他们在现实社会的身份主要为一二线城市的"80后"群体,他们是互联网社交电商、高性价比商品、文化消费的主力群体,小米、知乎等公司的崛起主要依赖他们的消费。第二阶段的人口红利主要体现为互联网大范围普及后的小城市青年群体,他们的独特消费理念和特点,催生了一大批新生网站和高产品牌,如快手、映客,以及OPPO和VIVO等。随后,第三阶段的人口红利开始"下沉",三四线城市人口逐渐成为人口红利的主要来源,三四线城市的主流人口背后蕴藏着巨大的机会,这也是拼多多等电商进行业务"下沉"的重要原因。

拼多多是社交电商的典型代表,反映了目前网络消费的社交化,也反映了现实社会各阶层的交往圈层化,并进一步促进了这种圈层化。拼多多有效利用了微信的"下沉"网络,把社交与消费密切结合起来,通过社交渠道开展营销并获得了成功。社交电商塑造了多元丰富的消费场景,使消费者的社交与消费融合在一起,社交促进消费,消费又推进社交。在"高性价比商品"的消费场景中,拼多多通过拼团、砍价、抽奖等形式,促使消费者在其人际交往圈中转发相关链接,与现实社会的人际交往圈层发生互动。

拼多多是典型的现象级电商,这反映了移动互联网时代我国消费文化在社会阶层中自下而上的"逆传导"现象。除了拼多多,《前任3》影片的票房"逆袭"、OPPO手机的热销等现象级消费现象,也都反映出消费文化自下而上的"逆传导"现象。在这些现象级消费出现之前,消费市场是被少数精英消费群所引导的,无论是商品的品质属性、品牌地位、文化内涵,还是流行风尚等,都是高端消费阶层所引导然后传递给中低端消费阶层。但拼多多等现象级消费的出现,则展现了中低端消费阶层的消费引导力。尤其是拼多多的崛起,直接促使"小镇青年""伪中产"等社会阶层群体对于"高性价比商品"的消费倾向在整体消费市场的传导和扩散,进而在一定程度上引导了消费市场的发展方向,并影响了现实社会阶层之间的互动与相互关系。

第四章

社群组织：网络消费中的个人、共同体与社会

"双11"购物节是网络空间中，在网络实物消费过程中产生的另一个典型的社群文化层面的网络消费现象。通过对"双11"购物节的相关分析，可以发现，在网络消费过程中，通过一些典型现象的引导、传递，可以建构形成一定内容的网络社群文化，进而影响现实社会。在"双11"购物节的兴起发展过程中，社会成员的社群关系在网络实物消费过程中出现了变化，并进而在一定程度上影响了现实社会中的社群组织关系。本研究使用"共同体"概念对此开展分析。"共同体"是社群组织的一种体现，也是个人与社会关系的联系媒介。通过对"双11"购物节的分析，一方面可以发现网络消费对"共同体"的影响，另一方面也可以更深入地认识网络消费对个人、共同体、社会三者互动关系的影响。❶

"双11"购物节

2009年以前，11月11日只不过是一个普普通通的日子。但这一切却在2009年由一个电商的网络促销日为始端，进而发展成为网络化时代面向全民的疯狂购物节，再后来，这个日子便以"双11"的简称而被人们熟知。

"双11"购物节的出现源于天猫（当时称淘宝商城）的网络促销活动，而电商之所以选择在11月11日进行促销纯属偶然。据介绍，11月份是季节变

---

❶ 张荣. 从网络狂欢看互联网时代的个人、共同体与社会 [J]. 福建论坛, 2015 (12)：73–80.

化较快的时期，消费者的购物需求强烈，但这一时期却没有较大的节日，处于商业销售的10月黄金周和12月圣诞节的空档期，所以淘宝决定在11月份进行网络促销。2009年为起始年，当时虽然只有27个品牌参与活动，但淘宝却获得了5200万元的销售额。此后十年，基于前期经验的积累，同时随着互联网上的口碑传播，"双11"逐渐得到人们的认可和重视，其交易额也在2019年登上了2684亿元的交易额高峰。

与此同时，从起始日至今的十多年时间里，"双11"交易额的逐年提升也极大推动了我国电子商务的整体发展。由"非典"时期的被动式起始，至移动互联网技术的推动式发展，再至互联网支付应用的助燃作用，我国电子商务的发展逐渐经历了沉寂期（2000—2003年）、起始期（2004—2006年）、稳定期（2007—2009年）及发展期（2010年至今）。可以说，"双11"的兴盛在一定程度上推动了我国的电子商务进入快速发展期，这是因为，伴随着"双11"网上销售额的逐年递增，其他相关行业如银行业、快递业也获得了快速发展，进而为电子商务的发展奠定了坚实的交易平台和迅捷的物流通道。

除了带动电子商务的整体发展，"双11"的发展也影响了线下的商业活动和经营模式。2012年，在"双11"的影响下，线下的各大商场也开始在11月11日搞促销活动，同时，有个别商家还开辟了线下看货、线上下单的销售模式。这就意味着，"双11"已经彻底从一个线上的消费活动，变成一个整体的消费者的节日。

虽然天猫的"双11"促销仅仅是一个偶然的开端，但出人意料，这一举动产生的结果却是一发不可收。现在，"双11"不仅成为电商消费节的代名词，甚至对非网购人群、线下商城也产生了一定影响力，一些本来跟网购不搭界的非敏感人群也被不由自主地卷了进去，"双11"的影响渐渐超越经济层面，延展到了人们的生活文化层面。

在网络空间中，随着"双11"的影响力逐渐增强，衍生出大量有关"双11"的调侃性话语并流行起来，如"五折难挡，秒杀凶猛，就算熬个通宵也要挺住"的购物文化。有网友表示，已经提前一周调整生物钟，并且积极锻炼身体备战"双11"。还有各种奇葩的"防媳妇败家"高招，甚至还有一位徐姓工程师晒出了自己的请假条截图，其中写道："媳妇收藏了不少天猫团购，11月11日请假1天，回家看着媳妇，防止败家，请领导批准。"更让人忍俊不禁的是，潮汕职业技术学院在其官方网站上还挂出了一条"双11狂欢节不断电"的通知，宣布应许多同学的提议，学院决定11月10日晚至11日通宵不断电不断网。❶

从中可以看出，虽然"双11"不是传统的法定假期，但大众却从中获得了节日般的欢愉，极具想象力和戏谑性的网络调侃，也为紧张繁忙的日常生活增添了节日的色彩和欢快。虽然"双11"的出现只是源于电商的一次普通促销活动，并且一些网络段子的出现也可能是电商的促销技巧之一，不过既然这些内容能够得到人们的热烈转发和广泛传播，便反映出人们对它的普遍认可。由此，不管"双11"的源起及其真实形态如何，最终结果是它真正促成了全民网购狂欢节的出现。

作为购物节，"双11"给消费者带来了实惠，也给电商带来了利润。同时，"双11"还为人们带来了集体欢愉感和群体归属感。人们在开展购物狂欢的过程中，通过线上与线下的连接，以及人与人之间的互动，享用了一场名副其实的文化盛宴，甚至这天已经成为年轻人聚会、狂欢、购物、相亲或结婚的日子。

"双11"最初是在20世纪90年代初作为"光棍节"出现的，因为11月11日这个日期中包含4个1，人们联系到"光棍"，并由此衍生出了"光棍节"的说法。由11月11日到"光棍节"，再由"光棍节"到"双11"购物狂欢节，一个普通的日子因为具有了文化意蕴而倍增光泽。无论是"光棍节"，还是购物狂欢节，其文化内涵的生成都与社会成员的共同体情结密切相关。尤其是在目前的互联网时代，随着人与人之间信息传递能力的日益增强，社会认同能够快速凝聚，普遍存在于社会成员当中的共同体情结便成为群体联动的重要纽带。"双11"购物狂欢节的出现便是如此。在当前我国快速的社会发展和变迁过程中，社会成员的流动性增强，传统共同体纽带逐渐断裂，人与人之间的连接弱化，社会风险日益增多，社会焦虑普遍弥漫，由此，网络狂欢因其超时空性、即时互动性、对大规模人群的可容纳性等优势，逐渐凸显成为人们开展狂欢活动、释放社会情绪、排解社会焦虑、满足群体归属感的社会活

---

❶ 林曦，李晓莉．网购攻略：请假防媳妇败家　锻炼熬通宵抢购［N］．羊城晚报，2013-11-10（A01）．

动形式之一。而正是在种种的狂欢活动中,共同体的形态也在其中得以彰显。

第一节 狂欢式:网络社会生活的重要景观

随着互联网时代的到来,信息沟通速度的加快,群体聚集在一起的频率也逐渐增加,狂欢式生活开始呈现为网络社会生活的重要景观。在任何一个引爆网民狂欢点的事件中,只要参与或围观的网民达到一定规模,这个事件可能就会超越其本身,而变成了一场无厘头的群体狂欢。互联网时代,网络虚拟社会的自由性、平等性、创造性等特质都与自古以来人类狂欢文化的全民性、仪式性、平等性等相契合,正是这些契合为狂欢文化在网络空间中的呈现提供了条件和可能。

一、狂欢式生活

"狂欢式"本是20世纪俄国思想家米哈伊尔·巴赫金提出的文学理论概念。按照他的理解,中世纪的人们实际上过着两种生活,一种是"常规的、十分严肃而紧蹙眉头的生活,服从于严格的等级秩序的生活,充满了恐惧、教条、崇敬、虔诚的生活";另一种则是"狂欢广场式的自由自在的生活,充满了两重性的笑,充满了对一切神圣物的亵渎和歪曲,充满了不敬和猥亵,充满了同一切人一切事的随意不拘的交往"。❶狂欢式生活通常以民间节日(包括农神节、愚人节、狂欢节、复活节)等形式出现,是指一切狂欢节式的庆贺、礼仪、形态的总和,是仪式性的混合的游艺形式,包括种种的庆祝活动、节日仪式及群体形态,是"民众暂时进入全民共享、自由平等和富足的乌托邦王国的第二种生活形式"。❷虽然狂欢式生活具有一定的时间界限,是平民的节日生活,但种种狂欢节上的表现暂时构成了民众的"第二生活",创造了一个世界,并与"第一生活"一起形成了一种特殊的"双重世界的关系"。

---

❶❷ 巴赫金. 陀思妥耶夫斯基诗学问题[M]. 白春仁,顾亚铃,译. 北京:生活·读书·新知三联书店,1988:184.

整体而言,在巴赫金那里,狂欢式生活具有娱乐性、全民性、平等性、迎新性、颠覆性等特征。

狂欢式生活包含笑文化,具有娱乐气质。在这种生活中,人们的着装、行为、语言都摆脱了等级的束缚,凸显出欢乐的元素,整体生活也充满了欢快的游戏精神。在巴赫金那里,这种笑文化主要体现了民间的、非官方的文化内涵。他指出,笑的本性具有"深刻的非官方性质","能够摆脱期待的恼人的严肃性、郑重其事和关系重大之感,能摆脱面临情势的严肃性和郑重性"。❶ 因此,狂欢式生活中的笑本身,是全民的笑,是民间社会摆脱压制和束缚之后的笑。

同时,狂欢式生活还具有全民性、平等性。巴赫金主要从四个层面来规定"狂欢式的世界感受":第一,人们可以"随便而又亲昵地接触",人与人之间的任何距离,都不再存在;第二,"插科打诨",即人们可以共同享受笑的文化;第三,"俯就",即神圣与粗俗、崇高与卑下、伟大与渺小、明智同愚蠢等之间的界限消失;第四,"粗鄙","冒渎不敬","对神圣文字和箴言的仿讽"等。由此可以看出,在狂欢式生活中,人与人之间的交往距离、所有差异都已消失,所有的等级、束缚、规定也已不再存在,人们可以运用任何形式的游戏来颠倒世界,并且没有任何差别地共同享受着欢笑和愉悦。

除了娱乐性、全民性、平等性之外,巴赫金的"狂欢式"还意涵一种迎新性,"狂欢节总是在庆贺旧事物的灭亡和新世界——新年,新春,新王朝——的诞生"。❷ 任何一种节庆,都预示着新阶段生活的开始,就好比门槛一样,跨过之后就会辞别旧生活,进入新生活。因此,狂欢式生活总是在面向着未来,蕴含着人们对新生活的美好期待和热切希望。

从另一个层面来说,狂欢式生活的迎新性也就意味对旧内容的颠覆性。在巴赫金那里,这种颠覆主要是对"第一生活"的颠覆。在狂欢式生活中,所有存在于"第一生活"中的等级、界限、差异、束缚、压制等都不复存在。人们相互之间可以没有任何距离地接触,同时还可以利用着装、行为、语言的

---

❶ 巴赫金. 巴赫金全集:第四卷 [M]. 白春仁,晓河,等译. 石家庄:河北教育出版社,1998:60.

❷ 巴赫金. 巴赫金全集:第六卷 [M]. 李兆林,夏忠宪,译. 石家庄:河北教育出版社,1998:478.

变化来反抗非狂欢生活的规矩、秩序和法令，并使用各种粗鄙、不敬、亵渎的形式来颠覆与等级相关的各种形态的畏惧、恭敬、仰慕等。由此，在颠覆性中，狂欢带来了个体的自由和内在本质的显现。

狂欢具有古老的历史，在我国，如春节、元宵节、中秋节等节日的集体活动，包括元宵灯会、舞龙灯、赛龙舟等，都具有巴赫金所说的"狂欢式"生活的意味。据了解，中国的庙会和元宵节等具有狂欢意味的节庆已有上千年的历史。这一系列以岁时节日为核心的集体庆祝活动成为传统中国人"第二生活"的重要内容，其包括饮食、仪式、娱乐等在内的物质和精神活动也构成中国传统文化的重要组成部分。

进入互联网时代，一种新的狂欢形式——网络狂欢开始出现，并逐渐成为人们"第二生活"的内容之一。与现实社会的狂欢相比，网络狂欢具有自身的独特性。在现实生活中，群体狂欢的特点主要体现为时空性、全民性、娱乐性、仪式性和饮食性。而在网络空间中，由于人际交往的缺场性，各种现实生活中面对面的狂欢行为便不复存在，人们开展狂欢互动的主要中介为文字、符号、图片等，因此，语言性构成网络狂欢的重要特征之一。

二、数字化空间中的话语盛宴

与前互联网时代的现实狂欢行为相比，网络狂欢的主要表现形式为话语狂欢。在互联网这一数字化空间中，参与狂欢的网民主要是使用文字、符号、图片等表达自己的观点，在戏谑和讥讽中呈现出网络狂欢的话语盛宴。盛宴，意为盛大的宴会。在现实社会中，盛宴通常包括美食、节目、仪式及拥挤的人群。但在网络空间，盛宴的内容则主要为话语。另外，与现实社会狂欢行为的仪式性、行为性不同，网络空间里的狂欢现象则具有文本性、数字性，着实为数字化空间中的一场话语盛宴。

随着"双11"的临近，一条"雷锋段子"开始被疯转，并为大众所熟悉，其内容为："各位男同胞注意啦，别怪我没提醒你们！记得10日晚10时以后，打开老婆的网银和支付宝，输入三次错误密码，才上床睡觉。11日清早起床，第一件事是再打开老婆网银和支付宝，输入三次错误密码，再去上班。切记，切记！不要问我是谁，请叫我雷锋。"

不过，这个段子出现之后不久，另外一个段子很快出现："千万不要被骗了，这是女人的惊天阴谋。她们的支付宝用不了，就可以名正言顺地使用男人的，正确做法是故意输错三次自己的密码。切记！"

紧接着，另外一条"雷锋段子"又出招反击："各位女士注意，'双11'当天，如果你起床打开购物网站，采购完毕准备支付时，发现支付宝和网银已被你家贼汉子锁死，请不要惊慌。货到付款，切记！"

"雷锋段子"一经出现便迅速获得大家的认同和喜爱，被人们疯狂转发。"雷锋段子"之所以被迅速传播，主要在于其极大的娱乐性。经由精心组织的话语，这些类似笑语的段子对现实社会中夫妻的互动关系、权力模式等进行了戏剧性描绘，再加上对"雷锋"的戏谑式使用，使得见到这些段子的人都欢乐不已。在欢乐之余，人们对"双11"的熟知度也迅速增加。

对于社会学来说，"话语"并不陌生，"当西方社会学理论实现了语言学转向之后，后现代主义也把话语分析作为深入研究各种相对具体社会问题的重要途径。……这种话语分析的研究范式往往并不仅仅把重点放在语言本身的意义之中，而是透过语言发现语言背后隐含的社会因素。"❶

巴赫金也十分注重对话语的分析，他指出：任何话语都是一个社会事件，话语表述反映着说话者、听话者和社会语境的相互作用的动态关系。"说出的话语都蕴含着言外之意。所谓对话语的'理解'和'评价'（同意或反对），总是在词语之外还包含着生活的情景。因此，生活不是从外部对表述发生作用：生活渗透在表述内部，代表着说话者周围的统一存在和生长于这个存在中的共同的社会评价，离开这些评价，对表述的任何理解都是不可能的。"❷

在现实社会的狂欢活动中，人们的有声语言、行为，以及形形色色的物体成为狂欢盛宴的主要组成，但在网络空间中，由于人际交往的缺场性，行为的重要性则被隐去，以文字、符号为主的话语的地位得以凸显，甚至在有些网络狂欢活动中，文字则成为唯一的盛宴内容。在网络空间中，借助文字、符号、图片等话语形式，人们表达情感、分享信息、体验愉悦、建构认同，在话语盛

---

❶ 陈氚，刘少杰．网络流行语的感性化与讽喻性 [J]．人文杂志，2013（3）：98-103．
❷ 巴赫金．巴赫金全集：第六卷 [M]．李兆林，夏忠宪，译．石家庄：河北教育出版社，1998：543．

宴中获得了另一种狂欢感受。

三、网络狂欢中的文化认同

话语是文化的集中体现，不同的文化有着不同的话语体系。"双11"话语盛宴的背后蕴含着一定的圈子文化。在"双11"网购活动中，当人们通过微博、微信、QQ等交流各种抢购技巧，分享抢购过程中发生的各种囧事和乐趣时，购买行为便开始具有群体效应，形成了圈子效应，并拥有明显区别于非购物群体的话语体系和讨论话题。

"双11"网购活动中，人们被分为了购物人群和非购物人群两个圈子。在购物人群中，以20～34岁的年轻人为主要群体，也即人们俗称的"70后""80后""90后"。与其他年代出生的人相比，"70后""80后""90后"具有非常独特的出生背景、成长环境及文化氛围。其中，最值得指出的则是这几代人与"光棍节"和互联网的关系。

"光棍节"创始于20世纪90年代初，是由正处于大学阶段的"70后"发明，后来，随着这些年轻人离开校园、走向社会，这个节日也便从校园带到了社会。如今，当初的"70后"已成为社会各个方面的中坚力量，开始逐渐掌握社会主流话语权，并和正在崛起的"80后"共同成为最具消费需求和消费能力的人群，"90后"则大多单身，其自身情况正好契合光棍文化。除了与"光棍节"的紧密关联，"70后""80后""90后"与互联网的关系也十分密切，他们的出生、成长、大学生活及工作时期正好是互联网出现及飞速发展的时期。尤其是"70后""80后"，他们既是网络购物的主体人群，同时还有一部分也是运营电商平台、开网店的主力群体。

对于"70后""80后""90后"来说，较高的文化教育水平、前沿的消费观念、积极主动的创新精神等是他们的突出特点。因此，当"双11"的网购热潮到来之际，他们能够迅速地并乐于融入其中，同时通过话语的组织、创新构造了一场话语盛宴，共同形成了一个主要属于他们，并影响到全社会的网络狂欢节。

第二节 共同体：在狂欢中彰显形态

在社会学视角下，共同体可以从两个层面进行界定：其一，从物质生产层面，共同体是成员共同的生产和生活单位；其二，从精神层面，共同体指成员共同的归属和认同单位。在网络空间中，从技术层面看，共同体的群体规模是可见的，其规模可以经由数字呈现出来，同时，互联网自由、平等等诸多特征也使得兴趣、文化成为凝聚人群组成共同体的重要纽带，人们归属某个共同体的精神需求也获得了满足。

一、寻求欢乐的本能

个体普遍具有追求快乐的本能，这成为共同体的凝聚基点之一。在日常生活中，我们经常可以发现，当某个具有快乐特点的事件发生时，往往会吸引更多人的注意，并凝聚众人加入以这个事件为中心的欢乐氛围当中，进而形成一个欢乐的群体。

弗洛伊德指出，每个人都有追求快乐的本能，因而，快乐经常会成为凝聚人们的重要纽带之一。在现实社会，快乐会通过人们的面部表情、语言、行为动作、身体姿态等"传染"给其他人。因此，在庙会、节庆日等狂欢节上，通过人们之间言行举止的感染，欢乐的气氛会迅速弥漫到全部人群，凝聚成一个以快乐为主要表现内容和表现形式的群体。在如春节、元宵节、中秋节等中国传统的节庆活动中，大家暂时摆脱了日常生活的劳作和烦恼，进入以快乐为目的和内容的狂欢式生活中。

同时，群体本身也会产生快乐的极化现象，并且群体规模越大，快乐的极化现象越明显。在个人凝聚形成群体的过程中，"有意识的人格消失，无意识的人格得势，思想和感情因暗示和相互传染作用而转向一个共同的方向"[1]，

---

[1] 古斯塔夫·勒庞. 乌合之众：大众心理研究 [M]. 冯克利，译. 北京：中央编译出版社，2004：18.

个人具有的兴奋会经由群体而得以放大，产生 1 加 1 大于 2 的效果，出现集体亢奋。与现实社会相比，在网络空间，群体规模的数字化、信息传递的即时互动性等特点，使得网络群体的快乐极化现象更为明显。在"双 11"网购活动中，逐年上升的交易额、不断增加的网购人群、秒杀中的紧张刺激、网购趣事的即时分享等，都使得每个参与者能够经由销售额数字的增长感受到群体的庞大，这更加扩张了个人的兴奋度，最终产生群体性的亢奋状态，产生群体性的购物狂欢。

在"双 11"网络狂欢的过程中，人们纷纷通过互联网分享自己的网购经历，当一些幽默诙谐的吐槽帖子出现时，该事件本身的快乐气氛会迅速在网络空间中扩散，更加增添了节日般的热闹气氛。如"双 11"过后，有网友便吐槽，去年"光棍节"抢购的衣服还一次没穿过，今年"双 11"又刷爆信用卡抢了一堆；更有不少网友看了"双 11"网购账单后纷纷表示要剁手明志；重庆一小伙"双 11"通宵网购"过把瘾"，第二天晚上再通宵退货"回笼资金"……

二、认同的力量

除了娱乐性，狂欢往往还具有一定的象征性，表征着某种不可见的集体归属感、类本质、存在意义、本体感等，也即狂欢具有自身的意义指向。在建构这些意义、价值和象征的过程中，狂欢群体会以认同为纽带，形成具有一定文化意涵的共同体。而在与"双 11"密不可分的"光棍节"的创始、发展及向网购狂欢节的转化过程中，认同就起到了重要的凝结作用。

"光棍节"的来历有多种说法，准确来源已经不可考，但得到一致认可的产生时间是在 20 世纪 90 年代初，产生地为高校（南京大学宿舍），是大学生自创的一个草根节日。2011 年 11 月 11 日，是带有 6 个 1 的"世纪光棍节"（因为在 21 世纪找不到第二个带有 6 个 1 的日期组合），于是，全国各地的年轻人便开展了形形色色的庆祝活动，再加上互联网的信息传播功能，这一节日遂为大部分人所知。后来由于淘宝商城的"光棍节促销活动"的影响力日益增强，再加上《失恋 33 天》这部故意选择在"光棍节"上映的小成本电影获得了巨大成功，之后，"光棍节"的影响力空前巨大。

单从字面含义来看，"光棍"是指没有皮的树干，后来被人们用来称呼无子无孙的、没有配偶的单身男性。在普通人的记忆中，"光棍"一般都有着破败的房产、邋遢的衣着、粗劣的外貌以及蹩脚的言行，因此，"光棍"这一称呼具有一定的贬义内涵。但是在当今社会，随着大龄未婚男女青年数量的急剧攀升，"剩男剩女"群体的规模也日益扩大，以前"光棍"中的贬义内涵也渐渐被稀释，尤其是随着"光棍节"这一节日的出现，就更是使得"光棍"这一概念在娱乐化的过程中渐渐趋向中性内涵。同时，节日的欢愉感也在一定程度上消解了男女"光棍"们单身时的孤单、焦虑和紧张。在广袤的网络空间里，单身群体的相互交流和调侃也逐渐增强了更多个体对"光棍"这一称呼的正向认同。

虽然源于年轻人的调侃自创，但"光棍节"后来却经由互联网的信息传播影响到了现实社会。据上海政务网报道，2011年11月12日，上海市"首届婚恋博览会"在松江新城泰晤士小镇举行，为期两天的"婚博会"吸引了5000多名女性和4000多名男性报名参加，这使得此次博览会成为名副其实的"万人相亲大会"。

不过，也有人指出，虽然"光棍节"从文化建构上有着明确的文化内涵，形成了完善的文化附属，但是由于参与人员的不确定性、没有完整的仪式活动和意义，使得"光棍节"无法凝固特定的文化含义。❶ 不过，恰恰是由于"光棍节"不具有相对固定的庆祝形式，这才为商业企业定义节日传统提供了机会，留下了空白。后来，当淘宝商城选择在"光棍节"这一天开展促销活动时，便迅速获得了以"70后""80后""90后"为主体的年轻人的追捧。

三、凝聚中的共同感

人类具有类本质，本能具有凝聚的需求和欲望。当今的互联网时代，跨越时空限制的网络空间使得人们的凝聚成本大为降低，凝聚的速度也更快。正是在凝聚中，人们产生了与他人共同开展某项活动的共同感，建构出群体认同，形成了共同体。

---

❶ 黄英. "光棍节"现象解读 [J]. 中国青年研究, 2012 (8): 74–77.

一般而言，各种节日的狂欢活动普遍都具有一定的时间范围，一般以天为单位，最短一天，长的则三五天不等。通常，这个时间范围具有一定的适度性，太短就无法形成并凝固人们的共同感，太长则会稀释狂欢活动给人们带来的欢愉。在这个适度的时间范围内，人们经由共同的狂欢活动感受着与他人的同在感和群体共同感。他人的规模越庞大，这种共同感便越强烈，快乐的气氛也就越浓厚。在现实空间的节日狂欢活动中，由于时空局限及人们感知能力的有限性，人们对参与狂欢的人群规模没有明确的认知，只能通过人群的拥挤程度感知与他人的同在感。网络空间里的狂欢则不同，通过对时空限制的摆脱及数字技术的应用，人们可以明确获知参与网络狂欢活动的人群规模。

比如2013年的"双11"网购狂欢节中，有限的时间范围和确切的数字便在塑造人们的"共同感"中发挥了重要作用。从产生之日起，"双11"便具有自己明确的时间范围，即从每年11月11日的零点开始，截止到当日的24点，这就给人们带来一种类似于节日的有序时间感和紧张感。同时，数字统计又为人们认知群体规模提供了便利。从2013年11月11日零点起，频繁更新的交易额便呈现出网购人群的狂欢程度：55秒成交1亿元，6分7秒成交额破10亿元，1小时成交破67亿元，6小时不到成交额破百亿元，13小时刷平了去年的全天纪录191亿元，21小时成交额破300亿元，24小时成交额为350.19亿元。❶ 同时，"天猫"官方微博还经由数字技术分析了全国各省份的购买力排名：截至11月11日凌晨3点，天猫购物狂欢节显示，广东、浙江、江苏荣获前3位，第4名到第10名分别是上海、北京、四川、山东、湖北、湖南、福建。❷

作为一个节日，"双11"网络促销活动之所以收获了丰硕的成果，主要在于它具有现实促销活动所无法比拟的许多优势。而在这些优势中，即时的数字统计技术无疑在增强民众的模仿行为、塑造民众的共同感方面发挥了重要作用。虽然现实的促销活动也是选择一些有特别意义的节日来开展，但日期普遍杂且分散，并且全国各地的差异也非常大。并且，受制于时空和感知能力的局

---

❶ 车利侠. 天猫"双11购物狂欢节"13个小时破去年纪录[N]. 北京青年报，2013-11-12（B01）.

❷ 徐晓风，等. 谢谢你，在我们网刷了350.19亿[N]. 扬子晚报，2013-11-12（A04）.

限，人们对他人参与行为的了解和群体规模的认知远远不如网络空间明确。同时，许多明星在网络空间对"双11"的关注也影响着越来越多人加入网购狂欢活动中。如周杰伦、陶喆、孙燕姿等都曾被曝是疯狂的网购达人，林志颖则在网上拟出"双11购物清单"，这些信息通过互联网迅速传播开来，更加增强了"双11"的知名度。此外，"双11"的"秒杀"活动也在一定程度上增强了参与民众的共同感。2013年淘宝旅行"双11"大促开始1分钟内，所有零点"秒杀商品"全部被秒杀。❶ 而拥堵的网络、迅速被秒杀完的商品都在时刻提醒着人们参与人数的众多，这就十分类似于现实社会狂欢活动中拥挤的人群和紧俏节日商品被迅速抢光的场景，给人们带来一种紧张的欢愉感。

第三节 原子化个人的网络团结

改革开放以来，经济、政治、社会等各方面的变化，社会流动的加速，单位制度的变迁，使得中国社会正在由熟人社会向陌生人社会转化。人们之间的连接弱化，原子化个体与文化社群和公共生活的割裂日益明显，这使得社会成员普遍具有共同体的情结，并被推动去寻求建立各种形式社会团结的平台和可能。互联网技术的发展及网络化时代的到来，使得网络空间成为人们建立社会团结的空间之一，网络团结也便开始成为社会团结的表现形态之一。

一、日益熟悉的陌生人

快速的社会发展及改革开放以来的制度变迁使得传统的熟人社会纽带日渐失落，中国依然处于从熟人社会向陌生人社会的转化阶段。不过，相比于改革开放以来的30年（1978—2008年）而言，尤其是伴随着互联网的兴起，近几年，社会成员对陌生人社会的熟悉程度正在增强，陌生人之间的交往规则及交往秩序也处于塑形过程中，而这些则给予网络团结以重要的信任基础。

在网络空间中，中国人迈出陌生人交往的第一步主要始于20世纪90年代

---

❶ 成燕. 郑州吹响线上线下"集结号"[N]. 郑州日报，2013-11-12（06）.

末期，与网络论坛和腾讯QQ的兴起直接相关。当时，互联网对时空的跨越使得人们隐藏在形形色色的网络面具之下，开展与陌生人之间的信息交流、情感沟通和知识分享，这一阶段的陌生人交往具有一定的私人性、情感性和小范围化。虽然一些网络论坛中也不乏公共性话题的讨论，但由于参与人数的有限性、消息传递的相对被动性和滞后性，尤其是许多非理性言论的出现，使得这一时期的网络论坛仅仅处于我国"网络公共领域"发展的起始阶段，以公共性话题连接起来的陌生人交往也只限于小规模群体。

第二阶段的网络陌生人交往则主要始于2009年新浪微博的出现。虽然之前也有一些微博产品，如饭否、腾讯滔滔等，但真正掀起社会微博浪潮的推动力则是新浪微博的出现。在前期的博客用户基础上，新浪微博通过采取邀请明星和名人加入等推广策略，逐步积累了一定数量的用户。随后，在动车事件、小悦悦事件、郭美美事件、北京"7·21"暴雨事件等一系网络事件中，新浪微博以其传递信息的即时性、移动性、灵活性、多元化等优势，获得了大量社会成员的加入。这使得网络空间中陌生人交往的关系半径迅速扩大，越来越多的社会成员逐渐熟悉通过微博建立起与陌生他人的交往关系，交往内容主要包括信息传递、经验分享、观点争论、情感共鸣等，"网络公共领域"逐渐显露雏形，以"公共话题"为核心凝聚起来的陌生人交往模式正在形成，网络空间中陌生人的交往也日益呈现出一定的规范性、公共性及理性化。

费孝通和梁漱溟曾用"差序格局"和"伦理社会"概括中国特色的熟人社会关系、社会结构及社会信任，虽然熟人交往仍然是当今社会人际交往关系的主流，但不可否认，从纵向的历史维度来看，伴随着互联网在社会生活中发挥着越来越重要的影响，陌生人交往关系也开始在中国人的交往关系中崭露头角。并且，在使用微博、微信、腾讯QQ等即时通信工具时，越来越多的人选择将自己的线上与线下统一起来，包括使用自己的真实姓名、照片。在占互联网用户一定比例的"70后""80后"成家之后，有的人还使用自己孩子的照片来标志自己的网络身份。这种线上线下相互融合的趋势会不断增强网际交往的真实性，培育出日益坚实的陌生人之间的网际信任。

其中，电商在我国的发展历程其实就是陌生人建立交往关系的重要体现。有过网购经历的人普遍都有这样的经验，在电商发展的早期阶段，买家和卖家都非常地小心翼翼，但有过一次购买经历之后，就会对素未谋面的陌生人给予一定的信任，这种信任也是通过线上与线下的结合而逐渐达成的。当购物请求提交之后，会让买家填写联系电话和邮寄地址，同时，卖家的联系电话和邮寄地址也会显示出来。这时，就会通过线上线下的连接而稳固买家对卖家的信任关系。

二、相对稳固的交往时空

除了陌生人社会交往的秩序化之外，相对稳固的交往时空也是网络团结得以形成的重要因素之一。当今社会，人们的社会流动性不断增强，除了地理性的城乡之间、城市之间的流动之外，还有社会性的职业之间、身份之间的变化。相对于现实社会中个体的快速流动给人际交往带来的不稳定性而言，网络空间则成为一个超越时空局限的相对稳固的交往空间。这种稳固性主要体现在三个方面。

首先，网际交往不受时空的局限，处于不同时空的社会成员也能建立起一定的社会联系。最为明显的就是QQ，从20世纪90年代末出现以来，它已拥有上亿用户。随着时间的流逝，有的人虽然居住地点变了、手机号换了、身份不一样了，但只要他还使用以前用过的QQ号，其他QQ好友都能很方便地建立与他的社会联系。

其次，网际交往方式的多元化和交往层次的多样性使得网络空间中的人际联系更为全面。互联网技术的迅速发展不断催生出形式各异的网际交往平台和媒介，通过这些平台和媒介，人们的交往范围不断扩大，交往模式日益多样化，交往层次也更为多元。目前在网络空间中，人际交往的平台既有关注公共事件的网络论坛、百度贴吧、微博、博客等，也有范围较小、视角较为个性化的QQ群、微信等。

最后，大数据时代的到来，使得网络空间中的个人角色及其定位更为丰满而稳定。如果时间足够长的话，网络空间中就会积累某个社会成员的非常多的信息，包括购买过的物品、搜索的问题、发表过的评论，进而根据这些信息还原一个人非常全面的形象。可以这样说，在现实社会，一个人可能会借助流动隐藏自己，但在大数据时代，一个人却无处"遁逃"。

三、想象的共同体

自从滕尼斯在《共同体与社会》中提出"共同体"以来，这一概念便成为社会学研究中经久不衰的概念。从学术研究脉络来看，滕尼斯最先提出"共同体"概念，然后涂尔干、韦伯等人进一步丰富了"共同体"的内涵，而以帕克为首的美国芝加哥学派则通过"社区"概念将"共同体"应用于城市研究当中，后来安德森提出了"想象的共同体"，他对共同体的精神层面的意涵进行了充分而深入的分析。

那么，共同体是如何形成的呢？涂尔干强调了集体意识的作用，韦伯强调了文化精神的作用，而安德森强调了媒体在凝聚民族共同体中发挥的重要作用。但是，由于时代所限，安德森仅论述了报纸、广播、电视三大传统媒介，对于后来产生的第四大媒体——互联网，则并未涉及。20世纪末21世纪初，这一空白在著名的信息学家卡斯特那里得以填补，他在《认同的力量》一书中着重强调了以互联网为媒介的信息和认同在共同体凝聚中的作用。

综合上述众多学者的理论，我们可以发现网络共同体形成的认知和心理基础。

由于网络交往的缺场性，网络社会里的人际交往普遍具有一定的想象空间。与现实生活中与人交往时会获得立体性、整体性信息不同，在网络交往中，人们接收到的只是交往对方的碎片化、平面化信息。这些碎片化信息之间的关联，以及由碎片到立体的过程，都需要人们用想象来填补。人们只能通过想象，对交往对象传递的文字、符号、图片等碎片化信息进行整合，构想出对方的形象，然后形成自己的判断。就如麦克卢汉所言，"大网眼的长筒袜比平滑的尼龙袜更美观，因为眼睛必定要代替手掌去填充并补足它整体的形象，正像电视屏上的马赛克图像一样"。[1] 在平面化、碎片化的信息面前，每个人都会运用想象力对碎片化的信息进行"黏合"，并填充、补足其整体的形象。

除了"黏合"之外，想象活动中的认知加工还包括"夸张"。夸张，即故

---

[1] 马歇尔·麦克卢汉. 理解媒介：论人的延伸 [M]. 何道宽, 译. 北京：商务印书馆, 2000: 59-60.

意增大或缩小客观事物的正常特征，使它们变形。"双11"网购活动之所以具有狂欢节的内涵，就在于人们在网络空间中通过各种购物攻略、有趣的购物经验、让人忍俊不禁的图片等，对网购活动的群体体验进行了"夸张"，进而在想象中感受到了群体的疯狂和欢乐。虽然在现实生活中，大家素未谋面，且身处全国各地，但在网络空间中，通过想象，大家聚在一起，一起等着11月11日零点的到来，一起秒杀紧俏商品，一起提交订单，一起等待快递的到来，一起分享收到商品时的喜怒哀乐，欢笑愉悦地度过了一个网络狂欢节。甚至这种狂欢也由线上影响到了线下。许多认识的朋友、同事在现实生活中见面时也会聊起"双11"的相关话题。

在网络空间中，形成共同体的心理基础更为雄厚。一方面，由于网际交往的缺场性，网络空间中形成的"共同体"更为彰显社会心理属性，这也更接近鲍曼所称的共同体形成过程中的"情感"动力；另一方面，借助互联网迅捷的信息传递功能及强大的凝聚群体功能，地域、血缘等传统共同体凝聚纽带又会适时发挥其作用，推动形成共同体。前者如在新浪微博中因为共同的话题而凝聚到一起的意见共同体，后者如在百度贴吧的"地区分类"中由于来自共同地域而凝聚在一起的地域型共同体、宗族寻根网站中由于共同姓氏而凝聚在一起的血缘共同体等。

第四节 风险社会中的群体归属

风险社会理论家贝克认为，我们当前正在进入风险社会，其风险具有全球性、不可预知性、破坏性等特点。风险社会的到来，使得原子化个体的生存焦虑感和不安全感更为强烈，由此，寻求建构或归属于某个群体便成为当代社会成员抵抗不安全感、释放社会焦虑的重要途径。

一、远逝的传统共同体

在"共同体"的研究者中，鲍曼是最重视该概念所蕴含的情感因素的学者之一。鲍曼曾经指出，词都有含义，然而，有些词还有一种感觉，"共同体"就是其中之一。"共同体是一个'温馨'的地方，一个温暖而又舒适的场所。它就像是一个家，在它的下面，可以遮风避雨。"❶ 鲍曼非常看重共同体对于个人的责任、保护，并十分强调个人对于安全的需求和不确定性的恐惧。共同体蕴含了稳定、温暖、安全等要素，能够满足社会成员的"类本质"和归属感需求。同时，他还认为，共同体不是一个已经获得和享受的世界，而是一种我们热切希望栖息、希望重新拥有的世界，它是一个失去了的天堂，或者说是一个人们还希望能够找到的天堂。共同体是社会成员共同的精神理想和情感热望，是一个我们永远也回不去了的情感故乡，或是期望在未来能够到达的精神天堂。鲍曼不仅道出了共同体对于社会成员的精神价值和情感意义，也表现了在由传统社会向现代社会转型的过程中，以鲍曼为代表的研究者们对传统共同体的回顾和追忆。

既然共同体是如此使人具有安全感的一个词，那么，共同体成员离开共同体进入社会必然会造成心理冲突问题，这也是社会成员在社会由传统社会向现代社会变迁过程中必然要面临的问题之一。

在传统社会，主要以家族、血缘等为纽带建立起来的共同体，借助其未经分化的、长期稳定的社会关系使个体获得了情感归属。在现代社会，快速的社会发展和制度变迁使得宗族、庙会、村落社区等传统共同体正在面临着解体。宗族关系的日益弱化、邻里守望的渐趋消亡、传统村落的急剧消失，将社会成员抛入了个体生存的丛林中。原有的一切熟人关系被打破，原有的传统社会交往规则也逐渐失效，人们迫切需要克服精神上的不安，满足社会归属感，回归人的类本质。

互联网时代，人们的社会归属感获得了一定的满足。凭借互联网络迅捷的信息传递及对大规模互动人群的接纳，社会成员之间能够随时开展跨越时空的沟通交流，并以地域、血缘、学缘、观点、兴趣、志向等为纽带联结成不同规模的共同体，开展线上或线下的人际互动，这便在一定程度上满足了社会成员的社会归属感。从共同体的形成纽带来看，网络共同体可以大致分为两类。一类是以对传统共同体联结纽带的延续而形成的共同体，如百度贴吧里以地域为纽带联结起来的社群，家族寻根网站中以姓氏为纽带形成的寻根群体，腾讯

---

❶ 齐格蒙特·鲍曼. 共同体[M]. 欧阳景根, 译. 南京：江苏人民出版社, 2007：2.

QQ、微信等即时通信系统中的朋友圈、同学群等，这一类共同体由于联结纽带的长期稳定性而比较长久，并具有线上与线下相互融合的特点；还有一类共同体是通过其他非传统共同体联结纽带而形成的共同体，如微博中由于某个突发事件而迅速凝聚起来的意见群体，网络论坛中以某个话题或兴趣为纽带而形成的群体，以及以"双11"网购为中心聚集起来的狂欢群体等。这类共同体的构成比较复杂，并且由于各自联结纽带的差异而具有不同程度的稳定性。

二、我"狂欢"，故"我在"

组成"双11"狂欢共同体的人群也是我国网络购物市场参与度较高的人群。从年龄来看，参与网络购物的人群主要由"70后""80后""90后"组成，其中"80后"占据主要比例。"70后""80后""90后"是人们分别对出生于20世纪70年代、80年代以及90年代人群的普遍称呼。以出生时间来界分人群是社会各界区分不同年代出生人群文化属性的普遍惯例，虽不是一种科学的方法，却在一定程度上契合了由于出生、成长时代背景不同而在社会文化属性上有差异的不同年龄人群。

与20世纪五六十年代出生的人群相比，"70后""80后""90后"人群主要是伴随着我国的改革开放和社会转型而成长起来的一代人，其个性特征、行为方式、话语体系、社会意识都具有鲜明的文化特征。他们从小便拥有较上几代人好得多的物质生活，接受了完整教育，勇于接受新鲜事物，具有创新意识和张扬的个性。

同时，他们还是与信息社会和互联网一同成长起来的一代人。"信息社会"这一概念自1964年由日本的梅棹忠夫第一次提出后，已被越来越多的人所接受，被用来指称工业化社会之后，信息起主要作用的社会形态。互联网是信息社会发展的重要特征和推动力之一。互联网自1969年首现于美国之后，这一在理论上可以连接任何人的信息网络使得全世界人们的社会生活发生了重要的变化。相比于上几代人，"70后""80后""90后"由于得天独厚的教育程度、成长背景和年龄优势，迅速成为信息社会和互联网时代的社会主力军，成为信息文化发展的引领者。

此外，他们还是与"娱乐社会"一同发展的一代人。"娱乐社会"并非一个严格的学术概念,是对社会生活领域受娱乐经济、娱乐消费、娱乐产业等影响越来越大的现象的一种模糊表达。在娱乐社会中,"似乎一切社会生活领域都被娱乐化机制所渗透,娱乐成为社会运行的拖拉机和润滑剂","娱乐社会的勃兴,不仅表现在娱乐明星产生的周期缩短,而且表现在娱乐成为一种大众共同的消费品。娱乐明星的收入常常是一般人收入的许多倍,就是娱乐价值的一种最好证明"。❶ "70后""80后""90后"出生和成长的时代背景正是我国经济迅猛发展和社会体制快速变迁的时期,一方面,人们的物质生活水平不断提高,社会意识渐趋开放,生活方式日益多元,娱乐需求也在逐渐增强;另一方面,以市场经济体制改革为主的一系列制度变革改变了原来的"大政府,小社会"的政治社会格局,大大提升了社会在我国政治社会格局中的影响力。这就使得迎合民众需求的娱乐产业迅速发展起来,并直接影响了出生和成长在这一发展阶段的"70后""80后""90后",使他们的生活方式、话语体系等都被烙上了娱乐的印记。

于是,当"双11"到来之际,喜欢创新、个性张扬、熟稔信息社会、比较具有娱乐精神的"70后""80后""90后"毫无疑义地成为"双11"网购狂欢活动的主体。加入狂欢便成为他们感受社会存在感、彰显个性、参与创造的一种独特群体表达。与此同时,参加网络狂欢也是他们释放现实社会焦虑的途径之一。

三、社会焦虑的集体释放

当前,社会焦虑已经成为社会的普遍心态,蔓延至全社会的各个年龄群体。社会焦虑主要体现为一种广泛的心神不宁和精神不安,对身边的一切具有一种不确定感、不安全感。与纯粹个人的焦虑不同,社会性的焦虑属于一定社会或时代,是一种弥散于社会不同阶层的焦虑,是一种具有潜在社会动力的负面社会情绪,不会轻易消退,也不容易完全解除。

社会焦虑的产生原因有很多。从涂尔干的失范社会理论来看,社会焦虑的出现与当前我国改革开放步入深水区,社会转型程度逐渐增强,社会矛盾错综

---

❶ 沈杰. "90后":新时代变迁的风向标 [N]. 中国青年报,2010-06-21 (2).

复杂,社会问题层出不穷有关。在中国社会的急剧转型时期,物质文化盛行,制度规范不健全,传统凝聚纽带断裂,使社会成员都被抛入现代生活的丛林中,焦虑也不再仅仅针对弱势群体,而渐成一种普遍的社会心态。从贝克的风险社会理论来看,风险的全球化、破坏性等增加了社会焦虑的程度。在许多人看来,身边往往潜伏着无数危机,这给他们的日常生活带来了极大的不确定性和不安全感。社会成员间弥漫着各种"害怕"的情绪:怕老,怕生病,怕环境污染,怕失业,怕孤独……

在社会焦虑的人群中,"70后""80后"无疑是最具代表性的群体之一。一般认为,"70后""80后"目前已步入成家立业的人生阶段,在发展个人事业的同时,还要面临着抚养子女、赡养父母的社会责任,同时,还要应对高失业率、高房价、低工资收入、低职业稳定性等压力,是社会压力较大的一个群体。在巴赫金看来,狂欢式的生活是常规生活的必要补充,是民众情绪的一种定期宣泄和释放,起着情绪"减压阀"的作用。由此,"双11"网购狂欢活动的出现便与社会中普遍弥漫的焦虑心态,尤其是与作为网络购物主力群体的"70后""80后"的社会焦虑,具有密切的关联。就如一句俗语所说的,"孤单是一个人的狂欢,狂欢是一群人的孤单"。

在某种程度上,许多具有嘲讽性和自娱自乐性的网络热词的流行,也是网络民众释放现实社会焦虑的一种表现,比如"屌丝"。从字面上理解,"屌丝"是一个具有贬义、鄙视、恶俗和不雅意味的词汇,但在产生之后的短短时间内迅速流行并产生了重要的社会影响。这个词原本是2011年10月百度"雷霆三巨头吧"对"李毅吧"会员的恶搞称谓,反被后者认为这个词听起来很酷而拿来作为自嘲用语,随后开始经由互联网广泛传播,并于2012年年初迅速流行于年轻人群体的话语体系中。2012年11月3日,"屌丝"一词登上了《人民日报》党的十八大特刊,引发了网络和社会热议。在心理学看来,大量以"80后""90后"为主体的年轻人主动接受并认同这一称谓,恰恰反映了这些年轻人现实际遇的不如意和集体焦虑。对于一些年轻人来说,主动把自己划归为"屌丝"群体的行为,在心理学上称为"自我设障",其主要目的在于通过这种方式降低自我定位和成功期望,以缓解社会压力和社会焦虑。

第五节 共同体：社会变迁的秩序基点

一直以来，社会变迁与社会秩序都是人们关注的重要问题之一。社会变迁必然涉及新秩序对旧秩序的替代或更新，因此，如何在快速的社会变迁过程中达致社会秩序的重建及稳定，就成为人们努力探究的难题。而通过对"双11"网购狂欢现象背后共同体情结的分析，我们或许可以得到些许启示，即面对当前我国社会快速变迁过程中的"失范"问题，共同体的培育或许是秩序重建的可能路径之一。共同体是个人与社会的联系中介，也是个人的精神归属，只有社会能够具有培育构建共同体的平台和条件，使共同体作为个人与社会的中介，能够给予社会成员归属感需求的满足，社会才能平稳地向前发展，稳定的社会秩序也才得以在快速的社会变迁中成为可能。

一、共同体中的个人与社会

个人与社会是一个永恒的研究话题，个人如何组成社会，社会如何有序地发展，个人如何有序地参与社会也都是众多学者一直关注的重要问题。在从个人到社会的过渡中，共同体是一个经久不衰的学术概念，故成为分析个人与社会关系的重要视角。

一直以来，共同体都是个人与社会相互作用的重要结合点。只不过随着社会发展，个人与社会的相互影响模式、地位都发生了变化。在滕尼斯那里，共同体是以群的状态整体存在、自然形成的，相对个人而言，社会在二者的互动关系中占据主要位置并发挥重要作用。进入现代社会以来，个人的独立、自由变得越来越重要，过去社会影响甚至支配个人的力量渐渐被弱化，社会是非自然的即有目的的人的联合，是个人本位的。如果将滕尼斯口中的"社会"也看成现代社会中的一种新型共同体的话，那么这种新型共同体中个人与社会二者的互动关系则发生了变化，个人的地位逐渐提升，并且其影响社会的力量也较以前有所增强。

从这种视角来看，共同体在维护社会秩序方面的重要作用便不言而喻。社会是由人组成的，社会秩序体现为人际互动之间的有序化和稳定化。既然共同体是个人与社会相互发生作用的平台、场域及结果，在当前我国社会快速变迁的时代背景下，探究共同体的传承、变化及建构，便成为一个非常有现实意义和价值的话题，那么分析时代变迁中共同体的发展变化便成为当前我国社会变迁中社会秩序研究的一条可能路径。

涂尔干曾经探讨过"职业群体"等在重建社会团结纽带上的重要作用，看到了共同体在社会整合中的重要作用。涂尔干认为，在社会分工的影响下，机械团结向有机团结转变，但随着这种转变，社会却会发生社会解组的危险，即人们丧失了牢固的社会联系，社会整体蜕变为一种个体相互分裂的原子式堆积的状态，社会联结纽带出现了断裂和松弛。总体来看，有机团结主要面临着两种威胁：在整体层次上，会由于共同价值方面缺乏一致，社会整合能力降低，社会秩序呈现危机；在个体层次上，极端的个人主义，不仅会损害社会团结的纽带，而且严重威胁个人自身的幸福。涂尔干在这里分析的问题，实际上是有关共同体的问题。

在众多学者的眼中，共同体主要是蕴含着精神、情感的一个概念。人们也多看重共同体蕴含的情感和精神内容。共同体的问题实际上便是人们的情感归属问题。在传统社会，人们的归属需求之所以获得了极大的满足，与集体意识的影响、当时的同质化社会有很大关系。到了现代社会，由于个人从宗教、政治的束缚中渐渐脱离出来，集体意识弱化，个人被社会控制的力量减弱，个人拥有更大的选择权利来决定自己的生活。但是，从另一方面来看，社会联系的纽带被松解，人与人之间、个人与社会之间也有了更多的归属空白。

二、社会变迁中的共同体情结

由传统社会到现代社会的转型过程中，虽然原有的共同体纽带断裂，但是却并未减弱人们对共同体的需求，因此，人们会寻找一切机会和平台建构新的共同体，或者尽力延续和传承原有的共同体。这种对共同体的需求和寻找便是共同体情结。共同体情结是社会情绪的重要来源之一，也是社会行动的重要基础之一。

在这种情结的推动之下，虽然现代社会人际联系的纽带渐渐断裂，但人们仍旧在进行各种各样的社会结合。与传统社会相比，现代社会的结合减弱了强制性，增加了自由性和选择性，如目前我国正在出现的大量日常生活共同体。日常生活共同体是人们在日常生活中基于共同的生存需要、价值取向、利益诉求以及文化模式的影响等所形成的相对稳定的人与人之间的结合体。

一般来说，日常生活主要包括三个领域：家庭、工作及休闲。在这三个领域中，分别形成了共同体。其中，由血缘联结而成的家庭和由业缘联结而成的同事群体分别是机械团结和有机团结的重要代表，其共同体特征及社会功能自然不用多言。这里我们着重分析的是休闲共同体。随着生活水平的提高，当前在我国，休闲群体的规模正在逐步扩大，休闲需求与归属感需求加在一起，推动形成了各种各样的共同体，如驴友共同体、广场舞共同体等。列斐伏尔认为社会的本质依存于人的日常生活小事，社会关系也只有在日常生活中才会产生出来，日常生活是各种各样的社会活动和社会关系得以萌生与成长的土壤，也是一切活动的汇聚地、纽带与共同的基础。休闲共同体的出现代表着共同体正在向完整的未分化的日常生活世界回归。在列斐伏尔的思想中，日常生活本身就是一个总体性的共同体，是一个最普遍的具有决定性意义的共同体。

共同体之所以会是让人感觉温暖的一个词语，除了满足人们的群体归属感之外，还与狂欢密不可分。共同体与狂欢活动就如一对孪生子，二者相互缠绕在一起，难分难解。在滕尼斯看来，自共同体出现之日始，共同体就包括血缘共同体、地缘共同体和精神共同体。这三类共同体都与狂欢具有同样的发展历史。也可以说，正是在狂欢活动中，共同体才得以长时间的凝聚延续；正是在共同体中，狂欢才能成为众人参与的集体活动。

狂欢看似是一场混乱无序的群体活动，无益于社会秩序的稳定。但恰恰相反，狂欢在一定程度上起着社会情绪"安全阀"的作用，能够让社会成员从各自的分化和被现代科技、理性、技术等浸染的分裂世界中暂时脱离出来，回归完整的日常生活世界，在自由、平等的狂欢氛围中，享受人与人之间的纯粹交往关系，脱离于人与人之间的受束缚的被各种分裂规则所制约的关系。

"慢生活"在当前我国的流行也是社会变迁中人们共同体情结的一种表现。慢生活概念提出得很早，是由慢食运动发展出来的一系列慢生活方式，以提醒生活在高速发展时代的人们，慢下来关注心灵、环境以及传统，在工作和生活中适当地放慢速度。慢生活不是拖延时间，而是让人们在生活中找到平衡,张弛有度、劳逸结合,提高生活质量,提升幸福感。

从共同体的视角来看,慢生活实际上旨在获得一种生活的稳定感和延续感。当前我国社会快速发展变迁,人们的社会流动速度加快,身份的多元化及多变化给人们带来眼花缭乱的感觉,人际关系也呈现高变动性的特征。在这样的情形之下,慢生活带来的稳定感和延续感便特别重要,它在培育人的社会归属感方面具有重要的意义和价值。

美国社会学家杰里米·里夫金指出,我们正在进入一个历史的新阶段——一个以工作不断地和不可避免地减少为特点的新阶段。慢生活家卡尔·雷诺指出,慢生活不是支持懒惰,放慢速度不是拖延时间,而是让人们在生活中找到平衡。慢是快的基础。

狂欢与秩序的关系也类似于慢和快的关系,狂欢是秩序的基础,只有在狂欢中,人们才能积聚维持社会秩序的能量;只有在狂欢中,社会秩序才能显现并增强人们对其的稳定认同。

三、网络共同体的现实价值

互联网时代的到来,使得人们的共同体情结在网络空间中得以舒展。利用网络传播信息的即时性,和对大规模互动人群的接纳,人们在自身的多层次共同体情结的推动下,不仅在一定程度上传承了传统共同体,同时还构建了许多网络共同体。"双11"网购共同体即是其一。

在"双11"网购共同体中,现实社会秩序不时在其中显现,不过有时以一种颠覆性的状态出现。最典型的当数"败家娘们"的段子。从现代性别主义的视角来看,"败家"和"娘们"都属于中国传统文化中对女性的贬低语。但随着网络购物的兴起,"败家"这一词语现在多用于形容购物非常狂热的人群。与现实社会的现实购物不同,互联网金融的发展,使得网上支付变得越来越简单方便,对于购物者而言,网络支付的金额更多地体现为一个数字,再加上信用卡使用率的提高,人们提前消费的行为也越来越频繁。因此,用"败家"来形容在网络上狂热购物的人群便具有一种夸张和戏谑的意味,增加了娱乐的效果。而"娘们"是对中年已婚女性的称呼,多具有蔑视的感情色彩,但在该网络段子中并不完全是一个贬义词,也含有娱乐和戏谑的含义。

在传统社会文化中,"败家"多用于家庭里任意挥霍家产的不成器的儿孙,"娘们"则属于对男权主义社会下女性的贬义性称呼。在网络空间中,这两个词组合在一起成为网络段子,也是对传统"父为子纲,夫为妻纲"社会秩序的具体展现。不过,传统社会秩序在这里是以一种戏谑的形式展现的。各种网络段子提议男性采用请假回家看着媳妇、故意输错密码等"防媳妇败家高招",一方面展现出现代社会男性家庭地位及权威的下降,他们只好采取一些变通的方式达到对女性的控制;另一方面则在戏谑中让人们的家庭生活具有一些娱乐的气氛。

与现实共同体的面对面接触不同,网络共同体具有想象性和缺场性。正如"一千个人眼中就有一千个哈姆雷特"一样,一千个人心里也便有一千个共同体的想象。在"双11"网购狂欢活动中,不管是参与者,还是旁观者,都从中获得了紧张现实生活之余的愉悦,并从现实社会秩序在网络空间的夸张、反转、变形中体味和反思现实空间的社会秩序。

总之,网络共同体具有其重要的现实价值。一方面,共同体的狂欢活动对人们暂时脱离现实社会压力,宣泄社会情绪具有重要作用,同时,人们通过各层次共同体的建构,满足了群体归属感的需求,使共同体情结得以纾解;另一方面,就如照哈哈镜一样,现实社会秩序在网络空间中形成了各种各样的镜像,这些镜像在一定程度上映照出现实社会秩序,在夸张的镜像中,其秩序缺陷也被放大,在变形中,又在一定程度上反映出人们对理想秩序的需求。

"双11"购物节网络共同体的出现,在一定程度上反映出网络消费对于现实社会中社群组织的影响。一方面,在网络消费过程中,人们基于某种共同性形成线上的社群组织,满足了当代社会人们的凝聚需求;另一方面,网络共同体也通过经济活动、群体行为、文化观念等媒介,使现实社会中的"陌生人"们超越了现实社会中的阶层、地域、文化、年龄等差异而凝聚起来,进而在一定程度上影响了原有的社群组织结构。

第五章
婚恋家庭：网络婚恋的兴起背景及社会影响

当今社会，越来越多单身青年的出现，使得以互联网为媒介的网络婚恋服务开始兴起。从网络消费的视角来看，网络婚恋服务大部分都是通过为单身青年提供"介绍服务"而开展的，因此在一定程度上可以将该服务归为网络劳务，当然同时也包括提供一些网络信息。目前，有一些单身青年会基于个人需求进行网络婚恋消费，但由于各方面体制的不完善，也产生了一些社会影响。本章选取了网络婚恋方面的网络消费事件——"某软件创始人自杀事件"，主要分析网络婚恋消费的兴起及其产生的包括婚恋家庭方面在内的普遍性的社会影响。

某软件创始人自杀事件

2017年9月8日，在一些网络社交平台，人们的注意力突然被一条消息所吸引。有人发布网帖称某手机应用软件的开发者遭前妻"逼迫"而跳楼自杀。该消息刚一出现随即在各大网站和社交平台上传播，引发了社会大众的关注，并出现了针对该事件的各种讨论。人们在震惊之余，又为这位天才程序员的去世表示惋惜。

随即，在该消息出来后的第二天即9月9日，事件当事人的哥哥便在其微博发表声明称，弟弟确实是因为不堪女方"骚扰"而跳楼身亡，并且已经报警，从而证实了该事件的真实性。[1] 由于当事人的身份以及事件过程的非常规

---

[1] 刘娜，薛星星. WePhone 创始人自杀 称遭前妻勒索千万[N]. 新京报，2017-09-10(A08).

性，该事件在发生之后引发了大量网民的围观和关注，也因此成为各大网站、各大纸质媒体的重要新闻内容之一。后来，随着相关报道陆续出现，与事件相关的内容逐渐被披露，女方是否涉及"骗婚"，以及促使男女双方相识的婚恋网站是否有责任等问题逐渐成为社会舆论的中心议题。同时，该事件也与近年来发生的一系列网络婚恋相关事件一起，使得围绕网络婚恋交往、网络婚恋诈骗、婚恋网站信息审核等问题的讨论愈来愈烈。虽然之前相关事件的发生，也引发了人们对婚恋网站的讨论，但"某软件创始人自杀事件"无疑进一步推动了该讨论向纵深发展，成为社会进一步关注并深入反思婚恋网站的重要"导火索"。

"某软件创始人自杀事件"之所以能够迅速引起人们的强烈关注，并推动相关讨论的进一步深入，与事件当事人苏某从事的职业具有密切关系。苏某是某手机应用软件的创始人，也是开发该应用技术的天才程序员。基于自己编写程序的技术优势，37岁的苏某自杀前在软件程序中创建了一条提醒，只要该软件用户打开软件，便会立即弹出一条提醒，称"公司法人被前妻害死，该软件即将停止运营"。同时，苏某还在该提醒中将自己前妻的姓名、身份证号、工作单位都公之于众。

除此之外，苏某还在个人的社交媒体账号（Google+）上发布网帖，称自己"被前妻相逼"，将要离开人世。苏某指出，自己和前妻在某婚恋网站认识，结婚前已经在她身上花了几百万元，领证前一天她才告诉自己有段简短婚史。一个多月的婚姻期间，"无出轨、暴力行为"，但自己"失去了对她喜欢的感觉"，结婚仅39天，两人便达成离婚。在准备离婚的过程中，前妻索要1000万元"补偿费"和在海南三亚的一处房产。苏某称，前妻经常对自己进行电话骚扰，或带人到家里骚扰自己，还威胁不给钱就让自己进监狱，自己"当时太懦弱"、"身心俱疲"，最后"无头无脑"地签了离婚协议。苏某认为，正是这个离婚协议将自己"逼死"，由于自己的资金链已经断裂，"实在很绝望"，因此打算离开人世。为了证明自己所言属实，苏某还在文章中发布了自己与前妻的离婚协议书，以及两人的部分微信聊天记录的截图。2017年9月7日凌晨4点49分，苏某将作为遗书的最后一条网帖发出，随后跳楼身亡。

其实，不仅苏某通过在网络上公布自己前妻的相关信息以及两人婚姻方面的纠纷来引发舆论关注，有网友发现，其前妻疑似也在网络上发表过不利于苏某的相关言论。9月7日凌晨3点11分,在苏某自杀前,一名"实话110010"的账号在某贴吧发布"相亲渣男苏某"的帖子,称苏某为"骗子渣男",患有重度乙肝,长期在某婚恋网站等相亲机构通过与女孩相亲的方式骗色,并公布了苏某的身份证号、手机号和公司名,指出苏某长期开发VPN(Virtual Private Network,虚拟专用网络),逃税上千万元。

苏某去世后,亲友在他的办公室整理遗物时,发现了一份苏某写的"事件经过"的说明文件。在这份说明中,苏某详细记录了自己与前妻相识、恋爱交往、结婚、离婚的全过程。苏某指出,自己和前妻的相识缘于某婚恋网站,两人都是该婚恋网站的VIP会员。2017年3月30日,在"红娘"的撮合下,两人在某婚恋网站的办公室第一次见面。第二天,翟某主动给苏某发信息说对他印象不错,希望再见面。随后两人进行了频繁的互动,很快确立恋爱关系,并约定年内结婚。苏某自称,由于觉得两人都是"奔着结婚走的",而且感觉翟某条件不错,因此之后对她特别慷慨,花费几百万元。相识68天之后的6月7日,二人领取了结婚证。但婚姻存续仅仅39天之后的7月16日,两人便达成离婚,并于7月18日办理了离婚手续。

得知苏某跳楼自杀的事情之后,他的同事、朋友都表示非常意外。据其朋友称,苏某1980年出生于福建农村,从小成绩优异,后来到北京邮电大学读研究生,成绩优异、技术极强,是系里最优秀的两个程序员之一。毕业之后,他曾任百度高级工程师。2012年,苏某独自开发了以提供通信服务为主的手机应用软件。创业之后,苏某的生活与大学期间的生活没有太大差别,每天对着计算机写代码,很少参与其他活动。同时,苏某的感情生活也比较单调。在认识翟某之前,苏某共谈过两次恋爱,第一次持续了一年多,第二次是短暂的异地恋。

苏某事件发生后,与该事件相关的信息迅速成为各大网站、各大媒体重点报道的内容。而苏某与其前妻相识的婚恋中介——某婚恋网站也被置于舆论的中心。事发后,该婚恋网站的官方微博曾发出一条简单声明称,经核实,苏某及前妻翟某确实是该网站的会员,并完成实名认证,该网站会密切关注事态进展,并配合相关部门进行调查取证工作。

事发以后,翟某的家庭住址和电话等个人资料在网上被曝光,在她的微博评论中,网友骂声一片。有网友甚至以翟某的名字建起网站,不断更新公开和她相关的信息。被曝光的信息甚至涉及她的前夫刘某，以及她的研究生导师的电话和邮箱，导师频繁遭到电话骚扰询问翟某的情况。另外还有网友公开了翟某注册部分网站的手机号码，机主虽然和翟某不存在任何关系，却也频繁遭到电话骚扰。❶

事件发生之后，苏某家人和翟某分别委托了律师处理与苏某自杀事件相关的法律事宜。❷ 苏某家人方面的代理律师指出，"从材料看有很多问题，恐怕不仅涉嫌诈骗"；翟某方面的代理律师则指出，翟某"基于'死者为大'的传统风俗，默默承受外界对自己的误解和人身攻击"等。由此，为了不影响该事件相关法律事务的处理，与该事件及其最新进展相关的信息逐渐不被发布，互联网上人们对于该事件的舆论关注也开始转向，舆情逐渐回落。但是，由该事件引发的对于网络婚恋、婚恋网站等方面议题的讨论却没有完全平息。

"某软件创始人自杀事件"是一起典型围绕网络婚恋消费发生的网络事件。首先，苏某本人是推进互联网消费技术不断发展的"程序员"群体中的一员，被称为"天才程序员"。其次，苏某和其前妻翟某又与互联网具有密切联系，两人的相识缘于网络，最终的交恶也呈现于网络。最后，该事件又与近年来蓬勃发展的网络婚恋行业相关，苏某与其前妻翟某都是某婚恋网站的注册会员，二人的相识缘于婚恋网站，该事件遂与之前发生的婚恋网站相关事件一起引起了人们对婚恋网站的关注和讨论。

综合而言，婚恋网站兴起于互联网时代中，契合了单身社会中"被剩"群体的婚恋需求，成为单身群体寻觅"佳缘"的重要媒介与平台，弥补了单身群体在忙碌工作、流动生活之余的信息沟通，增进了人们的了解，超越了时空障碍，被称为"网络红娘"。婚恋网站的兴起对于单身群体具有非常重要的作用，但与此同时，在婚恋网站上，劣质信息充塞其中，甚至还有一些人借着婚恋的名义进行婚托、酒托、诈骗等不法行为，使得婚恋网站在大规模发展的同时又备受社会舆论的质疑。具体来看，信息问题和"网络婚恋浮萍化"是婚恋网站发展过程中面临的最主要问题。因此，为了促进网络婚恋的规范化，需要从网络婚介服务双重属性的内在冲突的缓解、互联网时代中信息能力的提

---

❶ 聂辉，肖薇薇. 程序员苏享茂之死 [N]. 南方周末，2017-09-15.

❷ 王巍，刘洋. 苏享茂家人与翟欣欣委托律师"维权" [N]. 新京报，2017-09-19（A10）.

升及网络婚恋社会根基的巩固等方面寻求应对之策。

第一节 单身群体的婚恋需求

2017年3月30日,37岁的苏某在某婚恋网站的办公室第一次见到翟某。作为单身群体中的一员,苏某的经历在单身群体里具有一定的个案性,可以称得上一个特例。但他注册为婚恋网站的 VIP 会员,试图为自己寻找到一个合适的婚恋对象并步入婚姻的迫切性,却在一定程度上代表了注册婚恋网站会员的单身群体,尤其是作为单身群体重要构成的"80后"单身群体的心理状态。

一、单身社会与"剩"时代

在遇到翟某之前,苏某一直是单身群体中有代表性的一员。而在其父母及身边的亲戚朋友看来,他同时也是"剩时代"的一名社会成员。正是为了摆脱"单""剩",尽早步入婚姻生活,他通过付费成为婚恋网站的 VIP 会员。与苏某注册婚恋网站会员一样,我国有越来越多的"被剩"社会成员正在通过各种方式寻觅自己的"另一半",试图"脱单"。

据 2015 年数据显示,我国单身男女人数接近 2 亿,独居人口占比从 1990 年的 6% 上升到 2013 年的 14.6%,中国正逐渐成为世界上单身人口数量最多的国家。[1] 因而,毫不夸张地说,我国目前已经进入单身社会。

单身社会的到来,是一个全球性的社会现象。美国纽约大学社会学教授艾里克·克里南伯格在 2015 年出版的《单身社会》中指出,越来越多的人选择单身生活,单身社会已经到来,这正在成为一次空前强大、无可避免的社会变革。他在书中指出,20 世纪 50 年代,美国人口中只有 22% 的人过着单身生活,而今天,超过一半的美国人正处于单身,3100 万人独自生活,这差不多

---

[1] 常进锋. "空巢青年"缘何"空巢":一个时空社会学的解读 [J]. 中国青年研究,2017 (5):79-83.

占到了美国成年人口的 1/7。❶ 我们正在学习单身，并由此带来了全新的生活方式。克里南伯格认为，单身人群的增长主要源于四种社会变革：女性地位的提升、通信方式的变革、大规模的城市化、人类寿命的大幅延长。❷

单身社会的到来与经济文化的不断发展密切相关。在我国，与传统社会相比，快捷、繁荣的现代社会生活，完全能够支撑一个人的单身生活。尤其是进入互联网时代以来，电子商务的发达、外卖平台的崛起、网约车和共享单车的兴起等，都可为单身生活提供支持。与传统社会的家庭生活不同，在当代社会，一个人单身也可以拥有丰富的生活，单独生活已经是一种普遍、可行的生活方式。同时，伴随着社会的发展，价值观更为多元，虽然婚姻仍然是必需品，但人们对单身的看法却与传统社会不同，对单身人群的社会接受度越来越高，对单身人群的行为也越来越宽容。

大致而言，单身人群的单身状态可以区分为时尚型单身、短缺型单身、自足型单身、投机型单身、回避型单身。❸ 从主观意愿来看，又可分为主动单身和被动单身。其中，主动单身即主动选择单独生活、维持单身状态的单身；被动单身即不是出于自己的主观意愿但由于各种原因而不得不维持或暂时处于单身状态的单身。

在遇到翟某之前，苏某便是被动单身群体的一员。在朋友眼中，苏某是一个生活特别简单的人，生活和工作圈子极小，"吃饭不讲究，穿衣不讲究"；他还特别内向，没有什么兴趣爱好，虽然谈过女朋友，但却一直没有找到合适的结婚对象。❹ 与其他同学相比，苏某被"剩下"了，成为"剩时代"的一名"剩男"。

"剩时代"是相对于"单身社会"的另外一种说法。一般认为，我国从 2006 年便进入了"剩时代"。这两种说法虽然都是指单身人群数量日益增长的社会现象，但却反映了不同的价值观。"单身社会"的说法表明，"单身"已成为一种重要的社会现象，社会需要在各方面开展对单身人群的支持，并在一定程度上展现了对"单身"社会现象的正面回应和肯定。但"剩时代"的说

---

❶ 艾里克·克里南伯格. 单身社会 [M]. 沈开喜, 译. 上海：上海文艺出版社, 2015：6.
❷ 艾里克·克里南伯格. 单身社会 [M]. 沈开喜, 译. 上海：上海文艺出版社, 2015：18.
❸ 何驰. 2015 中国单身族社会报告 [N]. 浔阳晚报, 2015-11-14 (A5).
❹ 聂辉, 肖薇薇. 程序员苏享茂之死 [N]. 南方周末, 2017-09-15.

法却表明了传统婚恋文化对单身群体的压力。一般认为，年龄在 30 岁之后的未婚男性和 27 岁之后的未婚女性都是被社会传统婚恋文化"筛选"后"剩下"的人，是"被剩"群体。面对自己的"被剩"，该群体普遍具有较强的婚恋需求和婚恋焦虑。"剩男""剩女""单身狗"等话语的流行、"双 11 光棍节"的兴起，都显示出众多年轻单身男女面对该压力的自我嘲讽和戏谑，是对"单身""被剩"状态的群体性焦虑的一种间接释放。

从区域分布来看，一线城市是单身人群的主要聚集地，"脱单"的需求也远远大于二三线城市。此次事件中具有迫切"脱单"需求的苏某便是长期工作生活于北京，国内首例"用户起诉婚恋网站"合同纠纷案❶的当事人刘某也是工作生活于北京。从性别分布而言，城市中往往"剩女"多于"剩男"，而农村中则"剩男"多于"剩女"。数据统计显示，大龄未婚女性绝大部分集中在城镇（92.5%），城镇大龄未婚女性中受教育程度在大学专科以上的比重达到 81.1%，而大龄未婚男性更多地集中在农村，农村大龄未婚男性受教育程度在初中及以下的比重达 53.7%。❷

"剩男剩女"作为一种社会现象，其形成既有制度、社会因素的影响，也有自身方面的原因。具体而言，市场经济体制、男女平等基本国策、"门当户对"的社会择偶标准和社会结构压力在青年身上的内化、青年自我同一性的延迟和对婚姻家庭的"心理恐慌"，分别从制度、社会和青年本身等方面，催生出了"剩男剩女"现象。❸

"剩时代"的到来，"剩男剩女"社会现象的形成，促进了关于"剩男剩女"的综艺节目、电影电视、图书市场的火爆。电影《失恋 33 天》、"双 11 光棍节"等引导形成了"剩"文化；婚恋综艺节目《非诚勿扰》等提供了婚恋平台，展现了"剩男剩女"的婚恋价值观；还有一系列针对"剩男剩女"介绍提升自我认知和自我魅力、与异性交往技巧等知识的书籍也不断被出版。

传统文化提倡"三十而立"。由于当代社会个体受教育时间的延长，毕业之后还要经过一段时间的事业发展稳定期等，便普遍出现了群体性的大龄未婚

---

❶ 王彬. 女子网上交友遇爱情骗子 状告世纪佳缘一审败诉 [N]. 北京晨报, 2011-09-23 (A15).
❷ 陈雪柠. "单独二孩"政策羊年遇冷 [N]. 北京日报, 2016-02-25 (5).
❸ 朱磊. 当代社会"剩男剩女"现象形成的原因探析 [J]. 青年探索, 2014 (4)：74-78.

男女青年。对于"剩男剩女"的父母而言，他们迫切需要自己的孩子早些通过婚姻进入稳定的生活，并且趁自己年轻还可以帮忙带孩子。尤其是对于"剩女"而言，还有一个最佳生育年龄的问题。所有的因素综合在一起，对"剩男剩女"们构成了婚恋压力，普遍形成了"愁嫁""愁娶"的群体焦虑。而在"剩男剩女"群体中，包括苏某在内的"80后"无疑是比较重要而特殊的构成群体之一。

二、谁在单身？

"80后"又称"八零后"，是指在1980年1月1日至1989年12月31日出生的人群，以该事件发生时的2017年来计算，"80后"在当时的年龄为28~37岁。如果仍然未婚的话，"80后"算是大龄"剩男剩女"群体中的主要成员了。"某软件创始人自杀事件"中的苏某便出生于1980年，是单身群体的代表之一，认识翟某时37岁，从年龄而言是具有迫切婚恋需求的单身群体的重要代表成员。

与其他年龄群体相比，"80后"的出生、上学、工作、生活、婚恋都具有一定的特殊性。

"80后"是改革开放的一代。20世纪70年代末80年代初，我国全面实行改革开放，伴随着社会主义市场经济的逐渐兴起，社会的各个层面都在发生变化。"80后"便是伴随着改革开放出生、成长起来的一代。由于改革开放之后生活水平的提升，与之前的"60后""70后"等年龄群体相比，"80后"是物质生活和精神生活相对富足的一代人，因此曾被称为"含着甜汤匙长大的一代人"。但与此同时，"80后"的成长又与社会各方面的变革相伴。上学时，使用的是新改的试用课本；后来，又流行素质教育，教育内容、教育理念等与之前相比都有很大差别；大学毕业后，正好处于国家不再安排工作的阶段，与此同时，房地产市场开始升温，房价逐年上涨，仅靠工资是远远不能承受购房压力的。很多城市青年或乡村青年在完成大学学业后，到大城市中工作生活，成为"蜗居"的主力群体。

"80后"是独生子女的典型性代表。20世纪80年代初，我国开始全面实施计划生育政策，普遍提倡一对夫妇只生育一个孩子。虽然并非所有的"80

后"都是独生子女,但与其他年龄群体相比,"80后"应该是我国实施计划生育后出生的第一代,是我国独生子女群体的典型代表。2015年十八届五中全会决定全面放开二孩之后,"80后"更是目前独生子女群体中非常重要的组成部分。未婚的单身青年男女面临着较大的婚恋压力。尤其是作为独生子女的"80后"未婚男女,更是面临源于父母方的"催婚""逼婚"压力,具有迫切的"成家"需求。

"80后"是承受较大压力的一代。与之前的"60后""70后"等年龄群体相比,这一代人的学历层次有所提高,但相对较低的就业率、逐年高攀的房价却给该群体带来了较大的压力。他们一方面努力工作、赡养父母、承接家庭重担;另一方面又体验着"蜗居"的生活方式,成为"蚁族"的主力群体之一。受教育年限的增长、紧张忙碌的工作节奏,使得他们将解决自身婚恋问题的时间不断向后推延。调查数据显示,最早一批迈入30岁门槛的"80后"中,只有73.8%的人结了婚,而"70后"在30岁时,近九成的人都已成家。随着结婚年龄的推迟,生孩子的时间也向后推迟,首批"80后"中,有45.3%的人还没有孩子,而"70后"在30岁时,74.1%的人都有了孩子。❶ 与"70后"相比,"80后"的工作、生活等都处于不稳定状态,生存状态并不理想。

"80后"还是流动的一代。"80后"出生于改革开放之后,其成长阶段正是中国城乡流动不断加快,"打工潮"逐渐兴起的时期。无论是进入高校求学,还是成为"打工大军"中的一员,或是毕业后已经获得了一份工作,"80后"的城乡青年普遍都选择离开家乡,在大中城市"打拼"。无论是由于节假日返回家乡,还是由于调换工作等,流动于城城之间、城乡之间逐渐成为该群体的重要标签。相比于之前的年龄群体,由于流动性的增强,该群体便缺乏一个稳定的社会网络和长效的时间来选择合适的婚恋对象,因而在"流动"中不断拖延,成为"剩男剩女"。1980年出生的苏某便是该群体中的典型一员。他出生于福建农村,从小学习优异,一直读到北京邮电大学的研究生,毕业后经过短暂的工作便开始自己创业,工作生活的主要地点是在北京。由于毕业后忙于事业,再加上人际交往圈较小等原因,他一直未遇到合适的婚恋对象,直至经婚恋网站推荐认识了翟某。

---

❶ 吴静,卢艳艳. 奔三了,我们活得不潇洒 [N]. 河南商报,2010-01-06 (A10).

"80后"更是网络的一代。我国是在1994年全功能接入互联网并被国际上正式承认真正拥有互联网的,由此开始,我国进入互联网时代。"80后"的成长阶段正好是互联网技术快速发展并逐渐彰显其重要社会影响的时期。尤其是对于苏某这样的年龄较大的"80后"而言,他们从高校毕业时正是中国互联网大范围扩展、互联网应用不断出现的时期。因而,"80后"可被看作互联网的第一代用户。从E-mail到QQ,从网络论坛到校友录、人人网,从贴吧、微博到微信,他们几乎经历了互联网应用发展的每个阶段。甚至还有如苏某一样的"80后"程序员,利用自身掌握的程序编写技能,在推动互联网发展中发挥了重要作用。也许正是因为对互联网比较熟悉,因而当面临婚恋压力时,他们中的一部分人便选择通过互联网来寻找婚恋对象。

三、房、车、孩的力量

苏某与翟某见面的第二天,翟某主动发信息表示对苏某印象不错,并聊起他一个月前发在朋友圈里的特拉斯车照片。在后来的聊天中,双方互诉好感,交流了财产信息。女方发了一段视频,里面有几只鸟飞过别墅的景象,并把房产证信息发过来,苏某没想到她会住别墅,一度感到压力很大,向翟某表示自己也买得起别墅,并给翟某看了他的股票账户和理财账户。翟某当即表示"一见钟情,愿意替他生孩子"。苏某在"事件经过"中指出,正是由于两人都是奔着结婚走的,并且翟某的条件很不错,因此之后的交往中,苏某对翟某特别慷慨大方,结婚前花了几百万元。

婚姻家庭是社会生活的重要组成部分,也是传统中国文化对个体成长轨迹的必备安排。对于"剩男剩女"们而言,他们已经由于各种原因被抛离了传统社会文化框定的婚恋时序,因而必须尽快地在婚恋问题上"快进",以最大化地追赶早已进入婚姻家庭时序的同龄人。30多岁的苏某付费成为某婚恋网站的VIP会员,也是基于能找到合适婚恋对象,快速步入婚姻的考虑。尤其是在苏某的福建老家,同龄人可能早就步入婚姻、生儿育女了,因而认为自己"老大不小"的苏某才急于通过婚恋网站寻觅自己的"另一半"。通过"网络红娘"的撮合,苏某与翟某相识并迅速确立婚恋关系。

单从苏某写的"事件经过"中可以发现,特拉斯车、别墅、股票和理财账户、孩子等无疑是两个人迅速确立婚恋关系的重要因素。其实，不只是苏某和翟某，实际上对于当今社会的大龄单身男女青年而言，房、车、孩在确定婚恋关系时都是极具诱惑力的、非常重要的推动力之一。

房、车、孩在婚恋关系确立过程中的重要性提升与人们的婚恋价值观的变化直接相关。

从历史发展过程来看，我国的婚姻观大致经过了三次变迁。首先是传统封建社会秉持的封建婚姻观。其次是新中国成立至改革开放前，实行一夫一妻的婚姻制度，"父母之命、媒妁之言""门当户对""嫁鸡随鸡，嫁狗随狗"等传统婚恋文化在人们婚恋交往中仍然发挥着不同程度的影响作用，政治出身、职业、社会地位、外貌条件等是婚恋选择中的重要因素。最后，改革开放以来，现代婚姻观兴起，虽然也是一夫一妻制，但婚恋双方更加看重的是相互的吸引和需要，"爱情"的作用愈发凸显。尤其是进入21世纪以来，伴随着学历水平普遍较高的"80后"等开始步入婚恋阶段，"父母之命、媒妁之言"对婚恋关系的确立不再具有严格的程序性作用，"门当户对"标准的普适性程度也有所降低，在"爱情"的引导下，每位婚恋个体都可以对"门当户对"提出自己的理解，相貌、身高、学历、性格、职业、薪资、户籍、资产等，都会根据不同地域、不同个体条件在人们的婚恋选择标准中占有不同比重。

在中国的传统婚恋文化中，房产一直都是体现个体经济能力的重要象征，也是婚恋双方步入婚姻的必备基础之一。大致而言，我国的房地产市场萌兴于20世纪80年代，发展于90年代，兴起于21世纪初。这也便意味着当无数"80后"长大成人进入社会之时，也是房地产市场大规模兴盛之时。逐年高攀的房价使得房产在年轻人婚恋选择标准中的地位不断上升。尤其是在地理位置便利或环境优良或经济发达的大中城市，拥有一套房产无疑可以增加拥有者在婚恋选择中的主动权。同时，在北京、上海等对人口规模进行控制的城市，房产与户籍往往也具有密切的联系，这便更是增强了房产价值的重要性。

同时，对于经常流动于城城之间、城乡之间的年轻人而言，汽车是另外一项非常重要的婚恋基础，也是拥有者经济能力的重要体现。对于婚恋双方而言，汽车的实用性非常强。谈恋爱时，拥有一辆车便意味着能获得一个相对私密的空间，也是可以一同旅行的重要基础。结婚后，可免去挤公交车的辛苦，也不用风吹日晒。当遇到节假日回老家时，汽车也是一个很便利的出行工具。

此外，生儿育女是婚姻家庭的必要内容。但对于婚恋观念日趋开放的年轻人来说，婚姻并不必然与孩子联系在一起。很多年轻人还倾向于选择"丁克家庭"来获得更为自由轻松的生活。尤其是对于女性而言，随着社会的发展，她们在生育问题上的话语权正逐渐增强。因而，对于苏某而言，当身高、相貌条件不错的翟某说愿意为他生孩子时，他是非常满意于二人的婚恋关系的。

第二节 "网络红娘"的兴起

苏某与翟某的第一次见面是在某婚恋网站"红娘"的撮合下进行的。与苏某一样，伴随着互联网时代的到来，越来越多的单身人群开始使用互联网寻找婚恋对象。在规模庞大的单身人群婚恋需求的推动之下，大量的婚恋网站兴起，开展婚恋中介服务，被称为"网络红娘"。

一、古今"红娘"

自古以来，"红娘"便是中国传统婚恋文化的重要社会角色之一。从起源来看，"红娘"本是传统文学中的一个角色。该角色最早出现于唐代元稹的文言小说《莺莺传》，后经北宋赵令畤《商调蝶恋花》、金人董解元《西厢记诸宫调》、元代王实甫《西厢记》杂剧以及明清以来各种艺术样式的不断增改和润饰，逐渐被塑造成为一个热情机智、聪明泼辣、伶俐风趣、热心帮助崔莺莺和张生"有情人终成眷属"，成就两人姻缘的婚恋中间人形象。后来，"红娘"一词渐渐深入人心，成为社会大众心目中为婚恋双方牵线搭桥的重要人物形象。从称谓上看，由于"红"是中国婚恋或中国色彩的关键词，也符合人们对美好婚姻生活的期待和向往，"娘"则意指年轻的姑娘，象征着蓬勃的朝气。同时，文学作品中塑造的"红娘"还具有从当事人意愿出发，既遵从婚姻的严肃性，又注重对爱情的追寻，十分符合人们对婚恋介绍人理想形象的期待。因而，"红娘"一词成为婚恋介绍的重要形象代表，一直流传至今。

在传统社会年轻人的婚恋交往过程中，"红娘"发挥了重要的中介作用，是婚恋嫁娶礼仪程序中的必备条件。后来，随着社会的发展，尤其是改革开放以来，社会流动的加快，使得"红娘"逐渐失去了市场。据报道，在农村，媒人、媒婆的工作越来越难做，"托我做媒的，小伙子有十七八个，我访了一下周边几个村，年龄相当的妹子只有四五个"。❶ 同时，伴随着婚恋价值观的变迁，自由恋爱的兴起，嫁娶程序的变化，"红娘"不再是婚恋嫁娶过程的必备程序，而更多是一个介绍婚恋双方相互认识的社交性环节，这便促使传统社会文化话语中的"媒人""媒婆"慢慢减少，改由婚恋双方的热心亲戚朋友临时担任。

除了传统社会的"媒婆""媒人"等人物形象之外，随着单身人群规模的日益扩大及其迫切的婚恋需求，政府相关部门、组织也会通过组织单身青年的联谊活动发挥"红娘"作用，比如广州海珠区团委为区内企业的单身青年举办的联谊活动❷、西安新城区总工会组织的青年联谊活动❸等。尤其是在《中长期青年发展规划（2016—2025年）》发布之后，共青团中央提出将帮助大龄未婚青年寻找合适伴侣，共青团"红娘"作用的发挥将会越来越大。

同时，在单身青年父母的推动下，公园、广场等公共空间也开始发挥"红娘"的作用，成为当代社会发挥婚恋中介作用的重要平台——"相亲角"。"相亲角"的出现并不突兀，具有相亲集体化、实际操作层面等方面的路径依赖，最早出现于20世纪80年代北京的龙潭公园，当时有很多回城青年"自发相亲"。❹ 随着社会的发展变迁，第四次单身潮的出现使得公共空间开始再次发挥"红娘"作用，父母代替孩子聚集"相亲"的现象非常明显，比如上海的人民公园和北京的中山公园。上海人民公园"相亲角"出现较早，当时是一些家长基于对自己大龄未婚子女婚姻问题的焦虑，在此汇聚起来替子女相亲。最初的规模不大，但随着单身人群规模的扩大，来"相亲角"的家长便越来越多。大家三五成群，相亲资料被放在地面、台阶上，还有人将征婚启事放置在雨伞上成为"相亲伞"等。北京中山公园是北京一处有名的"相亲角"。在中山公园的筒子河畔，每到周四和周日便聚集起成百上千的老人，为自己的大龄未婚儿女找对象，甚至还有很多"北漂"的父母，专程从老家来

---

❶ 戴志华．"相亲"镜下的乡村期盼[J]．人民之友，2017（4）：63.
❷ 马焦生．共建数据库　团委当"红娘"[N]．南方日报，2015-08-17（C02）．
❸ 雷伟东．工会当红娘　青年手牵手[N]．西安日报，2015-11-14（2）．
❹ 孙沛东．"白发相亲"：上海相亲角的择偶行为分析[J]．南方人口，2012（2）：30-36.

京为子女征婚。每位老人面前的地上都摆着写有自己儿女信息的"征婚启事"。"相亲角"的最东侧,还有一个"海外角",相亲对象多为目前在海外工作,甚至已经取得"绿卡"或"国籍"的单身男女。除此之外,还有诸如杭州黄龙洞、成都人民公园、重庆洪崖洞、大连劳动公园、南宁人民公园、沈阳南湖公园等都通过"相亲角""相亲会"等形式成为"红娘"。

另外一个非常重要的"红娘"便是大众传媒了。最开始的传媒"红娘"当数报纸杂志等纸质媒介。基于征婚人的需求,报纸杂志会通过发布征婚广告的形式将征婚人的信息发布出来。我国历史上的第一则征婚广告刊登于1902年6月26日的《大公报》,后来广为人知的征婚广告当数1903年章太炎在《顺天时报》上刊登的"征婚告白"。新中国成立之后,第一则征婚启事出现于1981年的《市场报》,当时的征婚人丁乃钧凭这则启事找到了自己的婚姻伴侣,并于当年的年底结婚。虽然后来他的婚姻又屡遇波折,但他的名字与当时的征婚启事一同被载入了报纸"红娘"史。后来,随着大众传媒的发展,"红娘"的身份也逐渐由早期的纸质媒体过渡到广播、电视等电子媒体,陆续有一些广播节目和电视节目开始发挥"红娘"作用,发布征婚广告、举办相亲节目等。尤其是近年来,在社会需求的促动下,出现了一大批以婚恋相亲为主题的综艺节目,如《非诚勿扰》《我们约会吧》《百里挑一》《相约星期六》《爱情连连看》《幸福来敲门》等。特别是江苏卫视的《非诚勿扰》已成为我国最引人关注的综艺节目之一。该节目首播于2010年1月15日,在2012年其经济效益就达到了21.76亿元。一时之间,该节目的主持人、嘉宾等也迅速流行起来,该节目播出的时候,形成了"万人空巷"的场景,创下了许多收视纪录。

在《非诚勿扰》节目火热播出的同时,在该节目做广告的一些婚恋网站如百合网、珍爱网、世纪佳缘等也逐渐广为人知。虽然这些婚恋网站的创办早于《非诚勿扰》,但《非诚勿扰》节目的广泛流行确实极大促进了这些婚恋网站知名度的提升。从某种程度而言,婚恋网站的兴起既是现实社会婚姻中介机构在互联网时代的延续性发展,又是十余年来网络社交进一步发展的结果,基于对规模庞大的单身人群社会需求的契合以及互联网技术的发展,面对"80后"等网络一代对互联网应用的熟悉,"网络红娘"的兴起具备天时、地利、人和。

二、天时、地利与人和

单身社会、"剩时代"的到来，使得规模庞大的单身人群具有迫切的觅缘需求。单身人群规模的不断扩大，与"80后"在该阶段陆续达到适婚年龄密切相关。《2016年中国网络婚恋交友行业报告》指出，1980—1991年是中国生育高峰期，在1990年达到顶峰。"80后"已经进入婚恋需求高峰期，伴随着初婚年龄的不断后延，该群体的婚恋需求热潮还会持续15年，伴随"90后"陆续达到适婚年龄，有婚恋需求的人口规模还将继续扩大。庞大的单身人口数量奠定了婚恋交友市场的基础。

互联网技术的不断发展成为"网络红娘"兴起的"地利"基础。在我国，随着1994年全功能接入互联网，并被国际上正式承认为真正拥有全功能互联网的国家，我国的互联网时代便正式开启。经过几年的快速发展，个人计算机的普及范围不断扩大，互联网逐渐进入人们日常的工作、学习、生活中，并被人们熟知和使用。基于便捷的信息传递优势，从互联网出现伊始，网络社交便一直相伴而行。大致而言，E-mail、网络论坛等是最早的社交应用形式和平台。后来QQ这一即时网络通信工具出现，并逐渐成为人们开展网络社交的重要应用媒介，开启了陌生人网络社交的新篇章。21世纪初，伴随着校友录、人人网等具有一定程度实名社交性质的网络社交应用的出现，以及电子商务的初步发展，人们的互联网信任逐渐增强[1]，互联网的社交应用领域也越来越广，一直延伸到婚恋社交领域。在此基础上，婚恋中介服务行业的互联网应用逐渐发展起来，世纪佳缘、百合网、珍爱网等一大批专门服务于婚恋社交的网络应用平台陆续推出，并迅速获得了单身群体的关注。

具有较高互联网应用程度的使用人群是"网络红娘"兴起的"人和"。在当今社会，社会流动不断加快，媒人、媒婆等传统"红娘"的婚恋中介作用发挥的范围越来越小，并且由于很多年轻人工作繁忙、生活节奏较快、日常交往范围有限，难有足够的时间和精力寻找自己的"另一半"，因此，超越时空限制、拥有大数据存储搜索功能的互联网便成为适龄单身群体寻找婚恋对象的

---

[1] 张荣. 从危机到转机：网络社会的人际信任 [J]. 兰州学刊，2012 (4)：137-140.

重要媒介之一。在这个群体中，无论是作为第一代互联网用户群的"80后"，还是作为互联网较大用户群的"90后"，网络化程度普遍较高，具有"自由恋爱"婚恋观，拥有丰富的网络社交应用经验，感兴趣于几乎所有新兴网络应用技术和平台。伴随着网络社交平台的出现和发展，他们尝试使用 E-mail、QQ、贴吧、网络社区、网络游戏社交功能、陌陌、微信摇一摇等开展婚恋交往，而专门开展婚恋中介服务的婚恋网站更是他们热衷使用的应用平台。

由于服务内容的专门化，越来越多的单身年轻人开始注册成为婚恋网站的会员，试图借助"网络红娘"的作用寻找到适合自己的婚恋对象。一般而言，婚恋网站的使用频率与其会员的人数规模直接相关。一个婚恋网站的会员越多，便意味着可供选择的婚恋对象范围越大，也便能凝聚更多的单身人群，名气也越大。在众多的婚恋网站中，创始时间较早、会员规模庞大的某婚恋网站无疑是比较突出的一个。在"某软件创始人自杀事件"中，苏某选择注册成为该婚恋网站的 VIP 会员，可能也是经过认真考虑后的选择。

三、"上市盛景"

具备了天时、地利、人和，婚恋网站迅速发展起来，"婚恋中介服务"成为一个快速成长的行业。虽然现实社会中早就出现了以婚恋中介服务为经营内容的婚恋介绍机构，但婚恋中介服务真正成为一个具有较大影响的行业，则是在婚恋网站出现之后。尤其是 2017 年 5 月 17 日，在国务院新闻办举行的发布会上，共青团中央表示对大龄青年婚恋择偶问题非常关注，将会采取一系列措施帮助大龄未婚青年寻找合适的伴侣。这之后，婚恋中介服务行业也面临更多的发展机遇。

综合来看，婚恋网站在我国的发展主要分为萌芽期、探索期、发展期和成熟期。

20 世纪末 21 世纪初是婚恋网站发展的萌芽期。1998 年，中国交友中心在线网站在深圳成立，成为中国首家免费婚恋交友网站，这标志着中国网络婚恋行业进入萌芽期。

2003 年至 2008 年是探索期。2003 年后，世纪佳缘、百合网、珍爱网和有缘网等婚恋网站相继成立，服务内容不断扩展，服务程序基本完善，线上交友加线下活动的服务模式正在形成，会员数量不断增长。比如世纪佳缘以高学历的单身青年为主要服务对象，形成了"严肃婚恋交友"的服务框架，会员规模不断扩大；百合网则是采用公安部身份认证系统，率先推出实名制注册的婚恋网站；珍爱网被称为我国第一家收费红娘网站，开创了网络征选和电话红娘的婚恋服务模式；有缘网则推崇服务于大众草根群体，包括工人、自由劳务者、农业劳动者、学生等。

2009年至2014年是发展期。在该阶段，基于前期的发展基础，尤其是随着《非诚勿扰》等婚恋电视节目的热播和移动互联网的发展，婚恋网站的知名度迅速提升，使用人群的规模迅速扩大，各大婚恋网站的服务内容和服务模式逐渐趋于一致，线下婚恋服务实体店不断增加，线上线下服务的相互融合更加完善，网络婚恋企业相继实现盈利。由于较好的发展态势和大量投资，婚恋网站的服务扩张速度加快。2011年世纪佳缘在纳斯达克上市，这堪称达到了网络婚恋服务行业发展的顶峰，呈现发展"盛景"。

2015年以后进入网络婚恋服务行业的成熟期。大规模婚恋网站的服务模式日趋成熟，在加强线上线下共同服务的同时，还拓展了婚后服务内容。同时，移动互联网的发展及大范围普及催生了行业巨变。2015年百合网宣布开启免费沟通模式，两大婚恋网站世纪佳缘和百合网宣布达成合并协议。服务于大众草根单身群体、致力于移动端婚恋服务的有缘网迅速崛起。

从服务模式而言，网络婚恋企业的服务过程主要包括：用户资料收集，通过用户在网站或移动端注册登录的形式，获得用户的个人基本资料；会员推荐，基于用户的个人资料，通过电话、网络等形式向用户推荐会员服务，用户付费成为会员后，再向用户推荐合适的婚恋对象；通过让用户购买红豆、邮票或其他增值服务与自行匹配的用户获得沟通资质，用户之间进行交流；与线下服务相结合，通过线下红娘服务或线下活动的举办，使用户获得更加细致的婚恋服务。从整体来看，由于移动互联网的迅速发展、网络信息传递内容和途径的多元化、网络付费的便捷化等，当前我国网络婚恋企业的服务模式逐渐趋于一致化，服务内容逐渐向细分化和个性化发展。

从实质而言，网络婚恋服务的互联网模式，仍然是以传统婚恋服务为核心，因而传统婚恋中介的问题仍然存在于婚恋网站。从行业发展而言，由于同行业同质竞争过于严重，差异化产品和服务不足，婚恋网站在步入发展成熟期的同时似乎又走到了行业发展的瓶颈期。

第三节　信息之险：受阻的网络姻缘

信息问题是婚恋网站发展过程中面临的最大问题之一。信息的真实与虚假、"二八定律"、信息的"门当户对"都是婚恋网站发展过程中遇到的发展难题。正是由于信息方面的这些问题，使得信息便捷的网络佳缘潜在许多风险，进而对现实社会的婚恋交往产生影响。

一、真实与虚假

苏某通过付费成为某婚恋网站的 VIP 会员，享受了一对一的"红娘"服务，后来他在"红娘"的撮合下认识了前妻翟某，当时双方资料上写的都是"未婚"。后来，苏某在"事件经过"中指出，实际翟某登记的"未婚"信息并不真实，在领证前一天他才知道翟某有过一次婚史。在苏某看来，包括这个信息在内，翟某的信息共有四处不符：一是将婚姻状况"离异"写成"未婚"；二是将出生年月"1986 年 11 月"写成"1987 年 1 月"；三是恋爱经历并不是她描述得那么简单；四是使用某婚恋网站的时间至少有 3 年。

一直以来，"信息不实"都是困扰网络婚恋服务行业的重要问题。实际上，婚恋网站也曾经由于会员信息的虚假而备受质疑，甚至还有会员由于发现婚恋对象的信息虚假而起诉婚恋网站。被媒体报道的案例有很多。2012 年，一名周姓男子通过百合网举办的相亲见面会认识李某，并谎称自己是广东某公司的 CEO，在骗取李某的信任后，以各种理由骗取李某共计 40 余万元。[1] 2014 年上半年，一名海归女硕士通过一家婚恋网站认识了网站会员蒋某，蒋某自称单身，是某上市公司董事会主席，其实是个已婚农民，这名女硕士被骗十几万元，还怀孕生子。[2] 同时，北京、深圳、重庆、广东、河南等地也曾报

---

[1][2] 李林，陈晓. 实名制下，婚恋网站诈骗案为何仍发生 [N]. 中国青年报，2014-05-16 (3).

道出现过利用婚恋网站实施诈骗的案例。

实际上，无论是以上述的海归女硕士为代表的普通会员，还是钻石级会员和 VIP 会员，都有可能遭遇到婚恋对象个人信息造假的问题。个人信息包括照片、职业、单位、学历等都可以造假。大部分婚恋网站虽然要求用户提供身份证、户口本、房产证、公司营业执照等，但依然存在由于会员数量庞大、审核不严而出现虚假信息的可能。同时，由于有些信息比较特殊，比如婚史等个人信息，如果没有得到民政部门联网并授权的数据接口，婚恋网站基本很难判断真伪。并且，即便是登记了真实个人信息的用户，用户本人的安全性、目的性也很难保证。

与传统社会的相亲相比，婚恋网站上个人信息的造假具有一定"便捷"性。"某软件创始人自杀事件"发生后，有媒体记者分别在世纪佳缘、百合网等婚恋网站注册会员时发现，尽管各大婚恋网站都具有一定的注册门槛，但信息审核方面存在漏洞，年龄、学历、婚姻状况等信息都能作假，假身份、假学历都能轻易获得网站认证。❶ 并且不仅个人信息可能作假，注册用户花钱见到的相亲对象也有可能是婚托。

在传统社会中，媒婆、媒人在发挥"红娘"作用时，虽然为了撮合姻缘也会在提供双方信息时有技巧性地扬长避短，但一些基本的个人信息，比如家庭情况、年龄、身高、相貌等是无法以假信息来替代的。并且由于相亲都是在面对面交往中开展，人们对自己信息进行造假的可行性也极小。但在当今的网络婚恋交往中，很多人在网络上相识之后，会先经由 QQ、微信、电话、短信等途径进行交往，当双方有进一步发展关系的意愿时，再开展面对面交往。甚至两人即使开展面对面交往之后，也很难在较短时间内获得对方的详细身世背景、婚姻状况等资料。

在"某软件创始人自杀事件"中，苏某跟自己的前妻在婚恋网站认识，翟某的个人资料显示她是未婚。结婚前，苏某在她身上花了几百万元，但直到领结婚证的前一天，翟某才告诉他几年前自己有段短暂婚史，这让苏某一时之间无法接受。

---

❶ 王飞翔，刘经宇，田为. 婚恋网站虚假信息注册轻松过审核［N］. 新京报，2017 - 09 - 13（A10）.

此外，婚恋网站出于利益考虑，同时为了吸引更多会员，进一步提升会员对网站的使用频率和使用时间，也会通过机器发布一些虚拟消息。有人在注册之后，会发现收到了许多来信，但需要付费进行查看，等付费打开这些来信之后，才发现大多数都是机器群发的一些消息，如"你好""嗨"等。

二、"二八定律"

"二八定律"，又称帕累托定律，也叫巴莱特定律、最省力的法则、不平衡原则等，由意大利经济学家帕累托于19世纪末20世纪初发现。他认为，在任何一组东西中，最重要的只占其中一小部分，约20%，其余80%尽管是多数的，却是次要的，因此又称"二八定律"。从这个定律来看，婚恋网站上的会员信息实际上也在某种程度上遵循着"二八定律"，即只有20%左右的信息会引起众人的大量关注，而剩下的80%则处于被少量关注的状态。

在婚恋网站，只要一进入首页，人们的注意力便会马上被一些俊男靓女的照片所吸引，有些照片下面还会显示简要的个人信息，如学历、身高、职业、薪资、车房等情况。这些照片上的人普遍气质不凡、相貌出众，学历普遍都在大专以上，女性身高普遍都在165厘米左右，男性则在175厘米以上，有的还标明有房、高薪等引人关注的字眼。

对于婚恋网站而言，将具有优秀个人条件的会员相关信息放置于网站首页，无疑是为了经济利益的考虑，试图最大化地吸引用户的注意力。但如果为了经济利益考虑，故意设置一些筛选条件，突出显示一些优质的婚恋信息，反而会使得一些真正具有婚恋需求、自身条件一般的用户信息被遮挡，阻碍其更好地寻找合适的婚恋对象。另外，从"参照群体"视角来看，这些"优质信息"在婚恋网站发挥了类似于"参照群体"的作用，使得具有婚恋需求的人在进行婚恋对象选择时多少都会受到这些信息的影响，产生过高的婚恋需求，从而在一定程度上会忽视那些具有一般条件的用户个人信息。

与前互联网时代相比，互联网时代是信息可得性较强、信息传递便捷的时代。由于互联网的开放性、平等性等，任何人都可以随时进入互联网发布信息，因此互联网上拥有着庞大的数据信息。但与此同时，对于具有追切婚恋需求的单身人群而言，如果想让自己的征婚信息在拥有上亿名会员的婚恋网站的个人信息海洋中显现，则需要付出更多的努力。一个人如果将自己的征婚信息发布到报纸上，由于每份报纸上刊登的信息数量有限，可参照的信息不多，要想在其中吸引人们的关注还是相对比较容易的。但在婚恋网站的个人信息海洋中，要想让自己的信息从80%中凸显出来，成为吸引众人关注的20%信息中的一个，则是非常困难的。

一般而言，婚恋网站上的信息越少，每条信息吸引关注的概率越大；信息越多，每条信息被凸显出来的难度则越大。从这个角度而言，拥有会员数量越多的婚恋网站，越是遵从"二八定律"。因而，在婚恋网站上，要想让自己的信息成为20%中的一个，便需要遵循网络空间信息显示的一些"潜在逻辑"，通过有技巧的修饰来提升自己信息的受关注度。一般而言，越是以婚恋为名义却抱有其他目的的用户，越会使用一些技巧，利用婚恋网站的审核漏洞，使自己的个人信息成为20%中的一个，以吸引别人的关注。

三、信息的"门当户对"

在苏某自杀前写的"事件经过"中，苏某称他与翟某是通过某婚恋网站的VIP服务介绍认识的，当时双方资料上写的都是"未婚"，2017年3月30日在"红娘"撮合下的第一次见面，是在婚恋网站的办公室中进行的。虽然聊得不多，但在苏某的眼中，翟某身材修长，长相出众，家境不错，而且会打扮。虽然无从得知苏某所称的"红娘"是如何根据双方信息配对的，但综合而言，"网络红娘"与传统"红娘"的配对过程、标准和策略都有很大差异。

传统社会提倡"明媒正娶"，认为"男女非有行媒，不相问名""天上无云不下雨，地上无媒不成亲"。因而，发挥"红娘"作用的媒婆、媒人等是婚恋程序中的重要人物，是负责对婚恋双方进行牵线配对的关键中间人。媒人在我国出现的时间较早，在两千多年前的西周便已出现。由于撮合婚姻需要联络、协调、活跃气氛等，因而并非所有的人都适合做媒人。能胜任媒人的人通常性格开朗、热情，口才较好，人缘很好，熟悉婚恋男女双方及其家庭的基本情况，在当地具有较高的信任度等，一般都是年龄较大、已婚，具有丰富的婚恋配对知识，熟知一些婚恋禁忌，有的甚至还要"能掐会算"等。传统社会讲究"门当户对"的配对，包括生辰八字是否相合，家庭背景、经济能力、社会地位等是否匹配。一般而言，媒人的"说媒"经验越丰富，其婚恋配对的能力便越强。因而，媒人本身的年龄、素质、经验都是十分重要的。

进入互联网时代，婚恋网站大规模兴起，"网络红娘"开始发挥婚恋配对的作用。与传统社会的"红娘"不同，"网络红娘"既包括真实的人，即线下婚恋中心的"红娘"们，还包括机器。因而，婚恋网站中婚恋双方的配对一般分两种情况。一种是根据付费的多少享受不同程度的"红娘"配对，如缴纳一定费用成为婚恋网站的高端会员，便可以享受"一对一"的"红娘"服务，由真实的人担任"红娘"并专门针对用户的个人情况及婚恋要求介绍婚恋对象。还有一种是通过机器进行牵线配对，主要包括：由用户设置理想对象的各项条件，有时还指明每项条件的重要程度，然后在网站的用户数据库中进行匹配搜索，最后获得匹配对象；还有很多婚恋网站会通过开发的"合适度匹配系统""心灵匹配测评系统"等对用户进行各方面包括心理、性格、价值理念等测试，然后在测试结果的基础上有选择地推送相似或互补人选。

与传统社会的"红娘"相比，"网络红娘"的这两种配对方式面对的婚恋对象数据较大，可供选择的婚恋对象范围较广，匹配技术更多元，但还是会存在一定弊端。

就第一种而言，各个婚恋网站"红娘"自身的素质、年龄、经验等都参差不齐，甚至有些"红娘"很年轻，没有结婚，对婚姻也并没有多少思考和体验，对婚恋双方的个人及其家庭情况的了解程度不高，在进行婚恋匹配时缺乏传统社会"红娘"的经验、口才、人缘关系等，导致婚恋匹配的成功率不高。就第二种来看，某些婚恋网站有时为了提高配对效率会采用机器配对的方式，但这具有一定的盲目性，无论是机器根据用户设置的搜索条件得出搜索结果，还是通过各种系统测试的结果向用户推荐婚恋对象，都并不能直接反映用户的真实婚恋需求，配对结果一般也不太理想，同时，如果用户的个人信息存在虚假情况的话，也会直接影响后面的配对效果等。

从配对原则来看，传统社会的婚姻禁忌较多，一般会遵从民间信仰、风俗文化等方面对婚姻的规定。而在当今的互联网时代，"网络红娘"进行婚恋配对时的配对根据则非常多样，比如世纪佳缘的"面部匹配"和百合网的"心灵测试"。在宣传中，世纪佳缘称推出了"人脸识别"系统，该技术能够借助对人脸的识别，帮助用户进行婚恋配对。❶ 匹配规则是基于用户上传的一张清晰正脸头像，通过人脸识别系统，在庞大的服务器数据库中寻找一个和该用户上传照片最相似的一张异性人脸与其匹配。人脸检测是把照片中的有用信息挑出来，并利用这些信息实现人脸检测，完成最佳匹配后，用户可通过点击进入被推荐异性页面进行互动。百合网则是从美国购买了一套心灵契合度测试，对该测试进行本土化的产品优化后，放到了自己的网站上，凭借让每个注册会员回答上百个心理测试题，使会员进行心灵匹配交友。❷ 这些测试虽然具有较强的技术性，但缺乏传统社会婚恋配对时的社会基础，仅仅是对个人登记信息的配对，而非直接面对"人"来配对。

第四节　社会根基之失：网络婚恋的"浮萍化"

互联网时代，通过婚恋网站认识的婚恋双方虽然"恋爱自由"，也可能进展较快，却在一定程度上失去了两人关系的社会根基，呈现"浮萍化"现象，导致出现一系列问题。

一、婚恋选择范围的网络拓展及风险

传统社会中的婚姻过程主要包括纳采、问名、纳吉、纳征、请期、亲迎，俗称"六礼"。在这些阶段中，婚恋双方的家庭及其社会关系网都被紧密地纳入进来，甚至媒人与婚恋双方都可能具有一定的社会联系，具有重合的社会关系网。由于传统社会中社会成员的社会关系较为稳固，社会流动性不强，因而婚恋关系的建立也往往遵循固定的社会关系框架。媒人撮合的婚恋双方往往具有一定的社会结构属性和社会关系纽带，比如具有血缘联系，或属于同一阶层，或共同居住于同一地域，或从事共同的行业等。虽然由于社会流动、信息

---

❶ 王伶玲. 大数据时代的世纪佳缘：人脸识别轻轻松松找对象［N］. 法制晚报，2013-11-08（A28）.
❷ 白雪."剩斗士"催热网络"猎婚"［N］. 中国青年报，2009-12-24.

传递等方面的限制，个体选择婚恋对象的范围较小，自由度不高，但从另一方面看，由于婚恋双方具有一定的社会结构或社会关系的基础，这在一定程度上保障了婚恋关系的稳定性。

进入现代社会以后，在现实的社会空间中，人们在婚恋交往中也普遍会经过恋爱、提亲、订婚、婚礼等阶段。虽然不如传统社会那样具有严格的"六礼"阶段，但一般而言，婚恋双方的相识还是在一定社会关系框架中进行的，如同乡、同学、同事等，或者是通过媒人、亲戚朋友的介绍也即通过重合的社会关系网而认识并确定婚恋关系。

但进入互联网时代，"网络红娘"兴起后，婚恋对象的选择范围被大大拓展，婚恋行为的个体化程度不断提升，完全不具有共同的社会结构属性或社会关系纽带的人，也可能通过互联网相互认识，并建立婚恋关系，比如"某软件创始人自杀事件"中的苏某和其前妻翟某。

苏某的哥哥事后曾指出，苏某很像古龙小说中的剑客阿飞，极度擅长于某方面，却拙于表达自己，拙于人际关系。古龙武侠中的阿飞、西门吹雪等都是如此，潜心于剑法，心无旁骛，最终练成了绝世的剑术，简单、极致、快。他们的共同特点都是在自己的领域中取得了极高成就，但面对人际关系时，却显得无能为力。作为一个天才程序员，苏某开发的手机应用软件，界面极其简洁、锐利、冷峻，一人开发，而几千万海外用户在用，成就极高，像极了阿飞的剑术。苏某的大学校友也回忆，苏某农村出身，学习成绩很优秀，醉心于他所热爱的程序开发，技术能力很强，是系里最优秀的两个程序员之一，以第一名的成绩考取了北京邮电大学研究生，后来开发了某应用软件，获得了巨额融资，从2014年招人组建，到2017年上半年也才几个人，核心代码都是自己一个人写的。不过，在平时的生活和人际交往方面，苏某却没什么圈子，没有经历过社会的复杂，有些内向，跟女孩子说话都可能会脸红。他生活很简单，没有什么兴趣爱好，唯一的爱好是"偶尔下个馆子"，其余时间都在写代码，是一个"无趣的人、典型的码农"，"整个世界就是开发和挣钱"。❶

---

❶ 袁璐，王倩，陈瑜思，等. 程序员苏享茂的最后94天：沉默码农和"白富美"的致命交集[EB/OL]. (2017－09－13) [2019－09－18]. http：//www.thepaper.cn/newsDetail_forward_1793157? hotComm = true.

"码农",是互联网时代中一个非常特殊的群体,从技术和生活方式来看,苏某是该群体的一名典型成员。顾名思义,"码农"为编码的农民。在工业化进程不断推进的过程中,社会发展需要大量的人投入基础的编码工作中。他们有着智慧的头脑,对于编程、设计、开发具有熟练的技能,不过,他们的生活节奏非常快,加班对于他们来说非常正常;他们的地位和收入比农民工优越很多,但由于生活内容的单调和付出与收获之间的不相称,在一定程度上与"农民工"具有类似的含义。出于对自身生活状况的自嘲,业内人士习惯于把专注于程序设计工作的人称为"码农"。该群体普遍都是典型的理工男,交往圈非常有限。对于他们而言,与写代码相比,和异性交往可能更复杂一些,即使看过一些如何与异性相处之类的书,仍然不擅长与异性交往。

在"网络红娘"的牵线下,作为"码农"一员的苏某与翟某相识。对于两人的婚恋关系,苏某的朋友回忆,第一次见到翟某是在爬山的时候,身高一米七左右,漂亮,家里有别墅,开着自己的车,而苏某身高一米六,长相普通,他觉得"不对劲",但苏某表现得"心情很好"。在后来的交往中,同学们逐渐发现,平时极为节省的他开始整天旅游、购物。

苏某与翟某的关系进展很快,但其中也发生了一些波折,包括领结婚证前一天才知道翟某有过婚史。苏某对此有些"懵",并与翟某发生"口角和不快"。不过,事后考虑到自己"老大不小",家人都很认可她,苏某还是选择接受她。6月7日,两人领取了结婚证,但这并没有消除掉苏某的"不自在和压抑"的感觉,反而使他逐渐觉得自己"选择错了"。比如翟某要求换大房子,每月要给她5万元,还提出钱应该由女人管等。这都让苏某觉得"这个女人太物质了,太有心机",因而一方面觉得自己"选择错了",另一方面又觉得"离婚代价太大了,骑虎难下"。❶

进入互联网时代以来,凭借互联网的信息传递作用,人们极大扩展了交往范围,同时也极大拓展了人们的婚恋对象选择范围。但与此同时,也相伴而生了一些风险,尤其是对于婚恋关系而言,互联网可能会使得在社会结构、社会关系等社会层面毫无任何联系的两个人,最后经由互联网确立婚恋关系,从而衍生一系列问题。

---

❶ 袁璐,王倩,安安. 程序员苏享茂的最后94天 [J]. 法律与生活, 2017 (19): 6-8.

二、网缘的弱连接

苏某与翟某的认识源于婚恋网站,从联系纽带来看,两人因"网缘"相识并建立婚恋关系,"网缘"是两人婚恋关系的重要纽带。

"网缘"是进入互联网时代以来出现的"缘"的一个种类。"缘"是极具中国传统文化的一个字眼,泛指人与人或人与事物之间发生联系的可能性,从普遍的命运关系来看又是指人与人之间命中注定的相遇机会。中国文化特别注重"缘"对人际关系的纽带作用。尤其是对于婚恋双方而言,"缘"更是婚恋双方产生关系的重要纽带,具有"命中注定"的文化含义。从古至今,各种"缘",包括血缘、地缘、学缘、业缘等,一直是婚恋双方建立关系的重要纽带。并且由于传统社会的流动性不强,这些纽带的背后都具有厚重的社会关系基础。首先,婚恋双方的家庭普遍具有纵向的时间伸展和横向的空间归属的关系。其次,婚恋双方具有认识的社会根基,比如从小青梅竹马、一块儿长大,或者一起求学,或者具有共同的朋友等。经由这些"缘",婚恋双方具有建立关系的社会根基,这也是婚恋关系得以稳固的重要基础之一。即使婚恋双方发生一些矛盾和冲突,这些社会根基也会发挥维系和稳固关系的作用。同时,这些社会根基也是婚恋双方相互信任的重要基础和保障。比如传统社会中经常出现世交家族联姻的现象,婚恋双方即使一开始毫不相识,也具有深厚的信任基础。

进入互联网时代以来,伴随着互联网技术的发展,各种网络社交平台不断出现,人们开展人际交往的范围不断扩大,"网缘"成为连接人际的重要纽带之一。如果说互联网出现之前,"六度空间理论"更多地体现为一种"假想"中的社会交往现象,那么互联网时代的到来,则使得该理论的可行性大大增加。由于互联网强大的信息传递能力,人际交往逐渐超越了时空局限,一对一、一对多、多对一、多对多等交往模式都可以通过互联网快速实现,"网缘"成为人际交往的重要连接纽带。

但是,由于"网缘"的存在,互联网在拓展人际交往范围、降低人际交往难度的同时,也在一定程度上降低了人际交往的重要性。人际交往,是一个需要付出时间、精力、情感去建立、维持、发展关系的过程。但网际交往则分别从分享、互动、身份认同三个层面上降低了人际交往的难度。首先，互联网弱化了分享的难度。通过微信、贴吧、微博等多元化的网络社交平台，每个人都可以将自己做了什么、经历了什么，包括饮食、娱乐、旅游、游戏等，通过文字、照片、视频、符号等形式，对其他人分享。其次，互联网降低了互动的难度。不用局限于共同的时空，人们便可以通过互联网进行多形式交往，交往内容信息化、交往途径和交往模式多元化，轻易地发出一个符号、图片等便可以开展互动。最后，互联网还降低了身份认同的难度。由于人际交往范围的拓展，人们进行身份认同的群体日益多元，建构或寻找适合自己的身份认同更加简单。综合而言，互联网技术的发展增强了人际交往的便利性，但同时也降低了人际交往的重要性。正是由于与其他人的交往更为便利，失去现有人际交往关系的风险便相应被降低了。对于使用婚恋网站的用户而言，正是由于借助于"网缘"可以很便利地认识更多婚恋对象，因而由于某些原因失去一位婚恋对象也并不是特别有风险的事情。

同时，对于婚恋关系而言，与血缘、地缘、学缘、业缘等连接纽带相比，经由"网缘"连接的婚恋关系明显具有弱连接的特点，具有不稳定性、开放性、松散性、匿名性等特征。被连接双方的互相了解程度、信任程度都比较低，一旦面临一些外部刺激，便会出现关系断裂的风险。并且，经由"网缘"连接的婚恋双方还必然经历一个从线上到线下的过程，这也在一定程度上增加了双方婚恋关系的断裂风险。苏某和其前妻都是某婚恋网站的注册会员，是在"网络红娘"的撮合下认识的。可以说，两人婚恋关系的确立最早源于"网缘"。虽然婚恋关系确立之后，苏某带翟某去了自己的公司、老家，见了自己的朋友、家人，后来还领了结婚证，并准备了婚礼。但苏某一直都没去过翟某的单位，也没见过她的同事和朋友。领完结婚证开始筹备婚礼的前几天，苏某才第一次见到了翟某的父亲。

此外，对于婚恋关系而言，一旦"网缘"连接的婚恋关系断裂后，双方关系的矛盾冲突也可以通过互联网呈现被放大的现象。在"某软件创始人自杀事件"中，苏某自杀前在自己开发的软件中设置了一个弹出框，把自杀缘由及翟某的信息显示在上面，用户一旦打开软件便会看到该提醒。而翟某也疑似使用匿名账号在互联网上对苏某进行了"信息揭露"，将他的身份证号等信息公布出来等。

三、婚恋个体化的网络加速

苏某与翟某通过婚恋网站认识 60 多天后便领取了结婚证。在这之前，苏某并没有去过翟某的单位，也未回过翟某的老家。两人领取结婚证、商议办婚礼时，苏某才第一次见到翟某的父亲。互联网时代，婚恋个体化的现象经由互联网获得了进一步的推进。

个体化是现代社会的一个重要表征，这意味着个体逐渐摆脱社会层面的各种束缚，开始具有较强的个体意志，并按照个体意愿开展生活。社会学家丹尼尔·贝克指出，工业社会中的个体化倾向导致了一系列的社会变化，个体的日常生活、性别身份、婚姻家庭等都在个体化浪潮中被重新定义。同时，变化了的社会又给个体带来新的危机和风险。个体化使个体从传统的支持网络和社会结构中分离出来，失去了家庭、邻里、朋友、亲戚的保障和支持。居住方式也使得个体原有的社会关系变得松散和不稳定，个人必须以自己的力量去面对社会。一种长久、稳定的亲密关系消失了。

对于婚恋关系而言，个体化趋势也影响了婚恋关系的建立、维系过程。

在传统的乡土社会中，婚恋关系的社会限制较多，主要由正式的制度规范和非正式的风俗文化来共同约束个体的婚恋行为。其中，正式的制度规范主要体现为婚姻登记制度，非正式的风俗文化主要体现为传统习俗对婚姻过渡时序的监督和约束，以及社会舆论的道德监督等。同时，婚姻的最终实现还需要经历一系列的由个体行为向社会行为转变的过程。比如"订婚"便是非常重要的一个阶段，是双方更进一步熟悉适应对方，保障婚姻稳定性的重要阶段，即将个体婚姻"社会化"的过程，有些类似互联网时代人们在计算机上的"操作确认"，也是进入婚姻之前的一次社会性检验。

进入现代社会后，随着社会的发展变迁，"恋爱自由""爱情至上"等婚恋价值观开始发挥重要影响，个体的婚恋自由度大大提升。同时，社会流动的加快、代际经验传递的断裂、个体化的进一步增强等，使得基于传统文化风俗和社会规范的婚姻过渡时序逐渐失效。婚姻登记制度成为个体婚姻的重要依据和保障，非正式文化习俗在其中发挥的作用日益减弱。从表面来看，现代社会中的个体在开展婚恋行为方面具有更多的自由，个体对自身婚恋的自主性也不断增强，但从另一种角度而言，这种自由更多体现为"不确定的自由"，在带来自由、机会的同时也伴随着风险和危机。

尤其是进入互联网时代以来，借助互联网迅捷的信息传递技术和多元化的网络社交平台，个体的婚恋自由度进一步提升，婚恋个体化的程度进一步得到加强。无论是认识婚恋对象、确立婚恋关系，还是步入婚姻和离开婚姻，互联网时代信息传递的便捷性都使得婚恋过程更为个体化，除了正式的婚姻登记制度能够对个体的婚恋行为发挥一定约束作用之外，其他非正式社会约束因素的作用都不断减弱，这也使得互联网时代的婚恋更加"快餐化"。

在"某软件创始人自杀事件"中，苏某在自杀前留下了一份叙述他和前妻翟某从相识到离婚全过程的事件说明，记述了他和翟某从当年3月30日相识至8月底几乎每一天的经历，包括"认识过程、送特斯拉车、北京消费、旅游计划、回福建老家、三亚之行、香港之行、在香港的一次吵架、澳门之行、在澳门的一次吵架、结婚、提出离婚、通过离婚协议敲诈"共13个部分。❶从3月30日两人相识至7月18日办理离婚手续，110天的时间，苏某经历了相识、恋爱、结婚、离婚的全过程。这种"快餐化"的婚恋行为与传统社会中历时较长的婚恋过程形成了鲜明对比。

同时，由于互联网时代中信息传递的便捷性，个体在开展婚恋行为的过程中，可以通过更为多元化的沟通媒介和平台进行交流，婚恋过程进行得更为快速而个体化。在"某软件创始人自杀事件"中，在两人相识的第二天，翟某给苏某发信息希望再见面，并提到苏某约一个月前发在朋友圈的特斯拉车。翟某还在第三天发过来一段视频，展现了几只鸟飞过别墅的景象，然后将自己的房产证信息发过来，苏某也展示了自己的股票账户和理财账户。在这个过程中，虽然相识只有三天，但互联网便捷的信息传递技术使得双方都已经相互了解了对方的财产状况。在后期的离婚过程中，两人多次通过微信等网络社交平台进行交流，并在经过一系列协商后办理了离婚手续。

---

❶ 袁璐，王倩，安安. 程序员苏享茂的最后94天 [J]. 法律与生活，2017（19）：6-8.

第五节　网络姻缘何以可能

互联网时代,"网络红娘"的出现使得大龄单身青年群体的婚恋需求得到一定程度的满足,但与此同时也出现了一系列的问题。网络姻缘何以可能,需要从婚恋网站的内在矛盾冲突、互联网时代个体信息能力以及网络婚恋的社会根基三个方面进行思考。

一、经济与公益:婚恋网站双重属性的内在冲突

从古至今,"红娘"都是公益性与经济性相互交织、界限不清的一种媒介服务。随着社会的发展变迁,在不同的历史阶段,这两个属性的呈现程度也各不相同。

在传统社会中,"红娘"的作用发挥更多体现为一种公益性。对于传统婚姻而言,媒婆、媒人撮合姻缘的行为更多是婚姻过程中不可或缺的内容之一,其服务行为并不具备完全的经济经营属性。虽然在具体的历史阶段和特定区域,存在有些妇女以此为职业的现象,但更多还是体现为一种公益性行为。为了回报媒人的撮合工作,婚恋双方一般在婚恋关系确立之后会给予相应报酬。这个报酬并不固定、统一,体现为不同历史时期、不同地域、不同文化习俗的差别。进入现代社会以来,随着婚恋自由的兴起,媒婆的作用日益减弱,更多是由亲戚、朋友、同事等兼任"红娘",发挥撮合姻缘的作用,这使得"红娘"的公益性体现得更为明显,很多"红娘"撮合婚恋都是不要酬谢的无偿行为。

20 世纪 80 年代左右,机构"红娘"开始出现,即我国出现了专门开展婚姻介绍服务的机构。最早的婚介机构是由政府主办的,具有完全的公益性。20 世纪 80 年代,为了解决返城知青的婚姻问题,才出现了政府主办的婚介机构。❶后来,全国各地纷纷出现了由政府主办或政府不同程度介入的婚介机

---

❶ 刘子倩. 网络婚介:看上去很美 [J]. 中国新闻周刊, 2011 (19): 36 - 39.

构，在当时发挥了重要的"红娘"功能。随着时代的发展，婚介机构逐渐脱离政府成为一个追求经济效益的服务行业，民营的婚介机构纷纷出现，机构"红娘"的经济属性开始显现，并出现了专门以开展婚介服务为职业的人员。在20世纪八九十年代，由于单身青年规模的扩大，婚姻介绍成为一个发展迅速的服务行业，婚介机构也遍布全国各地的大街小巷。

进入21世纪以来，随着互联网社交平台的日益多元化、电视婚恋节目的广泛流行、"网络红娘"的兴起，传统的婚介机构逐渐衰落。面对种种困境，一些婚介机构关门停业，一些婚介机构则积极借助互联网进行转型，比如开通网站、创立微信公众号等进行活动宣传，同时还契合社会发展，创新服务项目，如举办相亲会、组织旅游、举行各种聚会等。❶

从自身属性来看，虽然婚介机构的公益性逐渐减弱、经济性逐渐增强，但依然存在两种属性相互交织、界限不清的内在困境。当前我国的婚介机构大致包括两类，一类是经过民政局备案的民办非企业单位登记的婚姻介绍机构，不以营利为目的；另一类是具有经营性质的婚介机构，需要去工商局办理登记注册。同时，对于婚介机构的监管也不是很清晰。1994年12月，国务院办公厅下发的《关于加强涉外婚姻介绍管理的通知》中指出，申请成立国内婚姻介绍机构的，首先报所在省（自治区、直辖市）民政部门审批，再到工商行政部门登记注册，而民政部门对婚姻介绍活动进行指导、管理和监督。❷ 2002年11月，国务院实行行政审批制度改革以后，取消了民政部门对国内婚姻介绍机构的前置审批权，只需到工商部门申请工商登记或到民政部门申请民办非企业单位登记就行，而跨国的婚姻介绍则仍须到民政部门先行审批。由此，国内婚姻介绍机构普遍处于监管混乱的状态，导致出现了一系列问题。

互联网时代，"网络红娘"兴起之后，传统婚姻介绍机构的这些问题依然延续到了婚恋网站上。除此之外，还有"红娘"资质的问题。在传统社会中，媒婆作用的发挥主要以个体的能力大小为基础，个人的人缘关系、信息资源、口才、协调能力都因个体的不同而有差异。婚介机构出现后，开始有了专门的

---

❶ 高智新. 传统婚介所门庭冷落陷窘境 [N]. 德州晚报, 2016-04-12 (6).
❷ 国务院办公厅. 国务院办公厅关于加强涉外婚姻介绍管理的通知 [EB/OL]. (1994-12-06). http://www.gov.cn/xxgk/pub/govpublic/mrlm/201012/t20101202_63010.html.

婚介人员，并有了相关的职业性要求。比如按照中国 2009 年实施的《婚姻介绍服务》（GB/T 23861—2009）的规定，婚介服务人员应持有婚介师、婚姻家庭咨询师、心理咨询师等相关职业资格证书。❶ 与传统的媒婆相比，婚介机构的从业人员有了更为专业、统一的知识以保障其服务的专业性。婚恋网站出现之后，由于最初网站服务内容的定位与传统婚介机构有所不同，因而其从业人员的资质较为混乱，经过一段时间的发展之后才逐渐正规化，从业人员获得专业培训，婚恋网站获得婚介执照。

不过，虽然具有婚介执照并发展迅速，婚恋网站的经济性不断凸显，并成为其主要属性，但由于网络信息的公共性以及婚恋问题的公共性，婚恋网站在发挥"红娘"作用的过程中，仍然无法完全脱离公益性，并面临公益性与经济性之间的矛盾冲突。

一般而言，"信息"是婚介机构的重要资源，也是其追求经济利益的重要基础。但与传统婚介机构所处的时代背景不同，婚恋网站所处的互联网时代是信息极大丰富的时代，网络空间中的信息具有极强的公共性和公益性。尤其是随着互联网发展由 Web 1.0 时代进入 Web 2.0 时代甚至 Web 3.0 时代，社会大众共同参与到信息生产和信息传递中来，如果哪个互联网公司忽视了这一事实，期望以某些信息为盈利基础，必然会与信息的公共性、公益性相违背，并导致出现一系列问题，"魏则西事件"❷ "百度'血友病吧'被卖事件"❸ 也反映了这一问题。也即当互联网公司在"大众生产、万众消费"的信息时代，将"信息"这一具有公共性、公益性的资源占据转化为盈利基础的话，必然会面临相应的矛盾冲突。

同时，就婚恋问题而言，由于婚恋问题是婚姻家庭问题的重要内容，家庭又是社会的重要组成单元，因而当今社会大规模单身群体的婚恋问题具有较强的公共性，这便需要动员公益力量参与进来而非仅依靠经济属性较强的互联网企业。"某软件创始人自杀事件"发生之后不久，2017 年 9 月 18 日，民政部网站公布了共青团中央、民政部、国家卫生计生委下发的《关于进一步做好

---

❶ 刘子倩. 网络婚介：看上去很美 [J]. 中国新闻周刊，2011（19）：36-39.
❷ 本书第七章对该事件有详细介绍、分析。
❸ 本书第八章对该事件有详细介绍、分析。

青年婚恋工作的指导意见》(以下简称《意见》)❶,明确要求促进婚恋市场规范发展。该《意见》提出,整合民政部门、团组织、市场机构、社会组织的阵地和平台资源,打造一批便于青年参与、服务实效显著、有较高诚信度的婚恋公益服务平台;建立健全婚恋交友信息平台、婚介婚庆服务机构的行业标准体系和监测评估体系;加强婚恋市场秩序的日常监管、婚恋服务质量的动态评估,拓展群团组织、青年、第三方机构参与评价的渠道等。这体现出相关政府部门对规范婚恋市场的重视,也说明了婚恋问题的公共性、公益性。

二、信息信任与信息能力

前互联网时代,除了报纸、广播、电视等大众传播媒介之外,人际交往也是人们发布、接收、传递信息的重要途径之一。人们主要是基于对信息传播媒介或人的信任程度,而形成对信息的不同程度的信任。因而,对大众传媒的信任和人际信任便成为信息信任形成的重要基础。

互联网时代,互联网这个新媒体一出现,便成为继传统的报纸、广播、电视三大媒体之后的"第四媒体"。凭借于对信息的大容量存储、迅捷传递能力,互联网成为人们获取信息的重要来源。"信息"是网络空间中的重要资源,每个人只要进入互联网,便会通过多元化的互联网应用平台直接面对大量信息。由于互联网的平等性、自由性、开放性,每个人都可以在互联网上相对自由地发布、获取、传递信息。与传统的人际信息传递不同,网络空间中信息接受者和信息发送者不需要建立关系,便能产生信息的发出和接收行为。同时,由于网络空间中存在大量的互联网应用平台,各应用平台对信息的传递过程也都各不相同,因而,人们也无法简单地如同传统媒体时代基于对媒体的信任而建立信息信任,更多的人需要依靠自己的能力对信息进行识别并决定是否信任。互联网时代,"信息信任"问题逐渐凸显并成为社会信任的重要问题,"信息能力"也逐渐凸显并成为人们应该拥有的重要能力。

一般而言,互联网时代中"信息信任"问题的凸显与信息筛选机制的变

---

❶ 共青团中央,民政部,国家卫生计生委. 三部门发布《关于进一步做好青年婚恋工作的指导意见》[EB/OL]. (2017-09-18). http://www.gov.cn/xinwen/2017-09/18/content_5225967.htm.

化有关系。在社会发展变迁中，随着信息传播方式的不同，信息筛选机制也各有不同。前互联网时代，信息筛选机制分别体现为人、报纸、广播、电视等，人们接收到的信息也都是通过这些有限的信息传播机制筛选之后的信息。并且由于信息传播方式的局限，人们接收到的信息总量是非常有限的，信息来源非常单一，信息内容也相对简单。但是进入互联网时代以后，大数据时代到来，在网络空间中，每时每刻都会有大量信息出现，个体直面大量信息成为普遍现象。虽然，传统的信息筛选机制如报纸、广播、电视等依然在发挥作用，但互联网传媒的作用最为显著，人们越来越多地选择通过互联网获取更多信息。而互联网上呈现的大量信息都是十分复杂的，来源不一、真假难辨。尤其是在一些即时互动社交平台，信息普遍都是未经仔细筛选便直接呈现。由此，互联网时代，如何信任信息、信任哪些信息等"信息信任"问题日渐凸显。对于发挥"网络红娘"作用的婚恋网站来说，其呈现出的用户相关信息也涉及这个问题。因而，如何建立一个严密的信息筛选系统来提高婚恋网站信息的可信度，便成为婚恋网站今后发展过程中的一个必要内容。

但从另一个角度而言，信息是婚恋网站的重要资源，信息越多便意味着婚恋网站资源越多，越能吸引人们的注意。因而从经济属性而言，婚恋网站是非常鼓励单身青年们注册会员、登记个人信息的。如果通过设置一些审核条件和登记门槛来进行信息筛选，便会直接影响网站用户数量的增长。因此当有用户受骗后向婚恋网站举报，同时打电话给网站上的客服时，却"并没有实际效果"，并且该名行骗者"还在骗人"。❶

除了信息筛选机制之外，与信息信任相关的另一个问题便是信息能力。信息能力是针对互联网用户而言的。与前互联网时代相比较，互联网时代中个体自身开始成为信息筛选的重要力量之一。在"某软件创始人自杀事件"中，苏某是通过婚恋网站认识了翟某，但事后发现翟某的真实信息与登记在网站上的信息有多处不符，加之后来由于两人离婚过程中众多事情的发生，苏某在自杀前写了一份"事件经过"，觉得"自己的选择错了"。该事件便在一定程度上反映了互联网时代中信息能力的重要性。这是由于对于婚恋行为而言，即使婚恋网站对信息进行了严密筛选，但是依然无法真实呈现使用真实信息注册登

---

❶ 童倩，杨利伟. 揭秘婚恋网站实名认证"生意经"[N]. 中国青年报，2017-09-26 (9).

记的用户的真正动机和目的。

信息能力是伴随着互联网时代的出现而对社会成员能力提升的必然要求。大概而言，信息能力主要体现为发布、获取、传递信息三个阶段的能力。发布信息能力主要体现为熟练使用计算机、手机、平板电脑等上网设备，熟悉各个互联网应用平台，熟知发布信息的程序等。获取信息能力主要体现为搜索、识别信息的能力，包括熟练使用多元化互联网搜索平台，熟知各搜索平台信息数据的情况，采取多途径对信息进行有效识别等能力。传递信息能力主要体现为作为信息中介者传递有效信息的能力，包括熟练使用互联网信息传递平台，熟知互联网信息传递规范，具有信息传递前识别筛选信息的能力等。

在"某软件创始人自杀事件"中，苏某与翟某在确定婚恋关系之后，既没有去过她的单位，也没有见过她的同事和朋友，只是了解到她有两个微信号，不仅缺乏对翟某微信发布内容的有效识别，而且在很多方面包括婚姻状况、年龄、恋爱经历、使用婚恋网站服务的时间都没有进行信息查证。该事件发生之后，有人还指出了在婚恋网站上提高信息识别能力的一些经验，比如对于婚恋网站上呈现的相关信息要提高警惕性，注意筛选、识别信息，尽量不去关注婚恋网站中拥有美颜照片、网红脸照片的用户，而是多关注一些发布朴实生活照片的人等。

三、加固网络婚恋的社会根基

网络婚恋是互联网时代出现的新型婚恋现象。借助互联网技术，虚拟的网络空间成为人们开展交往的重要平台和空间。对于婚恋行为而言，尤其是对于成为大龄青年的单身群体而言，在繁忙的工作之余，在紧张的生活节奏之外，互联网成为人们确立婚恋关系的重要媒介与平台。但由于网络空间的虚拟性，以婚恋网站为中介的网络婚恋也相应出现了一系列的"浮萍化"问题。而对于这些问题，需要从加固网络婚恋的社会根基层面开展相应工作。

在"某软件创始人自杀事件"中，苏某与翟某相识于婚恋网站，相识60多天便领取结婚证，随即又在39天之后离婚。在这一过程中，苏某发现翟某的真实信息与当初在婚恋网站上登记的信息不符，两人交往过程中，苏某也没有去过翟某的单位，这都反映出网络婚恋的"浮萍化"，也即网络婚恋社会根基的薄弱。

对于婚恋行为而言，社会根基主要体现为社会层面的一些约束、限制、监督。加固网络婚恋的社会根基，即通过一系列机制的形成，建立网络空间婚恋行为与现实空间婚恋行为之间的对接机制，从而摆脱网络婚恋的"浮萍化"，使其具备坚实的社会根基，成就更美好的网络姻缘。

首先，建立或完善相关法律是巩固网络婚恋的社会根基的主要内容之一，主要体现为通过法律规范等对不良婚恋行为问题进行约束和监管，从法律层面对婚恋交往过程中的一些违法犯罪现象进行防范和监管。这便需要基于互联网时代婚恋行为的种种变化，适应社会发展的需求，制定或完善相应的法律规范，更好地规范网络空间中的婚恋行为。

其次，大数据的使用也是巩固网络婚恋的社会根基的主要内容之一。这主要是指充分利用互联网时代的信息优势和大数据优势，通过一定技术手段的使用，能够对一些具有虚假婚恋行为不良记录的网站用户进行相应的提醒和处理；同时，能够建立一些具有公共性、公益性的数据查阅网站，随时为一些具有查阅需求的用户提供信息查阅服务，利用大数据在网络空间中对一个人的数据还原能力，更好地、尽早地识别出一些具有婚恋不良行为的人员，避免出现更严重的问题。由此，将现有婚恋网站联合起来，建立一个信息共享平台，实现各婚恋网站积累的打击婚骗的经验、不良用户黑名单、不良信息数据库等方面的信息共享，通过大数据实现对任一网络用户的"现实化"，即还原其现实社会中的真实信息，这在一定程度上也是巩固网络婚恋的社会根基的重要表现。

再次，传统文化的力量也是巩固网络婚恋的社会根基的重要资源之一，主要体现为通过对传统婚恋文化与现代婚恋文化的结合来建立网络婚恋的文化根基。"失范"是经典社会学家涂尔干基于传统社会向现代社会的转型提出的重要社会概念，他认为社会转型时期的"失范"是导致自杀数量上升的原因之一。简单而言，"失范"即传统规范的效力逐渐弱化、社会控制力逐渐下降的同时，新的社会规范又没有形成，在这一过程中，人们的社会行为失去相应规范的约束，从而产生一系列社会问题。对于婚恋现象而言，改革开放以来，社会的发展变迁不断加速，现代化、城市化、网络化、全球化导致社会各层面发生了重要变化，婚恋时序也受到影响。传统文化习俗规定的婚恋时序逐渐失去

第五章　婚恋家庭：网络婚恋的兴起背景及社会影响　　// 121

约束力，新的婚恋现象如未婚先孕、先孕再婚、大龄未婚、不婚群体、丁克家庭等层出不穷，需要结合传统文化与现代社会变迁，推动形成新的婚恋规范，进一步规范当今社会的婚恋行为。

　　最后，需要巩固网络空间的社会根基。互联网时代，网络空间具有一定虚拟性，这使得以网络空间为平台开展的种种行为也具有相应的"浮萍化"。因而，如何增强网络空间的社会根基，使现实社会空间中的法律规定、文化习俗等制约机制同样适用于网络空间，便需要从个体、网站两方面开展工作。对个体而言，需要加快婚恋网站登记的实名化进程，与政府相关部门的实名认证系统联网，实现婚恋网站用户的实名注册。对于婚恋网站用户的其他信息，如婚姻状况、财产状况等，也要具有相应审核系统和筛选机制等。对婚恋网站而言，需要进一步明确该网站归属互联网公司的业务范围，并形成相应监管体制，对于一些婚恋网站多发的违法违规行为，包括过度高价、恶意泄露网站用户个人信息、对谋求经济利益进行不当经营、疏忽或纵容对网站用户违法行为的审核监管等，在法律缺失、监督不足、维权困难方面进行有效作为，促进婚恋网站诚信、规范、有序地运营。

第六章
城乡结构：短视频时代的城乡互动与关系重构

在之前发展的基础上，2019年直播电商的迅速发展尤其引发社会关注。从重量级网红"李子柒"到"口红一哥"李佳琦，再到在短视频平台走红的"巧妇九妹""手工耿"等，还有越来越多的正在投入这场直播电商热潮的电商用户、普通社会成员等。在这场直播电商的热潮中，伴随着互联网用户开展的短视频、直播、电商等相关网络消费活动，城乡互动的内容、形式、过程都发生了一定变化，进而城乡关系也在一定程度上发生了重构。本章以2019年"李子柒现象"为例，分析社会成员的网络消费对于一定层面内城乡结构的影响。

李子柒现象

2019年年底，作为重量级网红，在国外社交网站YouTube上爆红的"李子柒"引发舆论关注。李子柒是知名的短视频博主，她拍摄的有关中国传统衣食住行文化的视频在海外引起热烈反响，获得了大量外国网友的关注和赞扬，激起了人们对中华传统文化的兴趣和热爱。在大量社会关注之下，"李子柒是不是文化输出"的话题引发了网络舆论。随后，《人民日报》《光明日报》等媒体也对此事进行回应。李子柒的作品被共青团中央官方微博等众多主流媒体肯定、转发。李子柒在2019年年末成为年度人物，被誉为最会讲中国故事的网红。

李子柒，1990年出生于四川绵阳，从小与爷爷奶奶一起生活。爷爷是个

第六章 城乡结构：短视频时代的城乡互动与关系重构

厨师，从小打下手的李子柒也耳濡目染，慢慢学会了做饭做菜。小学五年级时，爷爷去世，奶奶独自一人抚养她继续上学。后来为生活所迫，14岁时，李子柒到城市打工，从事的工作包括饭店服务员、酒吧驻唱等。2012年，由于奶奶生病，李子柒决定放下城市里的工作和生活，回到了奶奶身边，与奶奶一起生活。

为了赚取收入，李子柒开了网店，但生意一直没有太大的起色。2015年，受弟弟的影响，李子柒开始接触短视频平台"美拍"。后来从2016年起，看到弟弟因在美拍上弹琴唱歌有了很多粉丝，她为了进一步提升淘宝店的生意，开始尝试在美拍上拍摄。关于拍摄内容，她想着自己会做饭，可以拍做饭，自己家里种了很多菜，干脆从摘菜开始拍起，让城市里的人看看乡村一年四季都有哪些菜。农村的素材非常多，喜欢农村、喜欢种花种草的李子柒便从最熟悉的农作物、家常菜入手，开始拍摄视频并上传到美拍，后来又上传到新浪微博等平台。2016年9月，新浪微博开始寻找优秀的短视频创作者进行资源扶持。正是新浪微博等一大波资源的扶持，加速了她的蹿红，使她成为"头部网红"❶。

随着社会知名度的提高，李子柒在获得大量网友支持的同时，也有网友开始质疑她所拍摄视频的真实性，包括是否反映了真实的农村生活、背后是否有拍摄团队等。2017年5月，李子柒停更了一段时间的视频。停更视频事件之后，李子柒选择与专业制作团队合作，开始从UGC（用户生产内容）模式向PGC（专业生产内容）模式转变，视频的质量也大幅提高。2017年7月20日，李子柒成立了四川子柒文化传播有限公司，微念科技持股51%，李子柒持股49%。李子柒获得了更高知名度，被称为"2017年第一网红""2017年超级红人节十大美食红人"等。

随后，李子柒的视频开始在海外视频网站发布，并逐渐引起关注。她的视频靠场景取胜，很少对话，外国观众不用懂中文，也能看懂视频内容。2019年12月，"李子柒是不是文化输出"的话题登上微博热搜。支持者认为，李子柒宣传了中国传统文化，引发了国外观众对中国文化的关注和喜爱，属于文化输出。反对者则主要认为，视频里的内容传播过于肤浅简单、深度不够，在

---

❶ 头部网红，是网友对在社交平台粉丝量排名前10位的网红的通用称呼。

传播上注重展现乡土生活，缺乏对于现实更为丰富全面的表现，因此不能算是文化传播。在微博上，"李子柒是不是文化输出"话题的浏览量已攀升至8.8亿。

这个话题引起了主流媒体的关注，并对李子柒给予了肯定。《光明日报》指出："李子柒的作品不是宏大叙事，其记录的是一个普通中国人的日常生活，但却恰恰展现了中华传统文化中的人文精神，而这正是中华文化与世界文明对话的重要价值共识。"❶ 央视新闻评论："没有热爱就成不了李子柒，外国人看懂了李子柒的热爱，也解释了为什么李子柒的很多作品没有翻译却依旧火遍全球，没有一个字夸中国好，但它讲好了中国文化和中国故事。"❷ 新华社评论："李子柒的视频打开了一个精巧别致的窗口，和众多精彩纷呈的窗口一起向世界展示了一个多元而美丽的当代中国。"❸

2019 年，在面临争议的同时，李子柒也获得了诸多赞誉。2019 年 9 月 5 日，福布斯中国发布最新中国意见领袖榜，李子柒高居生活方式榜的榜首。李子柒获评 2019 年《中国新闻周刊》年度人物，获颁文化传播人物奖，颁奖词说她是"一位现实中的造梦者，也是一位让梦想成真的普通人，在乡涧山野之间，她把中国人传统而本真的生活方式呈现出来"。同时，她还获得 2019 年超级红人节"最具商业价值红人奖""成都非物质文化遗产推广大使"等。腾讯发布的《2019 腾讯视频年度指数报告》显示，李子柒的综合影响力指数登上短视频达人榜，只要发布一条视频，一夜播放量就能达到 1700 万次，播放量最高的视频达到 3 亿次。❹ 从 2016 年第一次发布短视频开始，一直到 2019 年，李子柒经历了从乡野丫头到人气网红，从美食博主到中国传统文化代言人的重要转变。

从 2016 年的短视频元年发展至今，短视频在我国经历了一个迅猛的发展阶段，用户规模迅速扩大，普及范围遍及城乡。在短视频平台上，城乡居民通

---

❶ 钟超. 李子柒为何能走红海外 [N]. 光明日报，2019-12-09 (2).
❷ 知非. 我也蛮自豪，因为我就是李子柒作品背景里的一个点 [EB/OL]. (2019-12-10). https://baijiahao.baidu.com/s?id=1652491232430581949&wfr=spider&for=pc.
❸ 辛识平. 读懂"李子柒"，此中有真意 [EB/OL]. (2019-12-10). https://baijiahao.baidu.com/s?id=1652576212972992285&wfr=spider&for=pc.
❹ 吴丹. 李子柒背后的两千亿短视频市场，碎片化时代如何成为赢家 [N]. 第一财经，2020-01-15.

过短视频进行社交、娱乐、消费等，开展了活跃、多元的互动。其中，由于应用平台的广泛普及、短视频表达门槛的大幅降低，大量"新三农"短视频兴起，使得原先处于"中心—边缘"城乡关系格局的农村的地位发生改变，城乡关系在社会、文化、经济层面也发生了一些变化和重构。不过，这些变化背后的城乡现实差距却仍需要相关政策扶持以获得根本改变，才能从"虚拟"走向"现实"，进而实现城乡一体化发展，建设美好城乡社会。

第一节 城乡中国的"短视频+"

当前我国已经步入"城乡中国"发展阶段，具有结构转变最快、要素流动最活跃、城乡关系变化最大的特点。❶ 伴随着城乡社会的快速变化，包括李子柒短视频在内的"新三农"短视频大量兴起。此类短视频的增多甚至爆红，显现了城乡中国发展阶段中城乡社会的发展变化，以及城乡之间的活跃互动关系。

一、"李家有女，人称子柒"

"李家有女，人称子柒"，李子柒在哔哩哔哩（bilibili，即 B 站）上这样介绍自己。后来，李子柒成为知名网红之后，这一介绍也被网友们熟悉。网友们赞扬她是"世间有佳人，遗世而独立"。在粉丝眼中，李子柒优雅质朴，如同泼墨山水，宁静悠远。这样的介绍与其视频内容呈现的传统文化意蕴非常一致。

李子柒短视频以古风美食为主，同时涉及中国传统的衣食住行，对中国传统、古朴的乡村生活进行了视频描述和呈现。以微博平台为例，从 2016 年 4 月开始，截至 2020 年 1 月底，李子柒在微博上发布的视频共有 143 个，时长 3~12 分钟不等。视频内容不仅展示了各种传统农村食品的做法及过程，包括腌笃鲜、酱腊肉、柿子饼、腊八粥、兰州牛肉面、佛跳墙、荷叶叫花鸡、重阳

---

❶ 刘守英."城乡中国"正在取代"乡土中国"[N]. 北京日报, 2019-08-26 (14).

糕、桂花酒等，还展示了许多传统文化器物的制作过程，包括竹制家具、文房四宝、手工造纸、布料染色等，成为独具特色的东方美食生活 KOL❶。此外，李子柒短视频内容还呈现了口红纸、蜀绣、窗花、千层底布鞋等传统民间工艺，以及贴春联、插艾草、吃月饼等传统节日习俗。

在短视频中，李子柒穿着古风服饰，以自己生活的一个四川小山村为主要场景，呈现自己在大自然里寻找食材、制作烹饪的生活方式，使用清新、唯美、诗意化的镜头展示了万物生长、春华秋实、夏星冬雪，用视频描述了一种干净清新、真实富有美感的田园生活美景。4月酿枇杷酒，5月酿樱桃酒，7月做七巧饼，8月做鲜肉月饼，其具有强烈时空感、贴近自然、与家人相伴、辛勤劳作、怡然自足的传统生活方式，极大地吸引了网友们的关注。尤其是对于居住在城市的早出晚归的网友而言，李子柒的短视频给他们焦虑的现代生活带来了一些"慢生活"的安慰。

目前，李子柒短视频播放的平台非常多元，除了最开始的美拍、微博外，还包括快手、抖音、西瓜❷等短视频平台，多元播放平台使其视频能够通过粉丝的点赞、转发、评论等实现裂变式传播，粉丝规模越来越大。截至2020年2月25日，李子柒的新浪微博粉丝数为2325.3万，快手粉丝数为593.4万，抖音粉丝数为3898.4万，西瓜粉丝数为3898.4万。❸ 2017年，李子柒短视频开始进入海外短视频平台YouTube和海外社交平台Facebook，并迅速在国外观众中产生影响。其中，在YouTube上，李子柒的短视频发布不到1年时间，粉丝已经超百万。截至2020年2月13日，李子柒在全球视频网站YouTube上的粉丝数为884万，比美国有线电视新闻网（CNN）的粉丝数还多30万。❹ 视频观看量累计9.7亿次，单个视频的播放量经常破千万。

2019年年底，伴随着"李子柒是不是文化输出"的话题争议，以及后来主流媒体的肯定，李子柒的粉丝规模越来越大，其短视频的播放量也越来越多。其实，在各大短视频平台，还出现了许多与李子柒同类性质的短视频网

---

❶ KOL, Key Opinion Leader 的缩写，意为关键意见领袖，即拥有更多、更准确的产品信息，并为相关群体所接受或信任，对该群体的购买行为有较大影响力的人。
❷ 前身为头条视频，上线于2016年5月，2017年6月8日正式升级为西瓜视频。
❸ 粉丝数来源于各个短视频平台上李子柒主页的粉丝数显示，统计时间截止到2020年2月25日。
❹ 李司坤. 身边人讲述真实的视频博主李子柒［N］. 环球时报，2020-02-13.

红，比如滇西小哥、华农兄弟、李佳琦等。他们的走红与短视频的城乡普及密切相关。从 2016 年短视频元年开始至今，短视频经历了一个迅速发展的阶段，在城乡范围内迅速普及，迅速增长的用户群体是众多李子柒们获得大规模粉丝的重要群体基础。在这个过程中，快手和抖音无疑是众多短视频平台的重要代表，尤其是在城乡短视频流行过程中产生了重要作用。

二、短视频的城乡大流行

2019 年，短视频成为互联网时代最突出的发展内容，短视频 App 在城乡用户群体中快速普及。据统计，我国短视频用户规模为 6.48 亿，占网民整体的 75.8%。❶❷ 2019 年上半年，短视频位列手机网民经常使用的 App 的第三位。❷《2019 中国网络视听发展研究报告》指出，网络视频（含短视频）是仅次于即时通信的中国第二大互联网应用，短视频成为网络视频的生力军。❸ 从平台应用来看，会分别在 12 点、21 点出现使用小高峰，这比较符合大部分网民闲暇娱乐的时间规律，表明短视频已经成为人们生活中的重要内容。从城市到乡村，从年轻人到老年人，都在手机上滑动手指观看自己喜欢的短视频。目前大家比较常用的短视频平台主要包括美拍、秒拍、快手、抖音、西瓜视频等，其中，快手和抖音作为短视频平台中的超级霸主，在推动城乡用户群体规模扩大的过程中发挥了重要作用。李子柒在快手和抖音上都注册了账号。其中，抖音平台的视频最早发布于 2017 年 12 月 11 日，快手平台的视频最早发布于 2018 年 7 月 30 日。

快手最初是一个纯粹的工具应用平台，2012 年转型为短视频社交平台，用于用户记录和分享生活，在 2017 年以其大众化、草根性的内容生产而被人们了解，并拥有了较大规模的用户群。2018 年经过对其"三俗❶内容"的整治

---

❶❷ 中国互联网络信息中心. 第 44 次《中国互联网络发展状况统计报告》[EB/OL]. (2019 – 08 – 30). http://www.cnnic.net.cn/hlwfzyj/hlwxzbg/hlwtjbg/201908/P020190830356787490958.pdf.

❸ 李雪艳.《2019 中国网络视听发展研究报告》发布：全民短视频时代来临 [N]. 成都日报，2019 – 05 – 28 (2).

❶ 三俗是指庸俗、低俗、媚俗。

之后❶，快手逐渐步入了比较规范的发展阶段。2019年快手平台上的短视频内容有所改变，也具有了较强的用户留存能力，日活跃用户数超过2亿。其中，小镇青年❷是快手的重要用户群体。据统计，每年约有2.3亿小镇青年活跃在快手平台，发布视频28亿条以上，视频播放次数高达26000亿。❸ 快手的发展采取了农村包围城市的途径，最初的"喊麦"等视频内容的传播主要集中于村镇、三四线城市，在一二线城市尤其是城市年轻人群体中的传播较少。

抖音上线于2016年9月，最初是一个专注于年轻人的音乐短视频社区平台。抖音的发展策略主要是针对年轻人群体，具有新潮、娱乐化的定位理念，比较符合城市年轻人的娱乐文化需要。在抖音平台上，"80后""90后""00后"占比超过80%。用户可以通过这款软件选择歌曲，拍摄音乐短视频，形成自己的作品。2018年春节后，抖音突然爆红，用户量迅速增加，其风格设计与场景应用催生的原创性视频内容突破了阶层和群体限制，迅速在社会大众中流行。2020年1月8日，抖音和火山小视频整合升级，火山小视频更名为抖音火山版，并启用新图标。抖音起步于短视频被大众逐渐接受的阶段，年轻化的定位理念使其在城市年轻人群体中迅速流行开来，同时在视频内容上，对于传统网红文化的草根性进行了升级和超越，获得社会大众的接受和认可。在城市文化旅游宣传、城市品牌营销中，抖音发挥了意想不到的作用，出现了一系列的"网红城市"，相关的视频内容有"重庆轻轨穿大楼""西安不夜城""青海茶卡盐湖""济南连音社"等，还有一系列的"网红食品"，吸引年轻人纷纷前去"打卡"。

快手和抖音等短视频App借助美颜等技术，使得制作视频的门槛大大降低。尤其是随着智能手机的技术日益增强，任何一个用户，随手拍拍日常的生活图景，就能拍出具有一定水平的视频，都有机会成为网红。相比于文章阅读和图片观看，短视频浏览非常方便，点击一下就能观看，操作门槛很低，男女老少都能操作。另外，短视频的时长较短，从几秒到几分钟，更契合当前人们快节奏、碎片化的生活状态，使得观看者既能获得短暂的娱乐放松，又不会被

---

❶ 楚仑.重拳整治互联网"三俗"[N].人民法院报，2018-08-21.
❷ 即"居住在三线及以下城区用户及县城、镇区、乡村、城乡接合部地区的18至35岁青年"。
❸ 田沐冉.快手《2019小镇青年报告》发布：大数据告诉你小镇青年什么样[N].中国青年报，2019-05-05.

占用太多时间。

基于用户群体规模的不断扩大,短视频的制作者越来越多,短视频的内容来源非常多元,涵盖了美食、运动、教育、宠物、美妆、旅行、搞笑等几乎所有的日常生活内容。短视频成为人们在网络空间中进行生活呈现和个性表达的重要途径之一。

三、短视频时代的全民表达

经历了文字表达、图文表达,进入短视频时代后,短视频开始成为人们表达的途径之一。短视频指在各种新媒体平台上播放的、适合在移动状态和短时休闲状态下观看的、高频推送的视频内容,时长一般在5分钟以内。视频发布者一般包括普通用户、专业用户、专业机构以及内容整合机构。短视频网红普遍经过了一个由普通用户到专业用户的发展过程,比如李子柒最初就是作为普通用户发布短视频,后来获得专业机构的协助才成为专业用户。

短视频在我国的发展大致经历了五个阶段:2004—2011年为萌芽期,以《一个馒头引发的血案》为起点,互联网用户逐渐养成了在网站上观看视频的习惯;2012—2015年为探索期,快手、秒拍、美拍等视频平台发展起来,短视频逐渐获得用户的接受;2016年为快速崛起期,"papi酱"走红网络,抖音、梨视频上线,短视频App爆发式增长;2017年为发展黄金期,短视频红利凸显,资本大量进入,平台布局明显,短视频用户规模、使用时长大幅增加;2018年为成熟期,市场格局逐渐稳定,头条视频、土豆视频转型升级,商业变现模式逐渐稳定。❶

短视频的发展非常迅速,用户规模不断扩大,其应用也在城市和乡村都实现了广泛普及。李子柒是乡村短视频的代表,与之相对,"办公室小野"可以看作城市短视频的代表。短视频在农村的普及源于短视频平台的市场下沉。快手发展较早,是形成短视频市场下沉的重要代表。一些农村年轻人通过短视频中异于常人的行为吸引关注和点赞,使得短视频发展的最初阶段体现为"三

---

❶ 前瞻产业研究院. 2019年中国短视频行业研究报告[EB/OL]. (2019-09-12). https://www.sohu.com/a/342852868_505837.

俗"的特点，用户规模增长有限，用户主要集中于下沉市场。抖音的兴起虽然比较晚，但在用户吸引方面具有很大影响，其潮流化的定位迅速吸引了一二线城市的年轻人，并且随着5G技术的出现而迅速在城乡流行开来。短视频具有娱乐休闲功能。正是基于其较强的娱乐能力，用户才能够利用碎片化时间进行娱乐休闲，短视频的用户规模正日益扩大。

短视频有较强的社交属性。对于用户而言，短视频平台就好像一个大型的具有综合功能的"超级朋友圈"，通过关注功能，便可以建立自己的视频朋友圈，短视频是其中的主要话语表达方式。短视频平台是一个陌生人和熟人混合的视频社区。在浏览短视频过程中，会看到视频朋友圈中朋友上传的短视频。短视频下面有评论功能，人们可以通过评论交流观点、沟通价值观，开展多对多的交流。相对于图文，短视频更为生动形象，能够迅速引起关注，并在多元社交平台上转发，进行裂变式传播。在裂变式传播的作用下，有时一个行为会在大规模用户群体中产生从众模仿，产生大众"狂欢"效果。

短视频还具有消费功能。对于观看者来说，短视频有助于了解商品的制作过程、学习使用方法，刺激了消费欲望。观看者对于短视频中展示的商品，会有消费的需求。抖音上出现了重庆、西安等网红城市，也出现了一些网红食品、网红景点。还有一些短视频用户把自己打卡网络城市、网红食品的视频传到平台，这便更加会产生连带的消费"共振"。对于制作者而言，短视频的"带货"等功能可以带来一定收入。李子柒最初拍摄视频时是为了促进淘宝店生意，后来这些视频给她带来了大规模的粉丝群和知名度，2017年与专业机构合作之后，李子柒成立了公司，注册了商标，打造了品牌，通过代言广告、销售商品获得经济收入。类似的还有"口红一哥"李佳琦。作为2019年非常火爆的销售网红，李佳琦通过短视频销售美妆等商品，获得了较高的收入。也有越来越多的人开始尝试拍摄短视频来促进销售，农民拍摄种粮食视频销售食品，渔民拍摄捕海鲜的视频售卖海鲜等。

在短视频平台上，用户通过短视频"记录生活，表达自我"，短视频成为用户最重要的表达方式。短视频一方面可以融合语音、图片、文字等多种表达媒介；另一方面通过一定场景的塑造和动态画面的呈现，短视频又能将观看者带入一定场景，传递一种体验，产生"同在感"。

第二节 "云体验"中的生活分享

短视频平台上内容丰富的短视频,共同打造了一个云空间,用户通过观看视频可以获得相应的"云体验"。"云"特指大规模的信息或数据处理系统,消费者只要接入某一个云端,就可以利用这种大规模的信息获取及数据处理能力,达到自己的目的。"云体验"即不用到达实际的场景,通过观看视频获得一种类似"身临其境"的体验。城乡用户通过短视频记录生活,表达自我,在"云体验"过程中开展互动,进行分享。

一、"田园网红"的城乡底色

李子柒的短视频给观看者传递了一种"田园诗意"的美好体验,尤其引发了城市年轻人的情感共鸣,圈粉无数。短视频是李子柒表达的一种方式,她的视频表达之所以能在短视频中脱颖而出,除了拍摄方面的特长之外,与李子柒的城乡经验也有一定关系。一方面,乡村的成长经历使她最熟悉农村;另一方面,城市工作生活经历又使她作为返乡青年,能够从城市的视角去发现农村生活的独特价值。

李子柒具有乡村的成长经历,这使她拥有浓厚的生活体验和深切的乡村情感。"农村这一切自给自足的东西,对于我来说,它是耳濡目染的、知根知底的,甚至是怀着敬畏之心的。"❶ 她的短视频内容,除了少数专门需要学习的内容之外,几乎都是她最熟悉的生活内容。2016 年 3 月,李子柒拍摄了第一条视频"桃花酒"。她自述那时桃花正盛开,自己又喜欢酿酒,因此便从这个最熟悉的领域开始拍摄。❷ 作为在农村成长起来的女孩,李子柒具有很多同龄人都很佩服的宝贵品质,比如坚强和吃苦耐劳。在她的视频中,也可以看到她的手纹理粗糙,手上还不时会有伤口。据报道,她为了拍摄《兰州牛肉面》,事先经历了反复练习的过程,经常练得两只胳膊抬不起来;文房四宝的制作,

---

❶❷ 7 问李子柒:独家揭秘视频背后的她 [J]. 中国妇女, 2020 (1).

需要提前两年准备；学习和制作一件"蜀绣衣"，花了整整一年时间。

李子柒拥有8年的城市打工经历，熟悉互联网，学习了一些制作方面的知识和技术，具有制作方面的基础，后来又通过自学掌握了一些拍摄技巧，这使她可以从城市返乡青年的视角发现农村生活的另一种安逸和舒适，从而能够借助构图、镜头、后期制作等方式用短视频将自己的想法予以表达。作为"90后"年轻群体中的一员，李子柒契合了年轻人在现代社会中对于传统文化的认知需求，通过短视频，把美食制作、衣物漂染、传统手工艺传承等生动地呈现出来。在年轻人的印象中，很多传统文化包括文房四宝、蜀绣等都只存在于书本、图片、文字中，从未真正见过，也没有机会去实践，而李子柒则通过短视频展示了制作过程，促进了知识的传播。同时，无论是美食制作还是器物制作，李子柒都向年轻人展示了生活美学和积极的生活态度，其拍摄的短视频以乡村生活为场景，散发着浓郁的乡土气息，展现了顺应自然、人与自然和谐相处的乡村生活。

在短视频平台上，还有许多以农村题材为拍摄内容的网红，也都具有城乡经历。他们都是出生于农村，在城市里打过几年工又回乡创业的年轻人，熟悉自媒体技术，了解短视频内容的拍摄切入点。比如"巧妇九妹"，视频主角"九妹"在乡村长大，具有在广东打工的经历，而其视频的发起者、拍摄者张阳城则是一个北漂归乡的年轻人，毕业于影视专业，曾从事影视传媒方面的工作，有丰富的媒体经历，2017年返乡创业后，从事一些视频或政府宣传片的拍摄。短视频兴起之后，大的网络平台纷纷重金补贴具有原创性的短视频，于是他利用自己的专业成立了短视频创作团队，利用自己在一二线城市获得的经验进行短视频拍摄和创作。具有一定专业敏感性的张阳城发现了具有典型个性特征的"九妹"，拍摄了第一个短视频，展示了"肉蛋挞的制作过程"，获得了网友关注，后来逐渐走红。

目前在农村，还有很多类似于"李子柒""巧妇九妹"的返乡农民，他们普遍具有共同的城乡经历，以"80后""90后"为主体，熟悉互联网，掌握一定的自媒体技术，正在尝试"跳出农业做农业"，他们被称为"新农人"。短视频时代，他们既是为传统农业注入技术元素、振兴农村发展的新力量，也是应用短视频表达自我、进行城乡互动的主体力量之一。

二、"新农人"社交主体性的展现

短视频时代,"新农人"运用短视频记录生活、表达自我。他们在城乡互动中具有主动性,改变了传统城乡关系中的被动状态,改变了农村的固有标签,重新建构了农村形象。

"新农人"即"新型农民",是"以区别于传统农民的生产流通方式、以全新的现代经营理念参与农林牧渔全产业链的自然人"❶,追求自主创业,具有区别于传统农民的新理念、新思维,普遍以青年人为主体,掌握一定的现代农业技术,熟悉"互联网+",正在成为现代农业建设和农村发展的主导力量。从其构成来看,"新农人"的群体构成主要包括本土农民、返乡农民、流动农民等。本土农民,即一直没有离开农村的新型农民,与传统农民相比,他们普遍具有一定的教育水平和现代农业理念,熟悉互联网;返乡农民,即具有在城市学习、务工、生活等经历,从城市返回农村的农民,是具有一定的专业技能,能够从现代城市的视角观察、发现、改变农村的新型农民;流动农民,即流动居住于城乡两地,具有返乡趋向,关注家乡发展的新型农民。

短视频时代,相比于传统农民,"新农人"对于自己的生活有了真实的主体性表达。一方面,与图文时代相比,短视频的表达门槛较低,对生活场景的还原度较高,对经验、情感的传递能力强,农村用户可以拿着手机,随时随地将自己身边的生活拍摄下来发布到短视频平台;另一方面,与"李子柒"等农村网红类似,一些"新农人"通过短视频表达自己对生活的态度、观点,对自己生活的场景实现符合自己想法的"空间再造"❷。虽然从表面上看,他们拍摄的短视频内容比较杂乱、分散,呈现了碎片化的生活片段,但是汇集到一起,却产生了"集合效果",即共同呈现了目前农村的新场景、农业的新样态和农民的新生活,展现了"新三农"的时代面貌。

"李子柒""巧妇九妹"等农村网红的"走红"过程非常类似,即最初拍摄的短视频获得一些网友的关注点赞,后来粉丝群体逐渐扩大,开始获得短视

---

❶ 李栋. 微博新农人报告暨新媒体指数大数据共享平台发布会举行 [J]. 传媒, 2014 (19): 30.
❷ 陈瑞华. 地方再造:农村青年媒介行为的文化隐喻 [J]. 中国青年研究, 2019 (2): 94–101.

频平台、专业机构等的扶持，继续拍摄更多高质量的短视频，然后吸引更大规模的网民群体关注，随即"走红"。这些农村网红的走红，以及"新三农"题材短视频的价值凸显，显示了目前的短视频时代，以城市为代表的都市生活与精英话语不再是唯一内容，以农村为代表的乡土生活与"新农人话语"开始彰显出自身价值。并且，通过短视频，"新农人"改变了过去农民群体的"被动存在""自在存在"；通过拍摄技术，用审美的视角对平庸重复的农村日常生活进行了重新审视，显现出一种"自为存在"的生活状态，构建了农村生活的"意义感"和"存在感"。

这些具有主动表达性的短视频，增进了城市居民对农村生活的了解。以前，人们普遍对城市生活不陌生，报纸、广播、影视节目等都有所展现，相比较而言，农村生活则一直处于现代话语体系的边缘位置，并且以负面内容居多。一提到农村，人们就会联想到"贫穷""落后""脏乱"等。而在目前的短视频时代中，通过短视频，城乡居民实现了场景共享、经验互通，实现了此时此地的交流，能够较大程度地了解和体验彼此生活的场域、经验、态度、情感等。通过"新农人"的短视频，城市居民更加全面、深入地了解了农村的发展变化，农村的景色、食物、生活等，农村成为旅游、餐饮选择之地，民宿、农家乐受到人们的欢迎，一些有特色的农产品也引起人们的关注。短视频平台成为城乡之间即时、便捷、直观的互动交流空间，在这个空间中，在短视频内容的场景共享中，城乡居民能够超越线下的城乡生活边界，对一些共通性的话题开展互动。

三、城乡生活边界的线上突破

通过互联网，城乡的二元区隔状态有所消解，尤其是在网红经济、短视频的拉动下，城乡二元化的生活边界逐渐被突破，身处于不同时空的城乡居民在短视频平台上形成了共同的交流空间，获得云体验，进行情感互动。

城乡的生活边界体现在地理和社会两个层面。在地理层面，交通不发达、信息不流通，"城不知乡，乡不知城"；在社会层面，生活场景不同，住房条件、公共服务设施等普遍具有差异，生活内容、生活方式和休闲娱乐也有明显差异。在持续推进城镇化的过程中，大量的农民流动到城市，农村

"空心化"问题明显,留守老人、留守儿童等问题也在一定程度上更加拉大了城乡差距。

进入21世纪以来,一系列惠民政策开始实施,主要包括:2003年,扩大农民就业、深化农村改革、增强农业投入;2006年,推进社会主义新农村建设;2018年,实施乡村振兴战略等。农民的经济收入获得较大提升,农村居民的住房条件得到改善,现代化的装修、现代化的家电一应俱全,宽带普及率提高,部分地区实施的村改居也促使农民的生活方式逐渐城市化。此外,还有高度发达的交通、快捷的通信技术,以及飞速发展的互联网,使得城乡流动加快,城乡生活差距不断缩小。

在这样的社会发展背景下,短视频时代的到来,更加促进了城乡生活边界的进一步消解。

"新农人"内容生动、丰富的短视频,增进了城市居民对乡村生活的了解,打破了原先的城乡二元结构带来的陌生感、隔阂感。在短视频"镜子式传播"的影响下,城乡居民能够较大程度地了解和体验彼此生活的场域、经验、态度、情感等,增强彼此之间的了解。短视频是城乡之间即时、便捷、直观的交流途径。短视频平台就好像一个交流空间,在这个平台和空间中,在短视频的场景共享中,城乡居民能够超越线下的城乡生活边界,对一些共通性的话题,比如美食、育儿、宠物、邻里、人情、婚恋等,通过短视频开展观点表达和沟通。

动态的短视频还有助于城乡居民形成"同在感",增进双方联系。通过音乐、动作、内容等,短视频能够在一定的场景下构建城乡居民共同参与的场域,形成"同场感"。比如在抖音短视频平台上,可能通过使用同样的背景音乐,构建出一个类似场景,然后再通过动作模仿,产生"同在感"。同时,在短视频中,人们有时使用方言进行交流,这会让观看者具有身临其境的感受,增强熟悉感。

短视频的流行使得城乡之间原来存在的陌生感、冷漠感在生活场景共享中获得了消解。城乡之间的"中心—边缘"关系也逐渐发生变化,城乡差异得到尊重和承认。尤其是一些"新农人"网红的短视频,还展现了农村生活的自然优势。比如"李子柒"的短视频,就展现了田园风光、生活美学、浓厚亲情,彰显了乡村生活的另一种价值,让城市居民认识到,农村除了"社会摇"和"土味喊麦",还有"田园诗意"和"乡土情怀"。

第三节 从"俯观"到"凝视"的文化反哺

短视频时代,"新农人"通过短视频的话语表达,展示了另一种视角的乡土文化——"田园文化"。城乡在文化层面的互动和关系中,由原来的单向传播转为双向互动,从最初的"文化俯视"开始转向"文化凝视"。

一、"文化输出"之争

2019年12月6日,"李子柒是不是文化输出"登上微博热搜。事情起源于她在全球视频网站YouTube上的爆红。她拍摄的关于中国传统美食、传统文化的短视频受到了国外互联网用户的喜爱。她发布的103个短视频,总播放量超过10亿次,单个视频的播放量都在500万次以上,甚至还有一些视频的播放量达到了千万次。

李子柒短视频在海外爆红之后,针对李子柒短视频是不是"文化输出",网友们展开了争论。支持的人认为李子柒用生动的视频影像,以受众看得懂、感兴趣的方式发挥了文化传播的作用,是代表中国文化的"新名片",因此其短视频在海外的走红是一种文化输出。北大中文系张颐武也指出,大众文化从感性上会让人形成一种文化的初步和基本印象,从而更进一步地降低跨文化传播中的折扣,也为更多的高雅文化传播打开了空间,往往能起到事半功倍的效果。❶ 也有文化学者认为,李子柒短视频对于中国农村生活予以美化,并不能代表全部农村人的生活,但其中的劳作、生活方式、饮食服饰、手工艺品等内容,却传递出中国传统文化和审美意蕴。反对者则认为李子柒的短视频不是"文化输出",因为文化输出比较高大上,内容也应该是高大上的"阳春白雪",需要高雅高级,需要展示科技、创新、发展、文化精粹等。李子柒作为

---

❶ 白瀛,余俊杰,王思北.李子柒视频海外走红怎么看[EB/OL].(2019-12-12). https://baijiahao.baidu.com/s?id=1652704758900752100&wfr=spider&for=pc.

一个网红，拍摄的短视频并非高大上，不能代表中国文化，且短视频内容并不真实，只是对农村生活的片面化反映，谈不上是文化输出，而且她的视频迎合了外国对中国生活的刻板印象，会让更多人用不发达、传统的方式看待中国。

针对这些争议，主流媒体予以关注并作出了肯定性的回应。2019年12月6日，《人民日报》微博评论，"李子柒的视频不着一个英文字，却圈了无数国外粉"❶；2019年12月9日，共青团中央微博指出，"因为李子柒，数百万外国人爱上中国"❷；2019年12月10日，央视新闻评论，"李子柒没有一个字夸中国好，但她讲好了中国文化，讲好了中国故事"❸。主流官方媒体的肯定为"李子柒是不是文化输出"的网络争议落下了定槌。获得《人民日报》、共青团中央、央视新闻等媒体的肯定性评论后，李子柒的百度指数直线上升，央视新闻评论当天，"央视评李子柒为何火遍全球"登上微博热搜第二。

"文化输出"之争的背后实际反映了两点。一是对农村真实生活的争议，二是对网红价值的争议。关于第一点，人们认为农村的真实生活比较辛苦劳累，农村的生活条件也比较差，李子柒的视频并未展现出农村的全部生活，只是有意突出了田园诗意。关于第二点，在众多网民的印象中，"网红"是一个包含负面内容的称呼，具有"虚假""浮躁"等含义，因而，当李子柒短视频在全球视频网站爆红以后，有些人开始基于其网红的身份进行质疑。其实，网红在我国也经历了一个从重人设到重内容的发展过程。李子柒作为一个网红，对于自己视频内容的质量要求非常高，视频制作的背后是辛苦的付出，一个成片近5分钟的作品，前后累计拍摄素材会达2000条之多。比如《兰州牛肉面》那一集，由于工序比较烦琐考究，查阅资料、走访调研、深入学习加上独立拍摄、剪辑到最终呈现，前后历时长达3个月，仅学二细就花了1个多月。活字印刷，李子柒光跟手艺人学习就花了3个多月，到视频剪辑发布，花了快半年的时间。制作文房四宝，整个视频的拍摄周期长达2年。酿造传统黄豆酱油，

---

❶ 《人民日报》官方微博 [EB/OL]. (2019-12-06). https://weibo.com/2803301701/Ijzx43w09?refer_flag=1001030103.

❷ 共青团中央官方微博 [EB/OL]. (2019-12-09). https://weibo.com/3937348351/IjYHGy-oi3?refer_flag=1001030103.

❸ 央视新闻官方微博 [EB/OL]. (2019-12-10). https://weibo.com/2656274875/Ik5DClKZ4?refer_flag=1001030103.

她从种黄豆开始；做蛋黄酱，她从养小鸭子开始；为了做一床蚕丝被，她从养蚕开始；宫廷苏造辣酱生产工艺严谨复杂，她到北京找烹饪大师"取经"，找食材，从黑龙江到四川，走遍7个省把18种原料汇集到一起。李子柒也希望自己的辛苦能够被承认："2万余条素材，来来回回开关4万次，按每条素材走25步来算，步行约260公里。不求您能喜欢，但求能给努力做内容的自媒体人最基本的尊重。"❶

二、从"乡土"到"田园"的文化升级

伴随着工业化进程，城市与乡村的发展便日益趋于"两极化"，与城市的现代工业相对立的，是乡村的传统农业。经典社会学家涂尔干的"机械团结"和"有机团结"，滕尼斯的"社区"与"社会"，"礼俗社会"和"法治社会"，也展现了城市与乡村的分化。农业必然与"土"相连，因而"乡土"便构成传统农业社会文化的核心内容。"土"是乡村的核心特征之一，普遍与"落后"联系在一起。后来，伴随着城镇化的持续推进，在以城市为发展中心的现代化话语体系中，"乡村""乡土"也一直是与"落后""劳累""脏乱""愚昧"等联系在一起，大量人口都在逃离农村，流动到城市。除了"乡土"，人们一般也用"乡下"称呼乡村，其中的"下"也表现出了城市对乡村的"俯视"。

短视频时代，包括李子柒在内的"新农人"们通过短视频，展示了另一种视角的乡土文化——"田园文化"。"田园文化"是我国传统文化的重要组成部分，存在于历史上文人墨客的诗歌中，陶渊明的《桃花源记》便是田园文化的代表。田园文化展示了人与自然共时共存、闲适无扰的美好意境，令人向往。

在传统社会，田园生活具有一定的避世性，除了生活条件不高，还有信息沟通不畅、交通不发达等原因。而在互联网技术迅速发展的今天，生活于农村却不一定意味着"乡土"，也可以打造出理想中的"田园"。数据显示，截至

---

❶ 李子柒微博［EB/OL］.（2017-05-13）. https：//weibo.com/2970452952/F2UyCgVW5? from = page_1005052970452952_profile&wvr=6&mod=weibotime.

2019年6月，我国网络购物市场保持较快发展，下沉市场❶、跨境电商、模式创新是网络购物市场新的增长动能。以中小城市及农村地区为代表的下沉市场拓展了网络消费增长空间，电商平台加速渠道下沉。电商的地域下沉一方面显示出农村地区消费能力的逐渐上升；另一方面也推动形成了城乡市场的统一化，电商的发展、物流体系的逐步完善，使得生活在农村的消费者完全能够买到城市消费者消费的物品。

在城乡差距逐渐缩小、城乡市场统一化程度越来越高的基础上，包括李子柒在内的"新农人"通过短视频，主动、积极地从各种角度把中国传统的务农生活经过艺术化处理，打造出城市人向往的田园生活，应时而作，适时而息，既具有对生活的掌控感，又显现出自然优势下的诗情画意。正是通过"新农人"的短视频表达，农村文化实现了从"乡土"向"田园"的文化升级。

在农村生活由"乡土"向"田园"的文化升级过程中，除了农村生活条件的大幅提升，具有打造"田园生活"的硬件基础之外，人们对乡土文化的认识也经过了一个由"乡土"到"田园"的过程。短视频应用出现之前的图文表达时代，在网络空间的城乡文化互动中，农村文化主要呈现为"乡土性"，处于被质疑、否定的状态，比如体现城乡文化碰撞的返乡笔记。2015年春节期间，一篇上海大学博士生的返乡笔记刷爆朋友圈❷，各大媒体也纷纷转载。之后还有类似的返乡笔记推出，虽然其真实性并未经证实，但从引发的网络热议可在一定程度上看出该类话题所受到的社会关注，也显现出存在于城乡之间的文化差异和乡村文化的发展困境。短视频时代，"新农人"通过短视频表达了农村生活的田园性，实现了文化升级。

与传统农民不同，"新农人"是一群带着新业态、新观念投入农业生产经营中，期望通过自己的努力打造出舒适的农村生活的"新型农民"。李子柒曾经在回应网民对其视频内容真实性的质疑时提到，想要把日子过成什么样子，可能更多取决于自己本身想要过什么样的日子以及是否愿意为之努力。这样的回应可以说代表了大部分"新农人"对农村生活的想法。因此，当李子柒的

---

❶ 指国内三线及以下中小城市，以及乡镇农村地区。
❷ 王磊光. 一位博士生的返乡笔记：为了什么回家？[J]. 工友, 2017 (5): 16-19.

短视频走红之后，越来越多的"新农人"也开始从"田园生活"的视角去审视、发现自己的农村生活，并通过在短视频平台上的生活呈现和个性表达，让观看短视频的人们也逐渐认识、接受农村生活的田园化。

在农村文化由"乡土"向"田园"的文化升级过程中，城市由原来对乡村的"乡土俯观"转向"田园凝视"，乡村文化也在一定程度上对城市进行"文化反哺"。

三、"田园凝视"中的文化反哺

在学术界相关研究中，"凝视"经常被应用于对旅游领域的交互行为分析。"凝视"与"视觉"相关，进入现代文明以来，"视觉"逐渐受到学界关注，在学者们的研究中，"视觉"与理解、权力、知识具有一定联系。1992年，英国社会学家约翰·厄里提出"游客凝视"，主要是分析在不同社会中，尤其是不同社会群体中，"游客凝视"如何变化与发展，后来成为旅游社会学中的重要分析概念，即从旅游的视角分析整个社会。

在传统的文化传播结构中，乡村文化一直是在追随城市文化的发展轨迹和模式，尤其在快速的工业化、城镇化进程中，体现农村文化的消费、休闲娱乐等都是紧随城市而向前发展的；在城乡文化互动中，城市文化对乡村文化都是"俯观""回看"的姿态。进入短视频时代，随着包括李子柒在内的"新农人"的短视频话语表达，城乡之间的文化传递开始由"中心—边缘"转向"互动互补"的结构。并且，对于在快节奏的现代生活压力下的城市居民而言，乡村的田园文化有着更为原始天然和心灵家园的吸引力，产生了文化反哺的影响。

短视频时代以前，在原来的城乡文化关系中，农村文化的呈现大多为一种"他者"视角，普遍缺乏农民主体性的话语表达。进入短视频时代，通过门槛较低的短视频，以"新农人"为代表的农民群体开始成为主角。"新农人"不仅记录自己的生活，同时还分享长辈的农村生活。比如快手"农村瑞哥"的自我介绍为"记录爷爷奶奶的日常生活，把农村最朴实的日常生活分享给大家"。

"凝视"既是一种审美，也是一种思考，"田园凝视"显示了城市对乡村的审美和思考。"新农人"短视频中的农耕劳作，是城市生活中无以施展的内容。现在在都市生活中，不再缺乏丰富的物质，时间和休闲开始彰显出其宝贵的价值，也成为一种品质更高也更为现代人所向往的慢生活内容。田园生活具有自然、传统、简单的精神内涵。乡村生活保障了人与自然的互动，减缓了快速工业化进程中人与自然分离后的焦虑感。城市居民在观看短视频的过程中，精神上会获得暂时的逃离、挣脱，想象着离开焦虑、高压力、快节奏的生活，具有某种治愈作用。对于农村年轻人，李子柒短视频呈现的美好乡村生活，则发挥了榜样的作用，即如何打造自己的宜居乡村和美好生活。在传统社会中，传统与现代具有二元割裂性，李子柒的城乡基础使她能够超越传统生活与现代生活的二元隔阂，达到了二元之间的融合。

随着城镇化、网络化的发展，城乡互动和城乡关系从最开始的乡村为城市服务，到后来乡村成为旅游地、成为"农家乐"，再到后来"新农人"的话语表达、农村电商，乡村在城乡格局中展现了主体性，乡村文化开始"反哺"城市。通过短视频，乡村文化为城市居民提供了精神食粮，缓解了寻根焦虑，满足了很多人"采菊东篱下，悠然见南山"的想象。

第四节 "乡味"消费里的经济直通

短视频电商使得城乡的经济互动发生变化，与以往二元区隔的情况不同，出现了经济直通，农民直接面向市场，农村作为生产者与城市里的消费者直接互动，这不仅提升了城乡经济结构中乡村的地位，也提高了农民的收入水平。无论是"田园文化"还是"田园食品"，都是对"乡味"的消费。目前，随着互联网经济尤其是农村电商的发展，越来越多的"乡愁"转化为对"乡味"的消费力。通过对"乡味"的消费，城市消费者缓解了"乡愁"，农村生产者获得了经济收入。

一、"年入 1.6 亿"之议

2019 年，"李子柒年入 1.6 亿"话题一度成为网络舆论的关注焦点。这一数据最初来自自媒体"挖数"发布的《李子柒一年能赚多少钱，数据量化给你看》一文,文中指出,李子柒的收入主要包括 YouTube 分成和天猫店销售额,再乘以她的抽成比例49%,最终算得李子柒年收入大概是1.68亿元。❶

这个消息一出,立即引爆了网络舆论,有质疑,有支持。围绕这个话题的网络舆论愈来愈热烈。后来,李子柒所属机构杭州微念科技有限公司相关工作人员对此予以辟谣,指出预估销量和实际不符,食品行业利润普遍较低,并且还有其他成本没有被计算其中。2019年12月17日晚,最先的消息发布者在微博上致歉,表示计算方式不严谨,没有扣除所有税款、公司运营成本、视频制作成本和推广成本。

虽然"李子柒年入1.6亿"不实,但李子柒的电商销售业绩的大幅提升却是有目共睹的。李子柒同名天猫店铺开业于2018年8月17日,仅仅6天之后,这个当时只有5款商品的店铺销售量便破15万单,销售额破千万元,其后1年里,共有21款产品在线销售,销售总量超过130万单,销售总额高达7100万元。这些食品的购买者绝大多数为李子柒的粉丝。很多粉丝都是看了短视频之后,慕名到其电商平台上购买。

从劳动付出的角度来看,为了拍出高质量的短视频,李子柒确实付出了比较辛苦的劳动,付出了一定的时间和劳动成本。她的短视频普遍都是展示时间跨度特别长的内容,并且有些内容还需要自己在网上查阅资料现学,或者去拜访手艺人现学,如兰州牛肉面、活字印刷术、蜀绣、酱油酿造等。有一些热带水果,种植起来非常不容易,视频中的百香果是在温室大棚中养的,第二年才结果;冬天的草莓,是用火盆持续加热、人工授粉,最终结果;菠萝、火龙果等热带水果,经过努力也成功结果了;花费一年时间,她给奶奶做了蚕丝被和蚕丝保暖内衣等。这些时间跨度比较长的短视频,获得了粉丝的肯定和认可,也愿意支付一定的"情感溢价"来购买相应产品。

粉丝的"情感溢价"是网红电商发展的重要基础。"溢价"是经济学的概念,在证券领域是指所支付的实际金额超过证券或股票的名目价值或面值。平时所称的"品牌溢价",是指附加在产品基本价值之上的、体现品牌资产价值的那部分价值,然后通过价格的形式展现出来。与之对应,"情感溢价"则指

---

❶ 挖数. 李子柒一年能赚多少钱,数据量化给你看 [EB/OL]. (2019-12-16). https://tech.sina.com.cn/csj/2019-12-16/doc-iihnzhfz6161302.shtml?cre=sinapc&mod=g.

附加在产品基本价值之上的、体现情感的那部分价值,然后通过价格的形式展现出来。李子柒的电商销售业绩的大幅提升明显表明其粉丝群体购买商品的火爆程度,虽然其中有少部分网友表示购买了李子柒网上店铺的食品之后,发现商品质量并没有短视频中看到的那样好,价格还贵,但依然还有大量粉丝基于对李子柒的支持和对其短视频的喜爱而继续购买。

除了粉丝方面的"情感溢价",李子柒等农村电商销售的物品还具有一定的"乡愁"消费价值。乡愁式消费成为连接城乡互动的纽带,并带动了城乡经济关系的变化。

二、从"乡愁"到"乡味"

李子柒的短视频展现了诗意的田园生活,使观看者获得"身临其境"的情感体验,展现为对"田园文化"的消费。同时,李子柒电商中销售的"田园食品",又使观看者能够切实地通过电商消费途径,品尝到在短视频中出现的食品。无论是"田园文化"还是"田园食品",其实都是一种对"乡味"的消费。目前,随着互联网经济尤其是农村电商的发展,越来越多的"乡愁"逐渐转化成对"乡味"的消费力。通过"乡味"的消费,城市消费者缓解了"乡愁",农村生产者获得了经济收入。

"乡愁"是一种文化情感,是个体内心深处对于家乡或者曾经生活过的地区的一种情感依恋和精神需求,是个体在时间和空间上因远离家乡而表现出来的心理诉求。在我国,从改革开放起,伴随着城镇化的快速推进,"农二代""农三代"数量的迅速增长,"乡愁"也越来越成为一个具有普遍性、大众性的话语。从时间维度上而言,"乡愁"主要包括"传统乡愁""现代乡愁"和"后现代乡愁"。其中,"传统乡愁以回望式的怀旧为主要特点,指向物质家园或文化家园;现代乡愁以理性反思、启蒙性和前瞻性为特点,主要指向精神性家园;后现代乡愁则以反理性和消费性为特点,主要指向拟像家园"。❶

目前,伴随着高铁、高速公路等交通方面的快速发展,城乡之间的地理距离不再是主要障碍;多元网络社交平台的出现,也使得城乡之间的信息交流日

---

❶ 廖高会. 时间维度下乡愁意蕴的嬗变与叠加[J]. 理论月刊, 2019(12): 73-80.

益频繁。因而,"乡愁"的"愁"也越来越因城乡距离的缩小而有所淡化。后来,互联网经济尤其是农村电商的发展,使得一部分"乡愁"通过消费被释放,"乡愁"开始转化为对"乡味"的消费力。

"乡味"是一个统称,并不仅局限于"味道",而是泛指与故乡相关的内容,包括自然景观、村落生活、风情民俗、饮食器物等。在互联网经济和消费主义时代中,"乡味"成为城市居民释放"乡愁"的消费内容。2012年《舌尖上的中国》的播放,曾经引发了人们的强烈关注,显现出一二线城市居民对故乡风物的普遍性"乡愁",更加催生了"乡味"消费市场的发展。比如民宿、农家乐市场的发展,一些城市居民包括建筑设计师、文化青年等,基于城市生活经济和文化视角,对部分农村空间进行再造,开发民宿,一些返乡青年、农村农民开办农家乐等,这些都是基于城市居民"乡愁"消费需求而推出的"乡味"内容。

后来,伴随着电商的兴起,越来越多的返乡青年开始经营起"乡味",大量的淘宝村开始出现并迅速发展。据统计,2019年上半年中国农村网络零售额达到了7771.3亿元,同比增长21.0%,增速高于全国3.2个百分点;❶ 截至2019年6月底,全国共有4300多个淘宝村,广泛分布于25个省、自治区和直辖市。❷ 淘宝村的销售内容主要包括绿色有机农特产品、特色器物如柳编草编等。除了经济收入的增长,淘宝村的发展还产生了一系列的带动效应,使乡村的物流体系、公共卫生、公共服务、人际关系等都获得了促进。物流体系的发展,使得农村居民的网络购物消费也迅速增长。城乡居民消费市场的一体化趋势愈益彰显。

从"乡土中国"转型到"城乡中国",在城乡发展的内在张力中,"乡愁"消费的兴起使得城乡之间的经济互动由单向交流转为双向直通。

三、短视频为媒的双向直通

2019年12月,中国农村青年致富带头人协会聘请李子柒担任"中国农村

---

❶ 李洋. 2019上半年全国农村网络零售额达7771.3亿元 [N]. 电商报, 2019 – 10 – 18.
❷ 邵琨. 全国淘宝村超过4300个 覆盖25个省份 [EB/OL]. (2019 – 08 – 30). https://baijiahao.baidu.com/s?id=1643269195692257809&wfr=spider&for=pc.

青年致富带头人推广大使"。作为一名农村青年网红，李子柒及其短视频成为连接农业、农产品、农村与消费者的桥梁，对于促进城乡交流的发展产生了重要的示范作用。短视频时代，借助互联网，尤其是话语门槛较低的短视频，农民开始融入城乡市场，成为城乡经济互动的交易主体之一。通过短视频，城乡经济互动由原来的单向转为双向，由原来的隔阂转为直通。

城乡经济互动的双向化，主要体现为城乡之间的经济互动，由原来的城市向乡村的流动，开始转变为一种双向流动，即除了城市的工业品流入乡村，乡村的农产品等经济元素也开始流入城市。城乡经济流动比较明显的"双向化"，最初始于农村电商的发展。2014年，淘宝村的出现引发社会关注。根植于当地的特色农产品、工艺品、特色经济等，在带动和模仿的作用下，导致大量从事电商的淘宝村纷纷出现。淘宝村改变了农村的很多方面，包括经济、公共服务、邻里关系、家庭关系等，同时也促进很多受限于交通和信息障碍的偏远农村地区，经由互联网电商的作用，与"城里人"打起了交道。一些产自偏远农村地区的优质资源被迅速转化为经济商品，成为城乡经济互动的重要内容。农村电商的发展产生了一系列的带动效应，尤其是当地的物流业获得了较快发展。物流业的发展进一步促进了城乡互动：一方面，农村的产品更易流出；另一方面，城市的产品也更易流入。

城乡经济互动开始趋于双向性的同时，也具有直通性，即城市的消费者与农村的生产者之间直接开展经济交往，改变了原来由经销商为中介的互动形式，更多是通过互联网直接联系。手机成为"新农人"的新农具，网络直播成为新农活。短视频时代，短视频的生动展示，对于农产品更有推销力，可以让城市消费者看到农产品的真实生长环境、产品的生长过程、农产品从出产到发货的全过程等，从而提升农产品的可信度。李子柒便是在短视频中对其电商销售的食品进行宣传介绍，每出一个新产品，会自己先拍一个视频，解说一下这是什么产品，然后放在淘宝店里卖。比如有一款辣椒酱，在短视频里，看起来非常诱人。另外，农产品的食用方法也可以通过短视频进行知识传播，从而更增加了人们的购买欲望。

同时，借助大数据技术的支持，农民作为生产者与商家，与消费者有效对接；能够通过数据信息对自己的产品销售价格、产量等进行调整，真正进入城乡市场中，以生产、销售合二为一的身份参与城乡的经济互动，拥有了参与市场议价和定价的权利。农村生产者直接参与市场经营，利用数据信息了解城市消费者的需求。电商平台有效连接了农村生产者与城市消费者，快捷的物流体系也扩大了农村的销售半径，降低了流通成本。

在原来的经销商中介的模式中，对于城市居民而言，看到的更多是超市农产品，但对于农产品背后的农民则了解很少。由于农民在主流视野里未受到关注，社交平台、对话平台很少，因此不被了解。现在，农民开始直面市场开展经济活动，从原来经由经销商的中介式经济流动转变为"直通"。

总结而言，短视频时代，借助于短视频话语表达，城乡互动在社会、文化、经济等层面日益频繁，城乡交流更为活跃，乡村的互动主体身份逐渐确立，乡村文化反哺城市的功能开始呈现，城乡经济的双向直通也显现出来。

不过，在李子柒短视频展现的"田园诗意""乡村美食"背后，乡村发展仍然存在许多不足。首先，李子柒在短视频中展现的生活方式并不具有普遍性，作为乡村青年群体中的一员，她的生活及成功模式也并不是广大农村"90后"青年人所普遍具有的。在短视频中，李子柒身着布衣，春播秋收，适时而餐，制作各种美食、器物，与其奶奶共同生活。她使用的器具、穿着、人际交往等都十分契合城市居民对"田园生活"的向往。但对于大部分农村同龄人而言，却并不拥有如此"田园"的生活。在更多"新农人"的生活中，养家负担、人情往来、自然环境、经济条件等都使得"新农人"的生活内容参差不一。

同时，对于开展电商的"新农人"而言，李子柒作为顶级网红的"带货"能力也难以企及。虽然目前有一大批的农村网红，通过拍摄短视频获取流量，依靠粉丝打赏、平台分成、广告植入、电商卖货获取收入，但要成为李子柒这样的顶级网红却难度很大。同时，网红经济的特点决定了网红具有暂时性，随着越来越多的同类视频内容的推出，大众容易产生审美疲劳，网红的地位具有相当强的不稳定性，因而依靠电商的高质量发展获得持续发展，才是"新农人"需要关注的重要问题。当前的农村电商中，仍然存在农产品溯源缺失、农村信息滞后、农村电商市场混乱、假货劣货"横行"、农产品企业的品质良莠不齐等问题，这在一定程度上会影响农村电商的持续发展。

伴随快速的城镇化进程，当前社会发展已经由"乡土中国"转型为"城乡中国",城乡之间需要更多的交流和互动,建立城乡共促关系,同时引导促进乡村振兴,塑造更美好的城乡关系,进而使短视频呈现出的"诗意田园"从"虚拟"真正成为"现实"。

第七章

消费变化：网络信息消费的社会"加减法"

网络信息消费是最基础的网络消费，也是从互联网产生以来便具有并一直发展至今的网络消费活动。目前，伴随着互联网信息应用平台的日益丰富化、多元化，网络信息消费在网络消费中的地位日益凸显，对社会的影响也逐渐显现。围绕网络信息消费，出现了一些网络现象和网络事件，2016 年发生的"魏则西事件"则是其中的典型事件之一。本研究主要以"魏则西事件"为例，分析当前社会中，网络信息消费的社会影响。❶

魏则西事件

2016 年 4 月，"魏则西事件"使得百度被置于舆论旋涡中。

魏则西是陕西咸阳人，生前在西安电子科技大学读大二。2014 年 4 月，他查出自己患了滑膜肉瘤，已发展到晚期。根据魏则西自己的描述，这是一种恶性软组织肿瘤，"一种很恐怖的软组织瘤，目前除了最新研发和正在做临床试验的技术，没有有效的治疗手段"❷。父母得知他的病情后，先后带着他前往北京、上海、天津和广州等多地求医，但均被告知治愈的希望不大。魏则西和家人转而求助百度。2014 年 9 月，他们通过百度搜索滑膜肉瘤的治疗方法，排在搜索结果首位的就是武警北京总队第二医院（以下简称武警二院）的

---

❶ 张荣. 加减之间：网络信息消费的社会影响 [J]. 理论月刊, 2018 (6)：180-188.
❷ 知乎网. 魏则西在"你认为人性最大的'恶'是什么"问题下的回答 [EB/OL]. (2016-02-26). https://www.zhihu.com/question/26792975.

"生物免疫疗法"。魏则西的父母马上和武警二院联系，见到了一个姓李的主任，并从他那里获知"这个技术是美国斯坦福大学研发出来的，有效率达到百分之八九十"。他看了魏则西的报告单后，告诉其父母"保20年没问题"。为稳妥起见，一家人还专门了解了一下这名医生，发现他"上过好几次CCTV10"，"当时想着，百度、三甲医院、中央电视台、斯坦福大学的技术，这些应该没有问题了吧"。于是，在2014年9月至2015年年底，魏则西在武警二院先后做了4次"生物免疫疗法"的治疗，共花了20多万元。但是，期待的治疗效果并没有出现，没过几个月，癌细胞就转移到肺里了，其他专业医院的医生判断魏则西恐怕撑不了一两个月。魏则西的爸爸去了武警二院找李主任，质疑他曾经保证过的治疗效果，但是李主任说从来没有向任何人做过保证，他们这里的治疗效果都是从概率上判断的，并提议魏则西接着做"生物免疫疗法"，说做多了就有效果了。

后来，一位美国留学生通过网络查询，又联系了很多美国的医院后告诉魏则西，"生物免疫疗法"在国外因为有效率太低，在临床阶段就被淘汰了，现在美国根本就没有医院用这种技术。魏则西及其家人这才意识到，武警二院宣称的"生物免疫疗法"是"最新技术""与斯坦福大学合作"等说法具有一定的夸张性和欺骗性，开始转而寻求其他治疗方案，但这时家里的最后积蓄早已被前期的"生物免疫疗法"治疗所耗尽。

2016年2月26日，魏则西在知乎网上回答"你认为人性最大的'恶'是什么"问题时，将自己在武警二院接受"生物免疫疗法"的经历写了下来，希望通过自己的回答"能让受骗的人少一些，毕竟对肿瘤病人而言，代价太大了"。写下这段经历之后的一个多月，2016年4月12日，21岁的魏则西去世。

魏则西及其求医经历后来被新浪微博网友"孔狐狸"[1]关注到。2016年4月27日早上，"孔狐狸"发布微博称，她在知乎网上看到了魏则西的患癌帖子，进一步了解到魏则西已经病故的消息，"然后百度了这个疾病，发现那家竞价排名的医院依旧在首位"，因而对此唏嘘不已。刚开始，这条微博并没有引起人们的注意，后来被一位医生转载后，逐渐引起了医生群体的关注，并在短时间内便获得了大量转发。

---

[1] "孔狐狸"原为《新京报》知名调查记者，现为一家与购物相关的网站的内容运营总监。

记者詹某看到"孔狐狸"的微博后,开始调查该事件,并于2016年5月1日在微信公众号"有槽"上发布了文章:《一个死在百度和部队医院之手的年轻人》。❶ 这篇文章在"五一"假期里引爆了微信朋友圈这个舆论场域。随后该事件又被多家媒体关注转发,并在微博、微信等平台持续发酵,引发了公众热议,百度的竞价推广等相关议题被推向了舆论的风口浪尖。与此同时,《人民日报》等传统媒体陆续介入对该事件的报道。5月2日,微信文章《百度的中枪掩护了多少人安全撤退?》广泛流传,文章直指莆田系医院,随即,起底莆田系医院的旧闻重回公众视野。

在舆情发酵过程中,百度曾两次对此事予以回应。4月28日,百度回应称,武警二院是一家公立三甲医院,资质齐全,同时得知此事后,他们还立即和魏则西爸爸取得了联系。5月1日,百度再次回应称,正积极向发证单位及武警总部相关部门递交审查申请函,希望相关部门能高度重视,立即展开调查。但是,百度这两次看似及时的回应并没有使舆论就此平息,反而使得围绕该事件的相关舆论愈演愈烈。加上之前百度"血友病吧"被卖事件的影响,百度被置于质疑舆论的漩涡。

在社会舆论的影响下,5月2日,国家网信办会同国家工商总局、国家卫生计生委和北京市有关部门成立联合调查组进驻百度,集中围绕百度搜索在"魏则西事件"中存在的问题、百度搜索竞价排名机制存在的缺陷进行调查取证。次日,国家卫生计生委、中央军委后勤保障部卫生局、武警部队后勤部卫生局联合对武警二院进行调查。5月9日,两组调查的结果分别公布。调查组对百度提出了三点整改要求,认为武警二院存在科室违规合作、发布虚假信息和医疗广告误导患者和公众、聘用的李志亮等人行为恶劣等问题。❷

至此,"魏则西事件"暂时告一段落,因该事件而引发的社会舆论也逐渐平息。不过,由该事件所引发的思考却还没有结束。魏则西在信息社会的行为代表了大多数社会成员的普遍行为,"有问题问百度"成为人们在日常生活中的普遍行为,通过互联网,人们能够极其便利而快捷地获取信息,并与他人开展信息方面的交流。但与此同时,也要求人们的信息甄别能力有所增强。虽然

---

❶ 任孟山. 从魏则西、雷洋事件看社交媒体时代舆论新生态 [J]. 传媒, 2016 (10): 37 - 38.
❷ 丁洋. "魏则西事件"调查结果公布 [N]. 中国中医药报, 2016 - 05 - 11 (1).

第七章　消费变化：网络信息消费的社会"加减法"

魏则西是一名大学生，但他也未能全面识别信息背后的种种暗箱。信息能力也成为信息社会中需要人们练就的能力之一。

同时，从另一个角度看，百度作为信息入口已经成为社会基础服务的一部分，并且具有公共物品的特征。这意味着它不能只负责检索，而不负责提供正确的知识和信息。本章便以"魏则西事件"为例分析互联网时代中信息消费带来的社会影响，包括对社会关系的影响、社会信任的影响、社会网络的影响等。

第一节　互联网时代的信息消费

信息消费是一种直接或间接以信息产品和信息服务为消费对象的经济活动，是互联网时代人们网络消费的重要内容。无论是浏览新闻网页、在搜索引擎搜寻信息，还是在微博、微信、贴吧中发布信息等，只要进入了网络空间，人们便无时无刻不在开展着信息消费活动，信息经济带动社会经济发展的作用也已逐渐显现。迅捷的信息搜寻和信息传递技术，使人们获取信息的能力大大提高，但与此同时，信息的极大丰富也带来了信息甄别难度的增加。

一、"百度一下，你就知道"

前互联网时代，由于信息传播媒介的局限，人们获知信息的途径非常有限，信息需求满足的形式比较单一，除了传统面对面的口耳传播之外，便是借助于报纸、杂志、广播、电视等大众传播媒介的力量。受制于信息储存技术和信息传递技术的局限，在前互联网时代，不仅社会的信息总量不大，而且人与信息之间也并没有建立通畅、快速的连接渠道。尤其是在中国的"人情社会"中，信息普遍被嵌入在人际关系网络中。人们要想满足自己的信息需求，必须付出一定的人际交往成本，耗费时间也比较长，在信息获取上普遍具有一定难度。比如，当一个人患有某种疾病时，他非常迫切地想获取关于该疾病的相关信息，因此会通过找熟人、送红包等方式，以期比较快捷地满足自己的信息需求，能够获取其他人较难获取的有价值信息。

互联网时代的到来则彻底消除了前互联网时代信息获取的种种障碍。凭借较强的信息储存能力和迅捷的信息传递技术，社会上的信息总量迅速扩大，人们开始在互联网空间中与海量的信息直接相对。随后，连接人与信息的网络服务技术开始出现，一系列提供信息搜索服务的互联网公司也逐渐发展壮大，魏则西及其家人曾经非常信赖的百度便是其一。

百度创立于2000年，其名称取自人们耳熟能详的一句词"众里寻他千百度"中的"百度"二字，以"让人们最平等便捷地获取信息，找到所求"为使命，致力于为用户提供"简单可依赖"的互联网搜索产品及服务。经过16年的发展，以互联网搜索产品和服务为核心，百度已经发展成为包括百度搜索、百度贴吧、百度百科、百度知道、百度文库等在内的多元化互联网信息搜索产品和服务公司，拥有庞大的使用人群。其中，百度搜索是具有信息搜索功能的搜索平台，用户只要输入关键词，便能搜索到大量的相关信息，能够满足人们对新闻、图片、音乐、视频、地图、学术、购物、房产等各方面的大部分信息需求。如果网络上的现有信息无法满足人们的信息需求，百度还下辖百度贴吧、百度知道等多元化社区服务，可以在其中就自己的信息需求进行提问，寻求其他百度用户的解答。"百度一下，你就知道"虽然是百度搜索的广告语，但也表明了它在信息占有方面具有充分的自信。

信息消费具有用户黏性，一个网络平台上用户聚集得越多，便越能吸引更多的人和信息。可以毫不夸张地说，对于大部分中国人而言，百度是进入互联网获取信息的重要入口。

因此，当魏则西患病时，他和家人的第一反应便是在百度上进行相关信息的搜索，并通过百度搜索进行治疗方法的查询，当占据显著位置的武警二院的"生物免疫疗法"出现在搜索结果中时，便立刻吸引了魏则西及其家人的注意。同魏则西一样，还有很多人也是通过百度的"指路牌"来到了该医院，魏则西的母亲透露，他们在该院治疗时，天津的、东北的很多病人也都在该院治疗，都说是从百度上找过来的。❶

---

❶ Yak，丁得. 青年魏则西之死 [J]. 南风窗，2016（11）：16.

二、信息消费的兴起

魏则西及其家人,还有其他来到武警二院接受生物免疫治疗的病人,都是通过百度搜索了解到该院及其生物免疫治疗技术的,他们通过互联网搜索获取治疗信息的行为,便是信息消费行为。信息消费,是一种直接以信息产品和信息服务为消费对象的经济活动。信息消费活动在我国的大规模兴起,是与互联网技术的发展紧密联系在一起的。正是伴随着互联网技术的发展,社会的信息总量获得了极大扩增,人们的信息传递技术也获得了极大提高,大规模的以信息为主要内容的消费活动才得以兴起。

信息消费的内容十分广泛,既包括开展信息消费行为的必备硬件和软件(如手机、计算机的购买),也包括上网、网络游戏、网购、信息获取、音乐视频下载等在互联网空间中的与信息相关的消费活动。与其他物品的消费不同,消费者在开展信息消费的过程中,除了要支付一定数额的货币之外,还需要付出注意力成本、个人信息成本等信息消费中的非货币化成本。

注意力成本是指消费者对某一个信息的关注成本,即消费者付出一定的时间和精力对该信息进行浏览的成本。魏则西及其家人之所以会选择到武警二院接受治疗,就是因为他们在百度上输入"滑膜肉瘤"关键词时,该医院的"生物免疫疗法"排在搜索结果的首位,从而引起了他们的注意。互联网时代,信息极大丰富,人们的注意力逐渐成为稀缺资源。对于一个企业而言,在互联网海量的信息中让自己的信息吸引到人们的注意力,是培养潜在消费群体,进而获得未来最大商业利益的重要途径。武警二院便是通过支付一定费用的方式使自己的"生物免疫疗法"相关信息排在搜索结果的前列,以吸引人们的注意力。另外,企业还可以通过向互联网公司交纳一定费用从而使自己的信息出现在该网络平台上,比如当我们浏览网站新闻、免费使用某个网络软件、下载音乐视频时,经常会同时看到企业发布的商业信息,支付一定的注意力成本。

个人信息成本是指消费者在进行获取信息、发布信息等信息消费活动时需要透露个人信息而产生的成本。个人信息主要包括与个人相关联的、反映个体特征的具有可识别性的符号系统,包括个人身份、工作、家庭、财产、健康等各方面的信息。当消费者进入互联网空间，想要使用某个网络平台获取或发布信息时，通常会被要求提供相应的个人信息注册成为会员，这些个人信息的提供，即是消费者在进行信息消费之前付出的个人信息成本。除了一些直接反映个人特征的信息之外，还有一些信息虽然并非直接与个人特征相连，但也在一定程度上反映了个人的信息需求，比如搜索记录等，也属于个人信息成本，会被收集汇入网络大数据，进而产生一定的经济作用。比如当魏则西及其家人在百度搜索中输入"滑膜肉瘤"等信息时，他们的信息需求、网络 IP 地址等与个人有一定关联的信息会立即被后台的数据分析系统所捕捉，并被企业用于对消费者的商业分析中。

  这些成本的付出，都是互联网时代信息消费不同于其他消费活动的新特征，但还没有被广大网络用户意识到。截至 2021 年 12 月，我国共有 10.32 亿网民活跃于虚拟的网络空间，互联网普及率为 73.0%。❶ 这便意味着我国有七成多的社会成员都在网络空间中开展着各种各样的信息消费活动。他们或者是通过搜索引擎、新闻网站获取某些信息，或者是在某个网站平台发布信息与其他人开展信息互动，或者是消费网络文化产品（如电子书、电影、电视剧、网络游戏等）。但除了直接支付货币这一消费成本之外，他们中的大部分人其实并未意识到自己在上述网络信息消费活动中支付的注意力成本、个人信息成本等其他成本。这也就使得大多数人在开展网络信息消费活动时，并未明确意识到自己的消费行为。因而，当魏则西及其父母通过互联网了解到武警二院的"生物免疫疗法"时，便以为自己是通过互联网便捷的信息搜索技术，搜索到了自己所需的信息，并未意识到自己的信息消费行为，以及互联网信息呈现背后的"经济暗箱"。

三、信息匮乏与信息过载

  一方面，魏则西能够从互联网上了解到武警二院的"生物免疫疗法"，并在知乎网认识了许多朋友，这都说明互联网时代迅捷的信息传递技术使人们在极

---

❶ 中国互联网络信息中心. 第 49 次《中国互联网络发展状况统计报告》［EB/OL］.（2022 - 02 - 25）. http：//www.cnnic.net.cn/hlwfzyj/hlwxzbg/hlwtjbg/202202/P020220721404263787858.pdf.

大程度上摆脱了前互联网时代的信息匮乏状态；另一方面，魏则西及其家人选择尝试武警二院的"生物免疫疗法"，但并未充分意识到互联网呈现信息背后的"经济暗箱"，直到一位在美国留学的学生在网上告诉他"生物免疫疗法"是美国在临床阶段就淘汰的治疗方法时，才意识到武警二院"生物免疫疗法"在百度搜索上的商业宣传性，这又说明了互联网时代人们在摆脱前互联网时代的信息匮乏状态的同时，又面临着信息过载带来的另一种信息匮乏状态，即信息的相对匮乏。

信息匮乏可分为绝对意义上的信息匮乏和相对意义上的信息匮乏。在前互联网时代中，由于信息通道阻隔、信源的不足等，从而导致信息量少，信息传递不畅通，因而呈现受众的信息需求不能获得快速而全面的满足，这是绝对意义上的信息匮乏。但在互联网时代中，借助于迅捷的信息传递技术，当信息过量呈现时，信息泥沙俱下，鱼龙混杂，使得真正有价值的信息被大量垃圾信息所淹没，使得受众面对庞杂信息茫然无措，这实际上又造成了另一种形式的信息匮乏，即相对意义上的信息匮乏。

从这个层面来看，信息过载与信息匮乏具有密切的联系和转换关系，即当信息的数量超过了受众所能接受、处理或有效利用的范围，出现信息过载现象时，会导致受众出现一系列信息接收问题，如受众对信息作出反应的速度远远低于信息传播的速度、大众媒介中的信息量大大高于受众所能承受或需要的信息量、大量冗余信息严重干扰了受众对有价值信息的选择等。这些问题带来的信息困扰，实际上与前互联网时代信息匮乏问题给人们带来的结果具有一定程度的相似性，即都不能充分、有效地满足受众的信息需求。信息过载和信息匮乏实际上是同时存在于互联网时代的，是人们在开展信息消费时必须面对的信息需求满足问题的两个方面。

信息过载和信息相对匮乏问题的出现，与互联网时代信息过滤机制的缺乏有一定关系。前互联网时代，由于信息传播媒介的发展限制，信息的生产和流通主要遵循"先过滤后发布"的原则，呈现在大众面前的信息总量不大，信息质量也普遍较高。大众媒体、学校、专家权威等扮演了"把关人"和"过滤器"的角色。进入互联网时代，伴随着互联网传播媒介的迅速发展，人们获取、发布、传递信息的能力获得了极大提升，信息的生产和流动主要遵循"先发布后过滤"原则，使得每个人面对的信息都具有总量庞大、质量差参不齐的问题，因而造成了相对意义上的信息匮乏问题，即受众真正需要的有价值信息的匮乏问题。

尤其是当人们面对大量的医疗专业信息时，由于专业藩篱的存在，信息相对匮乏问题会表现得更明显。当魏则西及其父母看到武警二院的"生物免疫疗法"时，他们无法依靠自己的能力从医学专业角度作出是否选择该治疗方法的判断，但通过了解武警二院是三甲医院、该医院的李主任上过好几次CCTV10、搜索结果是在我国最大的互联网搜索引擎公司百度上被呈现等这些信息之后，才最终选择来到武警二院尝试"生物免疫疗法"。

第二节　信息消费中的权力迷局

在网络信息消费过程中，伴随着信息传递能力的提高，人们的信息权力也有所增强，尤其是主要体现为网络舆论彰显的信息权力。但是，从另一个层面看，信息过载和信息相对匮乏问题的出现，又在一定程度上削弱了人们的信息权力，使得人们在海量的信息面前无所适从，尤其是各种信息迷局的出现，极大地增加了人们的信息选择难度。

一、增减之间

互联网时代，信息是一种重要的社会资源。一方面，借助于互联网迅捷的信息传递技术，人们能够拥有更多的信息，获得了更多的信息权力[1]；另一方面，信息过载和信息相对匮乏问题的出现，又使得人们信息权力的彰显面临着一定限制和阻碍。

在"魏则西事件"中，当魏则西通过互联网从一位美国留学生那里得知了"生物免疫疗法"是美国在临床阶段淘汰的治疗方法这一信息时，当魏则西将自己在武警二院的就医经历发布在互联网上，表明自己对"你认为人性最大的'恶'是什么"这个问题的思考时，当魏则西将自己患病的情况在互

---

[1] 刘少杰. 网络化时代的权力结构变迁 [J]. 江淮论坛, 2011 (5): 15-19.

联网上告诉其他人并获得了人们的帮助时，甚至当魏则西去世之后，围绕其自身在武警二院的就医经历演变成"魏则西事件"时，都彰显了互联网时代人们在信息消费过程中获得的信息权力。但同时，当魏则西及其家人经过自认为非常谨慎的考察之后，选择相信了武警二院宣称的"生物免疫疗法"的先进性及其与斯坦福大学的合作等信息，并来到该院接受了生物免疫治疗时，当其他患有类似疾病的人通过互联网搜索到武警二院，并选择来到该院接受治疗时，他们并未意识到，自己实际上已经在一定程度上被丰富信息表面之下的"经济暗箱"削弱了信息权力。这表明，互联网时代中人们在开展信息消费的过程中，信息权力的彰显和削弱是同时存在的，人们的信息权力也在增减之间不断变化。

人们在网络信息消费过程中信息权力的增强，主要源于人们信息获取能力的增强、信息话语权的增强、信息即时互动过程中基层认同力量的增强等。而人们在网络信息消费过程中的信息权力缩减，则主要源于有价值信息的匮乏和信息背后的"经济暗箱"。

就目前而言，互联网中有价值信息的匮乏主要体现为真相信息的匮乏、重要信息的匮乏和知识信息的匮乏等。在前互联网时代中，由于传统媒体"把关人"的存在，他们会对生产和传播的信息进行确认和核实，从而最大程度地保证了信息与事实真相之间的一致性。但在互联网时代中，由于任何人都可以参与信息的生产和传播过程，使得信息真假混杂，辨识难度较高。尤其是当同一事件不同立场的人发布信息时，人们对真相和事实的认知难度更加大了。[1] 在互联网时代中，复制粘贴技术十分发达，导致信息过度重复化，从而使得重要信息在网络空间中被遮蔽，无法获得有效凸显，造成人们获取重要信息方面的匮乏结果。此外，知识信息的匮乏也是互联网时代中有价值信息匮乏的主要表现之一。信息是形成知识的原始素材，知识是信息发展的高级形式。信息是由"什么""何时""何地""谁"等要素构成，而知识是以"怎么办""为什么"的形式来表述。因此，信息增多并不意味着知识增多。并且在网络空间的巨量信息面前，越来越多的人没有时间和耐心去获取或发布知识性信

---

[1] 王建民. 渴望真相与寻求对话：解读"归真堂事件"[G]//刘少杰，王建民. 中国网络社会研究报告 2011—2012. 北京：中国人民大学出版社，2013.

息。互联网上提供的信息大多是一些普通常识，而且不一定准确可靠。而且，越是流传较广的信息，越是遵循"就低不就高"的原则，真正有深度的信息则是越来越少地被关注。

信息背后的"经济暗箱"主要体现为人们在开展网络信息消费活动过程中受到的经济制约。一般而言，网络空间中信息的生产过程、呈现形式等都受到开发该网络空间的互联网公司的重要影响。当人们面对网络空间中的大量信息时，只会按照互联网公司设定好的固定程序对信息进行浏览、判断、发布，当程序提示"继续"还是"取消"的时候，只能二选一，而并不能对程序未能提供的"存在"进行操作。人们只是看到了信息呈现出的内容，却并不知道信息背后被遮蔽的"存在"。在大量的信息面前，人们只会检索、接收而不会否定和反抗，思维的深度被信息的广度销蚀了。

二、平等与区隔

互联网迅捷的信息传递技术，不仅使得社会的信息总量规模增大，而且大大增强了信息传播速度、扩大了信息传播范围，彻底改变了前互联网时代信息由少数人垄断的状态，使得信息拥有的平等化程度大大提高。但与此同时，由于信息在不同区域、领域、社群等层面分布的隔离性和差异性，人们在信息拥有上的区隔化却也日益明显和加强。

"魏则西事件"中的信息区隔化主要体现为魏则西与一位美国留学生在信息拥有上的差异性。对于魏则西而言，他通过网络搜索、考察查证等方式，拥有了武警二院是一所三甲医院、该院的"生物免疫疗法"是一项与斯坦福大学合作的先进医疗技术，介绍该治疗方法的"李主任"曾经上过中央电视台等信息，因而选择到该医院接受治疗。但一位留学美国的学生在美国查询到的相关信息却是另外的内容，他通过网络查询、医院询问等途径发现，武警二院宣称的"先进技术""生物免疫疗法"因为有效率太低，在临床阶段就被淘汰了，目前美国根本就没有医院使用这项技术。从一定程度上看，作为大学生的魏则西的信息搜索能力可以说反映了大多数网络信息消费者的较高水平，他获取的关于武警二院"生物免疫疗法"的相关信息，也是现有信息搜索条件下大多数信息消费者能获取的信息。但就是由于信息分布在我国和美国的差异性，魏则西和这位美国留学生获取的信息却完全不同。

针对"魏则西事件"，网友"微黏王子"也指出了网络信息分布在美国和我国的区域差异。该网友认为，对于患者而言，获得与疾病相关的有效信息十分必要，这也是少走治疗弯路的必要条件。但目前在我国，人们却缺乏一个有效的、官方认可的渠道来获得医疗信息。

行业领域的差异也是造成信息区隔的重要原因。医疗行业是一个专业性非常强的领域，普通社会成员对医疗专业信息的理解难度较大。尤其是涉及一些比较偏僻的专业术语如"滑膜肉瘤""生物免疫疗法"时，人们即使能够通过互联网获取大量信息，但在理解、甄别这些信息时，仍然面临着很大的难度。"魏则西事件"产生后，有医疗领域的专业人士就指出，按照滑膜肉瘤的治疗进程，魏则西当时在肿瘤复发转移后应该选择二线化疗方案争取手术以及滑膜肉瘤靶向药，当这两种方案都失效了，再来考虑生物治疗等前沿治疗方式。由于这类治疗异常昂贵，并且效果不明，因而对于肿瘤晚期患者来说，这就像个赌局，很少有人获胜。而对魏则西所患肿瘤的诊治过程而言，武警二院其实是不应该通过商业宣传过早引诱魏则西进入这个赌局，从而使得魏则西在把钱用光后才发现还有靶向药物可用，但为时已晚。

信息分布在不同群体上的区隔主要体现为不同群体的信息能力的差异性。信息能力，即互联网时代中人们所具有的与信息相关的各种能力，主要包括理解信息、获取信息、表达信息、利用信息等能力。其中，理解信息的能力是指对信息进行分析、评价和决策，即分析信息内容和来源、评价信息价值、决策信息取舍的能力。获取信息的能力则是通过各种途径和方法搜集、提取、记录信息的能力。表达信息的能力即能够将自己的思想、情感、意图等，用信息的形式表现出来，能够让他人理解、体会和掌握的能力。利用信息的能力则是有目的地将信息用于解决实际问题，能够挖掘信息的潜在价值并综合利用，以创造新知识的能力。由于年龄、受教育水平、社会地位、职业类别、收入水平等方面的差异，不同群体的信息能力也是不同的。一般而言，年轻人、受教育水平较高的群体、社会地位较高的群体、从事媒体等职业的群体、收入水平较高的群体等，由于对互联网的接受度和使用度都较高，能够很快地适应网络空间中的话语表达方式，因而理解信息、获取信息、表达信息和利用信息的能力普遍较高。同时，具有不同网络消费偏好的群体，也具有不同的信息能力。比如使用百度开展信息消费和使用知乎进行信息消费的群体，便具有不同的获取信息的能力。这从魏则西通过百度搜索到武警二院的"生物免疫疗法"，但通过知乎却认识了许多医生朋友，并获取了大量的专业医疗信息这二者间的差异便能看出这一点。

三、资本的力量

魏则西及其家人通过百度了解到了武警二院的"生物免疫疗法"，进而去该院进行治疗。但他们并没有意识到，他们所看到的排在搜索结果首位的武警二院的相关医疗信息，实际上是武警二院的商业宣传信息，该信息之所以能够排在搜索结果的首位，是因为武警二院向百度交付了一定的商业推广费，是有意为之的结果。这实际上体现出了资本在网络信息消费过程中的重要支配性作用。而这种支配性作用的发挥，在一定程度上使得人们通过互联网获取的信息权力，以及该信息权力的发挥都受到了资本的影响。

资本的力量，主要体现为互联网公司对人们网络信息消费的支配性影响。通过对各种网络应用产品的开发，互联网公司为人们提供了信息消费的平台、空间、产品、服务等，使人们能够通过互联网非常迅捷地获取信息、发布信息和传递信息。但是，在这些看似免费、自由、多元的信息产品和信息服务背后，人们却并没有意识到资本对自己信息消费过程的限制。实际上，当我们在互联网上搜索信息时，你能知道什么，什么时候知道，知道到什么程度，都是被资本的力量管制和把持的。正如魏则西在搜索结果首位看到武警二院的"生物免疫疗法"一样，人们在网络空间中看到的各种信息的背后，实际上都有资本在发挥着控制力量。

另外，从互联网的发展过程来看，人们目前正在消费的各种网络信息产品和服务，也都是各大互联网公司开展资本竞争的结果。从门户网站，到微博、微信、QQ等社交平台的搭建，从搜索引擎（如百度），到综合门户网站（如雅虎、新浪、搜狐、网易等），到即时通信平台（如腾讯、飞信），再到电子商务（如阿里、亚马逊等），互联网公司在资本竞争的过程中推动了互联网的发展，并为人们提供了丰富多彩的网络信息产品和服务。在这个发展过程中，有些互联网公司逐渐消失，也有一些互联网公司逐渐发展壮大。目前在我国，百度与阿里、腾讯已经发展成为具有一定垄断性的互联网公司,分别控制了人们在互联网世界中的信息入口、交易入口和社交入口。不可否认,这些公司的发展理念、盈利途径等都在一定程度上影响到其开发的网络信息产品和服务。比如,百度开发的百度搜索、百度贴吧等网络产品便受到了其商业推广理念的影响,因而出现了"魏则西事件""百度'血友病吧'被卖事件"等。

除了这些大互联网公司之外,还有一些比较小的互联网公司也正在努力开发新的互联网产品,在当前我国的互联网产品市场中发挥了弥补性作用,如魏则西患病之后经常使用的知乎。知乎创立于 2011 年 1 月,以"与世界分享你的知识、经验和见解"为网站宗旨。与百度等大互联网公司相比,知乎属于新兴互联网公司,其开发的网络产品也具有新兴性,对现有的互联网产品起到了补充性作用。知乎的创始人周源希望以"共同编辑"为手段实现优质知识自由传播的目的。在此发展理念的影响下,知乎网站的程序设定也都以"优质知识的生产"为核心,形成了知乎特有的知识生产机制,主要包括提问、解答、推送、淘汰四个部分。同时,在运行早期,知乎还采用"邀请+认证"的实名注册方式,保证了早期运行阶段用户群的较高质量。虽然 2013 年知乎降低了注册门槛,但其"长期形成的生产高质量内容的氛围并没有因此消失"。❶ 知乎用户主要是来自科技、媒体、法律、医学、艺术等各行业领域的从业人员,针对自己感兴趣的话题进行专业、客观地解答,较好地满足了普通民众在专业知识层面的信息需求。魏则西患病之后,也经常浏览该网站上的医学信息,并通过提问的方式获得了其他用户的解答。正是因为知乎不同于百度的发展理念、网络信息服务,魏则西才能在回答"你认为人性最大的'恶'是什么"这个问题时,将自己通过百度搜索了解武警二院,进而去该院接受生物免疫治疗的经历写了下来,并在他去世之后引发形成了"魏则西事件"。

由此可见,资本的力量,一方面使得人们获取了丰富的信息消费内容和体验;另一方面却也在一定程度上限定了网络信息消费的内容、范围和途径,并主导形成了互联网信息消费看似平等和自由的表面之下新的不平等和不自由。

---

❶ 茹西子,胡泳. 知乎:中国网络公共领域的理性试验田 [J]. 新闻爱好者,2016 (2):20-24.

第三节 信息消费背后的结构变迁

互联网时代,对于网络信息的消费逐渐成为人们日常消费的重要组成部分,成为人们消费结构的主要内容。网络信息消费的兴起及发展,在一定程度上促进了人们消费结构的变迁。这种变迁主要体现于生产者与消费者之间关系的变化、信息消费与社会交往的紧密关联,以及无形信息消费带来的影响等。

一、大众生产,万众消费

在对传统消费内容的消费过程中,生产者和消费者分别是两个独立的主体。生产者是生产消费内容的主体,而消费者则是消费该内容的主体,二者之间几乎没有主体的重合性。但在网络信息消费过程中,生产者与消费者之间的界限却越来越模糊,主体的重合性也越来越高,呈现"大众生产,万众消费"的现象。

概括而言,互联网上的信息主要体现为两类。一类主要是由综合门户网站如新浪、搜狐等网站提供的,经过网站编辑整理而形成的供给性信息;另一类则是主要由广大网络用户共同生产出的生产性信息,主要体现为贴吧、社区、论坛、微博、微信等社交性网络应用平台上呈现的信息。对于前一类信息而言,虽然网站编辑的这些信息来源不一,有的来源于报纸、电视等传统媒体,有的则来源于某个网民在网络上发布的文字、图片、视频等信息,但都经过了网站的编辑整理,以一种比较系统化的形式供人们消费。其中,网站无疑是这些信息的主要生产者之一,而浏览、获取、利用这些信息的网站用户则是消费者。但对于后一类信息而言,生产者和消费者之间的界限却不是特别清晰。无论是在魏则西经常使用的知乎社区,还是在"魏则西事件"形成过程中发挥重要影响的微信、微博,以及人们参与讨论的各种贴吧、论坛等,人们都既是信息生产者,也是信息消费者。丰富的信息表现形式、迅捷的信息传递技术、快速的信息组合和再生技术,使得人们相互之间结成了一个信息快速生产和消费的社会网络,每一个网络用户都既是信息的生产者、传播者,又是信息消费者。

在"魏则西事件"中,魏则西从百度搜索中获取的武警二院"生物免疫疗法"信息就属于第一类信息,即由百度搜索平台提供的供给性信息,而从知乎社区中获取的大量相关疾病治疗方案、治疗过程等信息则属于第二类信息,即由众多的知乎用户生产出来的生产性信息。而魏则西在消费这些信息的同时,他自身又作为一个信息生产者,使用"滑膜肉瘤"关键词搜索为处于百度搜索后台的数据收集分析系统所收集,使自己的网络搜索轨迹等信息为百度生产了用户使用记录等信息。同时,他还在知乎社区通过回答问题和提出问题等方式,为知乎社区平台生产了一定信息,比如他在"你认为人性最大的'恶'是什么"这个问题下的回答,便成为引发"魏则西事件"的重要信息,其他一些以患病体验、医疗求助等为主要内容的提问和回答,如"人濒临死亡时是怎么样的一种感受""得了癌症是什么感觉""极度虚弱的肿瘤病人,有没有什么比较好的锻炼方法"等信息,也成为魏则西去世之后,人们关注的重要信息。而就整体的"魏则西事件"而言,其事件信息、网络民众对于该事件的讨论信息等,也都是众多网络民众在信息消费过程中生产出来的信息。

二、信息消费的社交性

互联网时代,伴随着QQ、微博、微信、贴吧、社区等社交性网络应用平台的发展,人们的信息消费与社会交往开始紧密联系起来。互联网时代信息消费的社交性极大促进了人与人之间的信息互动、群体凝聚和群体交往,但也在一定程度上带来了群体的区隔,并增加了人们的社交焦虑。

魏则西在知乎和微信两大网络社交平台上的信息消费便是如此。围绕自己的患病体验和诊治经历,以及对其他问题的关注,魏则西在知乎网络平台上开展信息消费的过程中,在提出问题和回答问题的过程中,获取和发布了大量信息,并与许多网友进行了人际互动。甚至有些网友通过知乎了解了他的经历后,又在微信上建立了帮助魏则西的朋友群"则西帮助群",并在这个群里给魏则西提供了物质和精神层面的各种帮助和支持。"则西帮助群"的建立,便是互联网时代信息消费促进人际互动、群体凝聚和群体交往的重要表现。

信息是人际交往的基础，而大众传播媒介又是人际信息传递的重要平台和途径。因而，网络信息消费对人际互动和群体凝聚的促进，是与互联网媒介的发展密切相关的。从大众传播媒介的发展过程来看，不同的媒介发展阶段，由于信息传播方式的不同，人际互动、群体凝聚和群体交往的范围、程度等也都具有明显的差异。在点对点的信息传播时代中，人们之间的交往主要是一种共同在场的交往，主要通过语言、姿态、手势等进行信息互动。在印刷媒体的信息传播时代中，纸质媒体是人们开展信息消费的重要平台。通过纸质媒体的信息传递，人们的信息交往模式逐渐以点对点和点对面为主，信息传播范围逐渐增大，但这时人们的信息消费行为对人际互动、群体凝聚和群体交往的促进作用并不明显。在电子媒体的信息传播时代中，人们通过电话、电视、电影等媒体开展信息传播和人际互动，信息的表现形式更为丰富，人们的信息交往模式综合了点对点、点对面、面对点的交往模式，信息消费对人际互动的促进作用比较明显，但对群体凝聚和群体交往的促进作用依然并未凸显。

进入互联网时代以来，信息总量极大增加，信息传递的速度极大提高，信息传递的广度极大扩展，信息消费逐渐凸显和增强。尤其是伴随着社交网络平台的日益发展，人们的信息互动模式更为丰富而多元，在前互联网时代点对点、点对面、面对点的互动模式基础上，又增加了面对面的传播模式。也即，在互联网上，一个人既可以与另一个人开展信息互动，也可以面向一群人开展，还可以一群人相互之间或群体之间开展信息互动，极大扩展了人际互动、群体凝聚和群体交往的深度和广度。

但与此同时，网络信息消费又在一定程度上带来了群体区隔，并引发了人们的社交焦虑。从目前比较流行的新浪微博、百度贴吧、知乎社区、微信朋友圈来看，社交群体成为人们开展信息消费的重要"过滤器"，比如新浪微博中的粉丝群、百度贴吧中的各种兴趣群体、知乎社区里聚集在同一类问题下的"话题群体"，以及微信朋友圈等。除了对公共性信息的订阅性消费之外，人们在这些群体里更多的是消费符合自己信息需求、信息兴趣、信息基础的信息。他们消费的这些信息无论是来自熟人网络如微信朋友圈，还是来自以陌生人为主的人际网络，如百度贴吧中的兴趣群体、知乎社区中的话题群体等，都是以群体为基础和范围进行生产和传递的。因而，这无形当中会形成信息生产和传播的"圈层化"，并带来不同群体之间的相互隔离。同时，社交媒体上的碎片化、巨量化信息也日益引发了人们的社交焦虑，比如不停刷朋友圈以防漏掉朋友信息、巨量信息接收带来的信息过载等焦虑。

三、消费于无形之中

与传统媒介时代的信息消费不同，互联网时代的信息消费具有更为明显的无形性，主要包括消费内容的无形性、消费过程的无形性和消费结果的无形性。网络信息消费的无形性，一方面加快了人们的信息消费速度，丰富了人们的消费体验；另一方面却也由于其无形性的特征而不为人们所意识，从而在一定程度上削弱了消费者的主体性。

当魏则西及其家人在百度搜索引擎上看到排在搜索结果首位的武警二院"生物免疫疗法"信息，并进一步点击该信息获取更为详细的信息时，他们并未意识到他们已经完成了一次信息消费过程。在这次消费过程中，武警二院和百度可以说是该信息的共同生产者，魏则西及其家人则是该信息的消费者，他们对该信息的关注则是他们支付的注意力成本。他们之所以并未意识到自己的消费行为，主要源于他们消费内容的无形性。前互联网时代，大部分信息都是经过人为处理后以书籍、报刊、光盘等有形载体形式存在的信息，人们通过支付费用来进行消费。进入互联网时代，信息被数字化，并存在于虚拟的网络空间中，比特（bit）作为信息的 DNA 成为信息消费的内容。信息内容呈现无形化的特征。这里所指的信息内容的无形化主要表现为信息内容在消费层面的隐蔽性，比如魏则西及其家人看到的具有潜在商业宣传性的武警二院相关信息、魏则西使用的知乎社区提供的信息传递服务，以及"则西帮助群"使用的微信平台的信息传递服务等。

前互联网时代，信息消费过程比较慢而明显，主要包括信息需求、付费购买、信息产品消费等阶段，人们在这个过程中的消费体验和消费意识也都比较强。但在互联网时代，人们的信息消费过程却逐渐趋于无形化，原先的信息消费阶段也被大幅度压缩，信息消费过程非常短暂而快速。比如，魏则西及其家人在百度搜索上对武警二院相关信息的一次点击，便意味着完成了一次信息消费过程，而魏则西在知乎社区中对一条信息的浏览、对一个问题的回答、对一个问题的发布，也都分别体现为一次快速而短暂的信息消费过程。同时，由于信息消费成本的多元化、支付方式的便利化等特点，信息消费过程越来越不为人们所意识到。

此外，从消费结果来看，互联网时代的信息消费也具有无形化的特征。前互联网时代，人们的信息消费结果主要表现为对一本书、一张报纸、一个光盘等的拥有。但在网络空间中，无论是浏览新闻、搜索信息、发布问题，还是消费其他类别的信息，大部分消费结果基本上都没有一个有形的体现。比如，当我们浏览完微信朋友圈，退出网络空间时，并没有拥有一个明显的消费结果。

正是由于消费内容、消费过程、消费结果的无形性，网络信息消费一般并不为广大网络用户所意识到，从而也没有一个较强的消费主体意识。这会在一定程度上削弱消费者在信息消费过程中的主体性，从而造成生产者和消费者的主体不平等性。比如"魏则西事件"中，如果武警二院的"生物免疫疗法"出现于面对面的商业宣传、医疗广告的印刷册中，或者电视的医疗广告中，魏则西及其家人或许能够意识到自己对该信息的消费行为，但当该信息出现于网络空间中，即使以"商业推广"的字样予以标注，也许魏则西及其家人也没有意识到自己的信息消费行为，并在生产者和消费者的主体不平等性中选择相信该信息中的介绍，前往该医院接受治疗。

第四节　信息消费里的社会信任

信息是人际交往的重要内容，也是人们建立社会信任的重要基础之一。在丰富多元、快速、便利的网络信息消费过程中，人际互动的广度和深度都有所扩展，从而使得人际信任也超越时空限制获得延展。与此同时，人们的信息信任和普遍信任也得到彰显和面临困境。

一、人际信任的时空延展

魏则西在知乎社区里结识了许多朋友。虽然这些朋友大部分素未谋面，但他们在网络上给予了魏则西莫大的信息帮助和情感安慰。通过在微信、知乎论坛等网络平台上的信息沟通，魏则西已经与他们建立起了相对稳固的人际信任。魏则西对这些朋友非常信任和感激，他自己曾经在知乎社区里称，他通过互联网获得了非常多的关心和帮助，最为关键的是认识了一些人，给了他非常大的帮助，基本上也知道自己的病下一步该怎么治疗了。

此外，还有一些网友由线上走到线下，在现实空间中与魏则西见面，并提供帮助。比如众多网友从香港帮魏则西带药的行为，便是网友们从线上走到线下接力帮助魏则西的过程。首先，是帮魏则西申请靶向药物的骨肿瘤科医生网友"微黏王子"；其次是一些帮魏则西转运药物的网友，包括从香港带药的哥哥"李翔宇"，帮忙转运的姐姐"李敏"，一路操心让朋友给魏则西带药的哥哥"肖攀"，还有要把药转给交接人的"何帅哥哥"等。可以说，如果没有网络，魏则西是很难与帮助他的这些人建立交往关系的。通过借助知乎社区、微信等网络平台，魏则西的人际交往获得了时间和空间方面的延展。

在网络信息消费过程中，具有时空延展性的人际信任的建立一般都遵循一个由大众化社交信任向小众化社交信任进行转换的过程。在这个过程中，人际交往通常会经历网络交往平台的转换。在"魏则西事件"中，首先是魏则西在知乎社区这个较为大众化的社交平台发布了自己的相关信息，并配以自己的头像、医院的诊断单、自己身体的患病部位等图片性信息，增强了自己发布的信息的真实性。当其他人看到魏则西发布的患病体验、患病经历、问题求助等信息时，其中的一部分人会想与魏则西建立更紧密的人际联系，于是便转向了更具有小众化交往特征的微信朋友群。比如，有一个网友就表示自己看到了魏则西在知乎社区上发表的帖子"二十一岁癌症晚期，自杀是否是更好的选择"，当时便被其内容所打动，因而加了魏则西的微信，然后被他拉进了"则西帮助群"。进了"则西帮助群"之后，他发现魏则西经常会在群里求助，接着就会有很多人出来给点儿建议，并提供物质帮助。

在这一过程中，"微信"成为一个线上关系与线下关系进行转换的重要社交性平台。与知乎社区上范围较大、交往松散的人际关系不同，微信由于与个人手机号的直接相关性，在其平台上形成的人际关系也会更具私密性。因而，当有人关注到魏则西的经历之后，如果想要与他建立更为紧密的联系，通常会再通过与手机号绑定的微信建立人际联系。经过这一社交平台的转换之后，魏则西与这些人的人际联系更为紧密，人际信任也更为牢固。而从社会整体的信息消费来看，信息消费使得社会的人际信任也获得了一定程度的时空延展。

二、信息信任的彰显与困境

除了人际信任的时空延展，信息信任的彰显与困境也是互联网时代信息消费带来的社会影响。

信息信任，即对信息的信任，是在互联网时代逐渐彰显出的社会信任结构的组成部分。前互联网时代，信息总量规模不大，信息传递的速度和广度都非常有限。人们直接面对的信息主要都是显现在有形传播媒介上的信息，信息来源或信息的生产者都十分明确。人们在信息消费过程中对信息的信任程度，更多体现为对信息生产者的信任程度。因而，人们在信息信任方面面临的困境也并不明显。但进入互联网时代，不仅信息的总量规模获得了迅速扩增，而且信息的来源非常模糊，经常是人们在大规模传递一个信息，但却不知道信息最初来自哪里。同时，信息的生产者也并不明确。"大众生产，万众消费"的信息消费过程，使得人们只能直接面对着海量的信息选择是否信任，而无法依据对信息生产者的信任来决定自己对信息是否信任。尤其是涉及医疗领域的专业信息时，大部分人是无法凭借自身的能力作出是否建立对该信息的信任决定。

互联网时代信息信任的彰显，会给每天都面对大量信息的网络民众带来一定的信任困境。比如魏则西及其家人便是由于缺乏对"滑膜肉瘤""生物免疫疗法"相关医疗知识的了解，依据他们对百度、三甲医院、CCTV 等信息相关者的信任，而建立了对该信息的信任，从而引发了后来发生的去武警二院接受治疗、治疗无效、发现真相、发帖揭发、魏则西去世、"魏则西事件"引发关注等一系列事件。其实，魏则西的经历并非个案。"魏则西事件"发生之后，经济日报社的退休干部罗先生就曾对《健康时报》称，他也正计划到武警二院，为自己处于肺癌晚期的 80 岁老母亲选择"生物免疫疗法"，幸亏后来看到了"魏则西事件"的相关报道，才避免了上当受骗。❶

不过，在互联网时代中，虽然信息来源和信息生产者不明确，但只要呈现信息的网络平台能够通过一系列机制的设计，最大化地保证信息生产的客观性

---

❶ 刘子晨，徐婷婷，步雯. 魏则西的生前身后：一场生命代价的就医建议 [N]. 健康时报，2016－05－06（3）.

和信息的真实性，也会在一定程度上减少信息消费者的信息信任困境。比如魏则西经常使用的知乎社区，通过一系列的程序设计，以及在运行早期对高质量信息生产氛围形成的推动，知乎社区逐渐成为一个生产理性信息的、由各行业精英引领的、信息信任度较高的网络社交平台。正是在这个平台上，魏则西从一位在美国留学的留学生那里，得知了武警二院所宣称的"生物免疫疗法"在美国被临床所淘汰的真相；最后还是在这个平台上，魏则西认识了大量朋友，获得了大量帮助，并从一些医疗专业人士那里收到了非常专业的诊疗建议；最后还是在这个平台上，魏则西对"你认为人性最大的'恶'是什么"这个问题的回答被人们关注，引发了"魏则西事件"。

因此，对于互联网时代信息信任困境的解决，一方面在于提高人们辨别信息的能力；另一方面，则需要互联网公司开发出更多的能够提高信息信任度的网络产品。

三、普遍信任的机遇与挑战

互联网时代，人们在开展信息消费的过程中，建立了广泛的超越时空限制的人际联系，社会信任的普遍化程度越来越高，普遍信任在我国社会信任结构中的比例逐渐提高，普遍信任面临着较好的发展机遇。但与此同时，由于信息的碎片化，普遍信任在我国的发展也面对着一定挑战。

普遍信任与特殊信任是学者们分析一个社会的信任结构和特征时普遍使用的两个概念。在许多学者那里，这两个概念分别对应着两种不同的社会信任结构。其中，普遍信任是指信任范围普遍化、社会信任度较高的社会信任结构，而特殊信任则是指信任范围特殊化、社会信任度较低的社会信任结构。在许多学者看来，中国的社会信任结构主要是一种基于血缘关系和熟人网络的特殊信任，社会信任度较低，不过，也有学者指出，随着社会的发展变迁，中国的社会信任结构正在由特殊信任向普遍信任转变。

互联网时代，由于网络信息消费的凸显，人际信任获得了时空延展，越来越多的人通过互联网与陌生人建立了信任关系，社会信任的普遍化程度也不断提高。在"魏则西事件"中，魏则西通过互联网与许多人建立了信任关系，就表明了这一点。

不过，互联网时代，普遍信任的发展还面临着一定挑战。这些挑战主要来自信息消费的无形化、交往信息的碎片化和交往信息的圈层化。由于信息消费的无形化，大部分网络信息消费者并未意识到自己的消费行为，而是将互联网上呈现的信息看作自由、平等、公正的互联网世界里的共享性产物。因而当魏则西及其家人看到排在搜索结果首位的武警二院的"生物免疫疗法"时，选择到该院接受治疗。同时，由于交往信息的碎片化，人们很难在较短的时间内，单凭对方展现在网络空间中的碎片化信息，达至对交往对象的全面了解。魏则西爸爸在知乎社区上被骗钱的事情就是如此。据魏则西的爸爸介绍，他在知乎上认识了一位自称是日本医生的网友，说可以帮助魏则西去东京的医院医治。由于魏则西那时候刚刚出现肺转移，非常虚弱，因此魏则西的爸爸便跟他联系。这位网友称，国外的病历需要翻译，翻译费用需要5000元，魏爸爸立即就把钱打了过去，后来这个网友又使用别的借口要钱，断断续续总共要了1万多元。而当魏爸爸让这位网友把翻译好的病历发给自己时，这位网友就马上把魏爸爸和魏则西拉黑了。❶ 此外，由于不同网络空间提供或生产信息的程序、逻辑的不同，人们在不同网络空间开展信息消费的过程中，逐渐形成了具有圈层化特征的交往信息，从而导致围绕不同圈层化信息形成的群体之间的交往面临挑战。

第五节 信息消费分化的社群关系

信息是人际交往的重要内容和基础。在信息消费的过程中，人们以信息为核心建立了大大小小的网络社群，从而在一定程度上使得我国的社群结构和社群关系发生了变化。

一、信息消费分化的社群

信息是人际交往的重要内容和基础。互联网时代，借助于迅捷的信息传递

---

❶ 魏则西父母再曝上"知乎"曾被骗万余元［N］. 大连日报，2016－05－03（A9）.

技术，人们在信息消费的过程中，以信息为核心建立了不同规模和特征的大量社群。这些社群分别活跃于不同的网络空间，以共同的兴趣、观点、经历等为联系纽带，凝聚在一起，形成交往关系。就如一些网友以对魏则西的关注为核心形成的"则西帮助群"一样，借助于不同的信息传递平台，人们形成了不同的社群。

互联网时代，网络空间是信息生产和流动的重要空间，也是人们进行信息消费的重要平台。但是在我国，目前一部分社会成员并未进入网络空间。对于这些人而言，他们获取、传递信息的媒介以前互联网时代的传统媒介如报纸、杂志、电视、广播等为主。虽然互联网时代中，各大信息传播媒介之间的融合趋势越来越明显，但互联网依然是信息生产和传递的主要媒介。尤其对于想要发布信息的人而言，互联网是他们发表观点的重要自媒体。由此，以是否开展互联网信息消费为划分标准，社会成员在整体上被分为两大社群，即进入网络空间开展信息消费的社群和未进入网络空间开展信息消费的社群。对于这两大社群而言，他们在信息获取、信息发布、信息传递等各方面都具有明显的区别。比如"魏则西事件"中，虽然很多人都到过武警二院接受"生物免疫疗法"，但只有魏则西通过互联网认识了一位在美国留学的学生，得知了"生物免疫疗法"在美国临床阶段就被淘汰的真相，并将自己通过百度搜索知道该医院并接受该院治疗的经历发布在互联网上，从而才引起了人们对百度推广、莆田系医院等问题的关注。

除此之外，对于进入互联网空间的社会成员而言，他们又由于不同的信息消费平台、信息消费内容、信息消费习惯等而被分化为不同群体。目前，互联网空间中具有丰富多元的社交性平台，使用比较广泛的平台如微博、微信、QQ、百度贴吧、知乎社区等。以对这些平台的使用为核心，人们被分化为不同的社群。比如从群体成员之间的熟悉程度来看，微信、QQ平台上形成的社群以熟人社群为主，微博平台上形成的社群以粉丝社群、陌生人社群为主，百度贴吧、知乎社区里形成的社群以陌生人社群为主；而从群体成员的信息能力来看，上述社交平台中又以知乎社区中形成的社群的信息能力为最强。魏则西之所以在知乎社区上发表自己对"你认为人性最大的'恶'是什么"这一问题的回答，一方面源于该社区中经常出现有深度的问题及理性分析的群体氛围；另一方面是由于魏则西之前就是在知乎社区中得知了"生物免疫疗法"

在美国临床阶段被淘汰的真相,以及更多的医疗信息,因而才在他自认为有很多朋友的、能够获得更多真相和思考的平台上发布了他自己的经历。而这些经历后来又被信息能力较强的"知友"关注到,并将他的遭遇传递到更广的范围,引发形成了"魏则西事件"。

二、共享性信息下的社群融合

虽然在信息消费的过程中,人们被分化为不同的社群,但在互联网时代,由于信息传递速度的加快,不同传播媒介之间的相互融合,共享性信息的形成也会愈益便利。在对这些共享性信息的消费过程中,不同的社群也会出现融合,进而会在推进社会发展、提升社会整合方面发挥积极作用。

共享性信息,即为大众普遍认知、理解和传递的信息。互联网时代,由于信息传递范围的扩大和传递速度的增强,人们经常能够在较短的时间内共同获知某些信息,这些信息被广大社会成员共知、共传,因而被称为"共享性信息"。一般而言,共享性信息的传播范围越大,该信息的共享化程度便越高。比如,"魏则西事件"便是一个在 2016 年"五一"期间具有较高共享度的共享性信息。

共享性信息的形成和传播,主要源于各大传播媒介的融合,以及多元网络社交平台的共同作用。因而,在共享性信息形成和传播的过程中,原本区分于不同传播媒介、不同网络社交平台中的社群具有了一定程度的融合。"魏则西事件"最先出现于互联网,后来获得网络民众的广泛关注后,开始在报纸、杂志、广播、电视等媒体上进行传播。因而,无论是进入网络空间的人,还是未进入网络空间的人,都能够在较短的时间内获知"魏则西事件"的相关信息。而且,因为"魏则西事件"涉及的信息搜索和就医问题本身便具有广泛的社会关注度,所以该事件相关信息在很短的时间内便获得了较广的传播范围,成为共享性信息。此外,多元网络社交平台的共同作用,也为共享性信息的形成和传播发挥了重要的作用。"魏则西事件"最先是在知乎社区获得关注和讨论的,随后被曾从业于媒体行业的知友"孔狐狸"扩散到微博,该微博又被一个医生关注并转发到医生群体,随后媒体从业者詹某关注到该事件,并将其转发到微信公众号上,然后在微信的各个朋友圈中被大量转发,进而获得广泛关注。从中可以发现，在知乎社区、微博、微信等社交平台的共同作用下，各专业领域社群、熟人社群、陌生人社群都共同关注并传递了该信息，"魏则西事件"因而成为共享性信息。

同时，在共享性信息生产并传播的过程中，一些原本体现社群分化的信息也具有融合的趋势，从而在一定程度上消弭了社群界限，推动了社群融合。比如一些比较抽象的专业术语。"魏则西事件"出现之前，"滑膜肉瘤""生物免疫疗法"等专业术语是不为大多数民众所了解的。但在"魏则西事件"这一共享性信息形成和传递的过程中，这些专业术语也伴随着共享性信息的传递，而为大多数人所熟悉。因而，伴随着共享性信息的生产和传递，"滑膜肉瘤""生物免疫疗法"等专业术语也大量涌入生活世界中，开始内化到常人的日常生活经验中，进而成为促进社群融合的重要知识基础。

三、社群经济背后的压制与反抗

伴随着大量的社群在网络空间中聚集形成，以社群为基础的经济形式即社群经济也逐渐显现出来。从本质上而言，互联网时代兴起的粉丝经济、共享经济等都属于社群经济。即当具有共同兴趣、需求、观点、经历等特征的人聚集成群时，必然会形成一个社群市场，而该社群市场又必然潜存着大量的经济价值，进而导致社群经济的出现和兴起。社群经济重在社群，而不在于经济。互联网时代，社群就像一个水龙头，把水龙头打开了，经济之水就会随之流出。

魏则西在百度搜索上看到的排在搜索结果首位的武警二院"生物免疫疗法"信息，便属于社群经济。互联网具有信息筛选功能，当魏则西在百度搜索中输入"滑膜肉瘤"相关信息时，他和其他输入类似信息的人便共同构成了一个社群。而对于武警二院而言，他们便是接受"生物免疫疗法"的潜在消费人群，也是能为该院带来相应经济效益的潜在人群。

不过，由于网络信息消费的隐蔽性、无形性，魏则西及其他社群成员并未意识到自己的信息消费行为，也并未意识到自己在社群经济中的消费主体地位。因而，从一定程度而言，社群经济对社群成员具有一定的经济压制性。这种压制性主要体现为社群成员的无意识性。即当社群成员在未意识到自己消费主体的地位时便发生了消费行为，这在消费结果上是对社群成员不利且不公的。就像魏则西通过百度搜索了解到武警二院"生物免疫疗法"时，并未意识到自己已经为此信息支付了注意力成本，发生了消费行为。因此当得知该疗法在美国临床阶段被淘汰的真相时，他便感觉自己受到了欺骗，并付出了巨大的代价。

其实，除了魏则西，对于在网络空间中归属于某个社群的所有网民而言，社群经济的压制性是一直存在的。比如微信朋友圈，人们经常会在接收朋友发布的信息的同时，也会接收到微信平台自动发送的一些商业广告信息。再比如新闻网站、百度贴吧等，人们也会在浏览一些新闻、帖子的过程中，接收到一些具有商业性的信息。而从接收的被动性而言，对这些信息的被动接收便属于社群经济压制性的一种体现。从成本的付出而言，当人们不得不为这些被动接收的商业信息支付注意力成本、时间成本、个人信息成本时，便属于被动地完成了一次消费过程，这也是社群经济压制性的体现。

社群经济的压制性，主要表现了商业社群与消费者社群之间的不对等关系。这也是在网络信息消费过程中体现出来的社群关系。不过，随着互联网时代的进一步发展，消费者社群并不甘于自己的被压制状态，开始进行反抗。并且，这种反抗也能够以共享性信息的形式呈现，并在社会上传播开来，从而增强这种反抗的力量。比如，"魏则西事件"的出现并广受关注，就是这种反抗的一种表现。魏则西去世5个月后，知乎社区"魏则西"条目下的信息动态显示，魏则西的父母已经委托了律师先是发商榷函希望百度给一个说法和答复，然后在没有得到回应后，将案子诉到了北京市西城区人民法院。

互联网时代，信息消费逐渐成为人们消费结构中的重要组成内容。由于其不同于前互联网时代信息消费的诸多特征，互联网时代的信息消费也相应带来了一定的社会影响。而"魏则西事件"便在一定程度上彰显了互联网时代信息消费的社会影响。综合来看，互联网时代信息消费的社会影响主要体现在其对社会权力结构、消费结构、社会信任和群体关系等层面的双重影响上。

在社会权力结构层面，信息消费在增强人们的信息权力的同时，也由于信息过载和信息相对匮乏问题，尤其在资本力量影响之下各种信息迷局的出现，极大增加了人们选择和判断信息的难度，进而在一定程度上削弱了人们的信息权力，使人们面对着各种信息消费困扰。这需要人们增强获取、甄别信息的能力，面对信息消费过程中的各种信息迷雾，作出正确的选择和判断。在消费结构层面，主要体现在信息消费带来的社会消费结构变迁。这种变迁主要体现于生产者与消费者之间关系的变化、信息消费与社会交往的紧密关联，以及无形信息消费带来的生产者和消费者的主体不平等性等问题的出现。在社会信任层面，信息消费一方面促进了人际信任的时空延展，另一方面也带来了信息信任和普遍信任的彰显和困境等。在群体关系层面，信息消费带来的影响主要表现为信息消费对群体的分化、共享性信息的生产和传递对社群融合的促进、社群经济中的商业社群与消费者社群的压制与反抗等。

  对于互联网时代信息消费带来的这些社会影响，需要从辩证视角出发，一方面认识到信息消费的新变化及其在增强人们信息权力、促进消费结构变迁、促进人际信任时空延展、促进社群融合等方面的积极作用；另一方面也要看到信息消费在社会权力结构、消费结构、人际信任和群体关系等层面的消极影响，进而在不断引导、规范网络信息消费的同时，进一步推动网络社会的顺利发展。

第八章

公共空间：网络信息消费的空间转向及其社会风险

互联网时代，社会成员在进行网络信息消费的过程中，逐渐产生对"网络空间"的消费需求，也即网络信息消费有着向空间消费转向的发展趋势。这种转向在一定程度上也是网络信息消费另一个层面需求的反映，显示了社会成员需要一定的平台和空间进行平等、开放、自由、有效的信息消费。但是，在互联网空间的经济维度的影响下，社会成员网络信息消费的空间转向也存在一定的社会风险，这些风险主要包括信息风险、网络空间公共性的弱化、网络共同体的解体等社会风险，这些社会风险即体现为网络信息消费的社会影响。本章以百度"血友病吧"被卖事件为例，主要对网络信息消费的空间转向，以及这种转向带来的社会风险，尤其是对公共空间层面的空间结构的社会影响进行分析。❶

百度"血友病吧"被卖事件

伴随着互联网时代的到来，网络空间成为人们开展社会交往的重要平台和空间。面对生活中遇到的一些困惑及问题，尤其是涉及疾病隐私、非病友无法体会的病痛等问题时，人们更愿意通过互联网与"同病人"一起探讨治疗方案、分享个人经验、获得社会支持等。"同病相怜"的凝聚力驱使人们在长期的网络互动中自发形成了以疾病为分类标准的大量网络社群。

---

❶ 张荣. 网络信息消费的空间转向及其消费风险 [J]. 学术界，2017 (3)：81-90，324.

第八章 公共空间：网络信息消费的空间转向及其社会风险

百度贴吧中的病种类贴吧便是"同病人"形成网络社群的一个重要平台。百度贴吧是百度于 2003 年 12 月推出的互联网应用产品。截至 2015 年，经过 12 年的发展，百度贴吧已拥有 10 亿多注册用户，1900 多个主题吧，月活跃用户达到 3 亿人，相当于中国 6 亿网民中的一半人每个月都会来贴吧逛一圈。百度贴吧的主题非常繁杂，内容涵盖了人们生活的方方面面，如饮食、交友、娱乐、生活、体育、金融、科学等。其中，隶属于生活大类的病种类贴吧便是病友们聚集交流的重要平台之一。据报道，百度贴吧中涉及疾病类的贴吧大约有几千个❶，在百度主题吧的整体数量中并不是特别突出，属于小众化贴吧。

在百度"血友病吧"被卖事件发生之前，"血友病吧"便是这样的一个小众化贴吧类别中的不起眼小贴吧，大约拥有 5000 多名吧友，主要由血友病患者及其家属组成。"山东老八路"和"蚂蚁菜"分别是该吧的大吧主和二吧主。因为自己也是血友病患者之一，"山东老八路"和"蚂蚁菜"深切体会到血友病患者遭受的身体病痛及生活折磨，同时也深知大多数血友病患者在采取有效医疗方案前所走的医疗弯路。因而，他们一方面在贴吧中向其他吧友普及血友病常识，分享正确的治疗方案；另一方面针对各种来到贴吧发布虚假广告的医疗骗子，则通过删帖、批驳、提醒病友等方式避免病友受骗。在两位吧主及其他吧务组成员的共同努力下，经过近 10 年的发展，"血友病吧"发展成为一个几乎没有骗子帖打扰的净土，成为数千病友及其家属的家园，成为全国最知名的血友病知识基地之一，也是全国人气最高的一个血友病交流地。在百度"血友病吧"这个温馨家园里，吧友们相互支持、鼓励，"正因为有贴吧，痛似乎没有那么痛了，疼痛变成了一种体验"。❷

但是，从 2015 年 12 月下旬开始，"蚂蚁菜"和"山东老八路"突然发现自己在贴吧的管理权限被无故取消，贴吧莫名多了个官方吧主"血友病专家"。随后，百度公开招募贴吧合伙人、贴吧即将出售的消息也陆续传来。见此情景，原吧主"山东老八路"愤怒之下，甩手退出。被取消了管理权限的"蚂蚁菜"非常着急，因为他发现不仅自己被禁言说不了话，而且吧里一些有

---

❶ 汪传鸿. 过度商业化：百度"售卖"贴吧 [N]. 21 世纪经济报道, 2016-01-13 (16).
❷ 高珈佳, 黄格东. 蚂蚁菜：贴吧"帝国"撬动者 [N]. 南方都市报, 2016-01-15 (A04).

关治疗方案的精华帖子和揭发所谓中西医疗法的骗子帖都被删了。"蚂蚁菜"开始四处发帖求助。同时，他还联系了中国血友病协会会长关涛，希望通过协会与百度沟通，但是效果都不佳。

事件的转机出现于贴吧被转让 20 多天后的 2016 年 1 月 10 日，"蚂蚁菜"在网络问答社区知乎中"如何看待百度将'血友病吧'吧主撤掉并售卖贴吧的行为？"的问题下发了一篇呼吁帖，呼吁百度将"血友病吧"的管理权限归还给真正需要帮助的血友病人。他的这篇呼吁帖，引爆了知乎乃至整个网络。据微信数据显示，1 月 11 日，"37 篇吐槽百度的文章总阅读数超过 30 万。在百度平台，血友病的搜索指数也飙升到 3 万，这是自 2011 年有百度指数以来'血友病'最受关注的一次。在知乎，为'蚂蚁菜'点赞的网友接近 3 万"。❶

面对百度择"钱"弃"命"的"卖吧行为"，基于长期以来对"百度广告竞价排名"以及与莆田系民营医院的利益关系等商业行为的舆论质疑，由"蚂蚁菜"的呼吁帖引发，网络空间中迅速形成了高涨的批判、谴责百度卖吧行为的舆论浪潮，有些网友直接表示"再也不想用百度"。著名的网络自媒体人顾晓波和霍炬也分别撰写了批判百度的文章，其中顾晓波的文章在其个人自媒体发布当天"即获得超过 10 万次阅读量"❷。

基于逐渐高涨的质疑舆论浪潮，百度于 2016 年 1 月 12 日正式对外宣布，百度贴吧所有病种类贴吧全面停止商业合作，只对权威公益组织开放。而此前一天，百度还主动联系了中国血友病协会会长关涛，表示"血友病吧"将暂时交由公益机构"血友之家"管理。由此，"血友之家"也将成为我国首家参与病种类贴吧运营管理的公益机构。

虽然百度在卖吧事件出现后的两天时间内便迅速作出回应，叫停所有病种类贴吧的商业合作，但该事件还是引发了一些传统权威媒体的质疑性评论。央视《新闻 1 + 1》以"百度的尺度，究竟有几度？"为题对该事件进行了报道和评论；《人民日报》评论指出，"贴吧如此招商是杀鸡取卵"❸；《光明日报》指出，"互联网企业的'蛮劲'要用对地方"❹；《新华每日电讯》指出，"百

---

❶ 高珈佳, 黄格为. 蚂蚁菜：贴吧"帝国"撬动者 [N]. 南方都市报, 2016 - 01 - 15 (A04).
❷ 汪传鸿. 过度商业化：百度"售卖"贴吧 [N]. 21 世纪经济报道, 2016 - 01 - 13 (16).
❸ 刘念. 贴吧如此招商是杀鸡取卵 [N]. 人民日报, 2016 - 01 - 13 (13).
❹ 周龙. 互联网企业的"蛮劲"要用对地方 [N]. 光明日报, 2016 - 01 - 13 (2).

度售卖贴吧是合作还是为金钱"。❶

随后，当时的国家卫计委❷于2016年1月15日就百度"血友病吧"被卖事件回应称，希望百度能够把贴吧作为一个为网民提供权威的疾病诊断、治疗以及康复信息的平台，希望专业医疗卫生机构能够主动和百度等一些网络媒体合作等。❸ 国家网信办也于当月15日针对百度贴吧存在违法违规信息及商业化运作管理混乱、部分搜索结果有失客观公正、百度新闻炒作渲染暴力恐怖等有害信息的突出问题，约谈了百度公司负责人。❹

此次百度"血友病吧"被卖事件形成的舆论热潮，虽然随着百度的迅速回应而逐渐平息，但却深刻反映出公众对网络空间社会性、公益性的迫切需要。当前的互联网时代，网络空间逐渐成为人们开展社会交往、信息交流、休闲娱乐等社会活动的重要空间，对百度贴吧等网络交往平台的应用也日益成为人们社会生活的重要组成部分。但是，从经济发展层面来看，网络空间终究是各大互联网企业经济诉求下的网络产品，具有先天的商业性发展动力和趋势。因而，网络空间的社会性需求和商业性发展之间便出现了矛盾和冲突。在该事件中，百度和"蚂蚁菜"等吧民对"血友病吧"的重视和"争夺"，便深刻反映出当前互联网时代网络空间的商业、社会两重性之间的内在矛盾和冲突，进而对公共空间层面的空间结构产生了社会影响。

第一节 网络信息消费的空间转向

信息消费是互联网时代的重要消费行为之一。但随着互联网时代的深入发展，在信息消费的同时，空间消费也开始显现出来。此次百度"血友病吧"被卖事件便反映出网民对网络空间的消费趋向。当网络空间具有一定的信息生

---

❶ 郑山海. 百度售卖贴吧是合作还是为金钱［N］. 新华每日电讯, 2016-01-12（3）.
❷ 2018年3月，"中华人民共和国国家卫生和计划生育委员会"更名为"中华人民共和国国家卫生健康委员会"。
❸ 彭小菲, 周丹. 卫计委回应"百度贴吧被卖"：望网媒精准传播知识［N］. 北京青年报, 2016-01-16（A03）.
❹ 何春中. 国家网信办约谈百度公司负责人［N］. 北京青年报, 2016-01-17（A02）.

产能力，并聚焦了相应的人群后，其空间的消费价值便得以显现，网络信息消费也便具有了向空间消费的重要转向。

一、信息消费中的空间生产

信息是互联网空间中最重要的资源，也是互联网时代网民消费的主要内容之一。无论是浏览新闻网页，还是在论坛、贴吧获取信息，以及在微信上发布个人动态等，人们通过信息的获得、发布及传播，在互联网空间开展着种类多元的信息消费行为。伴随着互联网技术的迅猛发展和信息流动性日益增强，互联网空间存储的信息量越来越大，人们的信息需求也逐渐增强，互联网技术发展与信息消费之间呈现相互增强的发展态势。不过，伴随着信息消费的深入发展，空间消费的趋势性逐渐凸显出来，空间消费也成为互联网时代社会成员的重要消费行为之一。

以百度贴吧为例。百度贴吧诞生于2003年12月，至今已经拥有近20年的发展历史，是当前我国重要的中文网络社区之一。从种类来看，百度贴吧大致包括企业吧、明星吧、高校吧、地方吧、生活吧、娱乐吧等。其中，从属于生活吧的病种类贴吧虽然非常小众，但却为患有同一种疾病的患者及其家属提供了一个非常自由、私密、有针对性的信息交流平台，因而，该类贴吧的发展也比较迅速，几乎建立了所有符合吧民需求的病种类贴吧，如血友病吧、牛皮癣吧、甲亢吧、高血压吧、白癜风吧等。其中，有些病种类贴吧在吧主的精心管理维护下，具有较强的人气，信息流动和信息生产的能力较强，已经成为吧友们日常生活中不可缺少的重要交往空间之一。"血友病吧"便是其一。

血友病属于一种罕见病，是一种遗传性凝血功能障碍的出血性疾病，患者由于缺乏凝血酶原，将会终生面临出血而导致的身体病痛甚至残疾。据公益组织"血友之家"估算，目前我国大约有10万名血友病患者。由于在我国，血友病被列为严重血液病，大学、大部分企事业单位都对该病患者具有一定的排斥性，大部分血友病患者在日常生活中选择隐姓埋名，默默忍受着身体病痛及生活困扰。互联网时代的到来，使得网络空间成为这些患者开展人际交往和信息交流的重要平台。在百度"血友病吧"，匿名化交往的自由、大量信息的存在及流动、同病相怜的情感动力迅速凝聚了5000多名血友病患者及家属。他们将"血友病吧"看成一个温馨的网上家园，相互支持、鼓励，组成了一个提供信息、情感支持的社会群体。

除了作为"同病人"的交往平台和情感支持来源，百度"血友病吧"还具有极强的信息生产能力。信息生产主要发生在吧友们的信息交流过程中。通过吧友们对某一问题的问询、回答及讨论，关于该问题的相关信息便以知识的形式被生产出来。吧友越多，问题越多，讨论越充分，该吧的信息生产能力便越强。百度"血友病吧"拥有许多精华帖，这些精华帖都是贴吧在长期的运行过程中生产出来的重要信息，对于吧友而言具有非常重要的知识价值。许多刚被诊断患有血友病的病友及其家属正是通过这些精华帖，不仅对血友病有了更为详尽的了解，这对今后具体治疗方案的实施有很大帮助，同时也能从中学习到甄别医疗诈骗手段的相关知识，避免上当受骗。正是由于该吧较强的信息生产能力，百度"血友病吧"的吧友规模不断扩大，在血友病患者群体中逐渐具有较高的知名度。

随着百度"血友病吧"知名度和影响力的不断提升，该吧的空间价值也就逐渐显现。对于血友病患者及其家属而言，"血友病吧"就如同公共茶馆一样，当他们遇到问题时，便来到这个茶馆坐一坐，在其他吧友那里获得信息、鼓励和支持。这个茶馆的存在已经成为他们日常生活中不可或缺的组成部分，"血友病吧"也成为他们日常生活中不可缺少的网络空间。

二、空间不存，信息焉附？

在百度"血友病吧"被卖事件中，当原吧主"山东老八路"和"蚂蚁菜"突然发现自己的账号被封，无法发言，无法执行原来的吧主权限，并眼睁睁地看着百度委任的新吧主"血友病专家"任意删帖、加精、置顶，突然意识到了网络空间的重要性。对于他们而言，"血友病吧"就像一个家一样，但如今"家"却被别人占据。面对此种状况，在全体吧友的支持下，二吧主"蚂蚁菜"开始采取各种方法夺回家园。"蚂蚁菜"及其他吧友对贴吧的争夺及重视便显示了网络空间的重要性。网络空间与网络信息之间的关系就如同"皮"和"毛"的关系。古人言："皮之不存，毛将焉附？"而对于网络空间与信息而言，则是"空间不存，信息焉附？"。互联网时代，如果说信息是互联网的重要资源,那么空间则是信息资源发挥作用的重要平台和基础。

根据信息产生方式的不同,网络信息大致可以分为供给型信息和生产型信息。供给型信息,即网络空间中由供给方提供的相关信息,生产型信息则是在网络用户相互交流的过程中生产出来的信息。百度"血友病吧"中出现的大量信息即生产型信息。在这个由血友病患者自己组织的网络社区中,大家交流经验、分享治疗信息、互相鼓励,在相互交流中,许多有效信息被生产出来,成为"蚂蚁菜"在呼吁帖中所称的"精华帖"。这些"精华帖"包括如何识别医疗骗子、科普血友病知识、介绍正规医院地点、鼓励吧友学习找工作等信息。这些帖子成为血友病病友交流经验、相互鼓励的重要信息来源。在中国,线下活动少,线上活动便是对病患最好的支援平台,而百度"血友病吧"等则成为这些线上活动开展、信息生产和交流的重要空间。

网络空间是社会成员获得信息的重要平台。大致来看,互联网空间主要由两个层面的空间构成。首先是整体的互联网空间。依据进入互联网空间的情况,社会成员被分为"有者"和"无者"。其中,"有者"即拥有互联网,能够进入互联网空间的人,"无者"则是由于各种原因无法拥有互联网、进入互联网空间的人。对于"有者"而言,他们可以选择随时进入互联网空间获取自己需要的相关信息,而对于"无者"而言,他们便缺少进入空间获得相关信息的条件。其次是出现于互联网空间中的无数个小空间。这些小空间就如同一个个小房间,每个房间里都蕴藏着相应的信息,要想进入房间便要具有进入房间的权限。百度贴吧便是互联网空间上的一个小空间,只有经过注册成为其贴吧会员后,才可完整享有进入贴吧及获取相关信息的权限。

对于生产型信息而言,失去了空间,便意味着失去了信息生产、流动的平台,因而当百度"血友病吧"被卖事件出现之后,立即引发了吧友的全力抵抗。并且由于血友病的特殊性,当"蚂蚁菜"在知乎上发布呼吁帖后,立即引起了大部分人的关注,从而引发了社会舆论的质疑浪潮。正如"蚂蚁菜"所言,"血友病吧"被卖之后,该吧现有及未来相关信息的生产都将具有极强的商业性,进而会对吧友产生误导性,这样不仅会使得病友的救命钱被损耗、浪费,而且有可能出现致残和致命的后果。在该事件中,事件双方对贴吧信息生产权的争夺,实际上是对贴吧空间的争夺,正是该事件的出现,凸显了互联网时代"网络空间"的重要价值,即对信息资源的基础性、平台性价值。

三、消费空间与空间消费

互联网时代，网络空间成为人们开展信息消费行为的重要空间。信息消费，是一种直接或间接以信息产品和信息服务为消费对象的经济活动。伴随着互联网技术的发展，网络空间中的信息产品、信息服务形式日趋多样化，极大地刺激了人们的信息需求，人们的信息消费行为日益多样化。同时，随着互联网由 Web 1.0 向 Web 2.0，甚至 Web 3.0 发展，人们开展信息消费的空间也日益扩大，从最初的新闻浏览、收发邮件，到后来的 QQ、网络论坛，再到后来的微博、微信等，信息消费空间日益扩大而多元。

作为中国最大的互联网公司之一，百度提供的各种互联网服务成为人们开展信息消费的重要空间之一。百度起始于信息搜索服务，所开发的百度搜索引擎是目前中国最受欢迎、影响力最大的搜索网站，也是目前中国覆盖面最广的知识散播平台。当人们在生活中遇到问题时，在百度上搜索相关答案则成为最普遍的做法之一。尤其是在医疗领域，上网搜索更是许多患者遇到医疗困扰时的普遍做法，调查显示，"我国有超过六成的人在去医院看病时都会上网搜索相关信息"。[1] 正是基于影响力巨大的搜索引擎服务，百度拥有了一大批网络用户，以此为基础，建立于 2003 年 12 月的百度贴吧也迅速发展，截至 2015 年已拥有了 10 亿多的注册用户，成为网络用户开展信息消费的重要空间。

学术界对"空间消费"的研究始于 20 世纪 60 年代。狭义的空间消费是指用现实中可利用的资本和资源去交易，以换取对空间的体验、感受以及占有，从而激活与之相关的空间体验；广义的空间消费则是指人与空间在互动中彼此影响、改变的体验过程及结果。广义的空间消费既包括客观的在空间中的消费行为和活动，也包括主观的关于空间感、空间话语、空间想象的流动变化。空间消费的形式大致包括物质性的空间消费和非物质性的空间消费。物质性的空间消费偏向于对空间的占有、体验和感受；非物质性的空间消费一般偏向于在

---

[1] 马建忠. 百度病种吧停商业合作 互联网+医托何去何从 [N]. 南方都市报, 2016-01-14 (C06).

消费过程中空间赋予的其他价值和内涵。

百度贴吧的空间价值是逐渐显现的。由于网络空间的无边界性，贴吧之间的空间争夺并不明显，更多是对人的争夺，即如何能够凝聚更多的人加入进来。当一个贴吧凝聚了大量人群之后，该吧的空间价值也立即获得凸显，即只有在该贴吧，而非在其他贴吧，人们才能获得与更多人交流信息的平台和机会。从本质上而言，网络空间的重要价值与所容纳的人群性质、规模具有密切关系，容纳人群的规模越大，信息生产的能力便越强，空间的价值也便越大。

从吧友规模及信息生产能力来看，"血友病吧"便具有极大的空间价值。从2006年3月的第一个帖子发布至2015年，在近10年的发展中，通过"山东老八路""蚂蚁菜"等吧务管理人员的努力维护，"血友病吧"已经成为国内非常著名的血友病交流平台。在该空间中生产、流动的信息，对血友病患者具有非常大的影响力。在长期的信息交流中，吧友们相互之间建立了非常密切的情感联系，有些吧友还成为现实生活中的好朋友，在该吧的信息交往也已经成为许多吧友日常生活中的一个重要组成部分。

不过，不同于贴吧空间对吧友们的公共性价值，对于开发贴吧空间的百度而言，该空间更多是作为其公司开发的网络产品而存在的，能从中获得更多的经济利益是贴吧空间的价值所在。随着"血友病吧"等贴吧空间价值的凸显和提升，百度也便加紧了对贴吧的商业化操作行为，从而导致出现了百度"血友病吧"被卖事件。该事件显示出，网络空间不仅具有公共性价值，还具有主要的经济向度。而在该经济向度的影响下，网络空间公共性价值的发挥也受到了相应的制约。

第二节 经济向度下的网络空间

除了公共性维度的呈现，网络空间还具有主要的经济向度。互联网企业是影响网络空间的重要经济向度。功能各异的网络空间都是互联网企业的重要产品，企业的理念会影响网络空间的功能。在经济向度的影响下，网络空间具有一定的经济层面的使用制约，这大大影响了网络空间的使用自由度，进而影响网络空间在公共生活上作用的发挥。

一、空间进入的经济许可

互联网时代,在互联网技术基础上形成的虚拟世界便是一个重要空间。能否进入该空间具有一定的经济制约。首先是需要购买相应的上网设备,并付出一定的上网费用,才会进入网络空间。其次是进入互联网空间里的每个小空间,也需要一定的经济许可,即获得开发该互联网应用的互联网公司的许可。这一许可主要体现为需要成为注册会员、遵守该互联网应用的相关规定等。基于不同的经济需要,不同的互联网公司在用户进入空间时的要求也不一样。一般而言,每个用户在注册成为会员的同时,需要拥有一个账号、密码,有的甚至还要提供邮箱、手机号等私人信息。同时,使用者还要同意遵守互联网公司制定的相应使用规定等。凭借会员制度,互联网公司一般都会拥有全部会员的上网资料,同时,当用户出现一些违反规定的网络行为时,就可以采取禁止该用户进入空间的形式予以控制。

由此可见,互联网空间的使用具有一定的经济制约性。一方面,进入网络空间需要具备一定的经济基础;另一方面,在使用网络空间时也会受到互联网公司的相应制约。互联网公司的经济属性,使得网络用户对网络空间的使用也具有相应的经济制约性,即需要按照一定的经济逻辑开展网络行为。

比如百度贴吧。百度贴吧的使用并不复杂,普通网民都可以进入百度贴吧的页面,进行信息的查阅,但如果不是会员的话,只能浏览到部分信息。如果网民想浏览贴吧内的全部信息并要发布相关信息时,就必须注册为贴吧会员。贴吧会员要想成为贴吧管理人员,必须经过申请,被批准成为贴吧吧主后才能行使管理贴吧的权限。不过,与普通会员一样,吧主使用贴吧的权限都是由百度赋予的,吧主进入空间及对空间的管理权限都会受到百度在贴吧后台的操作制约。此次百度"血友病吧"被卖事件中,百度便是通过对原吧主"山东老八路""蚂蚁菜"的禁言、禁权等形式,从而单方面实现了对该吧管理权限的转让行为,重新设立了新吧主"血友病专家"。

除了百度贴吧,目前国内应用较广的QQ、微博、微信等互联网应用也是如此。它们在归属于某个互联网公司的同时,也具有自身的经济运行逻辑。用户在享受这些网络应用平台带来的便利交往和丰富信息的同时,也会并行接收到该平台的商业推广、广告宣传等商业性信息。由此可见，互联网技术在建构一个自由、平等、迅捷传递信息的网络空间的同时，必然蕴含了对该空间开展商业化行为的经济逻辑。用户在进入网络空间，以及在使用网络空间的过程中，也必然要顺应互联网企业的经济逻辑。尤其是社会上的大部分人都在使用某个网络空间，我们不使用便不能获得更便利的交往和更丰富的信息时，我们受到网络空间背后经济逻辑的影响会更大。

虽然百度"血友病吧"被卖事件最终以百度对病种类贴吧商业化操作行为的停止而结束，但网络空间的经济向度依然存在。对于百度这样的互联网公司而言，盈利始终是其长远发展、开发网络新产品的根本动力，因而对其网络产品的商业化运营也是互联网公司的必然趋势。在该事件中，百度声明将与公益机构和组织合作共同运营管理病种类贴吧，但并未指出具体的合作方式，"之前说是要几万元合作费，接下来是否需要还不好说"。❶

二、空间话语权背后的经济暗箱

空间话语权，即在一定空间中的话语影响力。具体到网络空间，空间话语权即在网络空间中的话语影响力。伴随着互联网时代的深入发展，网络空间消费的重要性日益凸显，网络空间话语权的重要性也随之提升。由于网络空间的经济向度的存在，网络空间话语权也受到经济向度的影响，在网络空间话语权的背后存在一系列的"经济暗箱"。

在百度"血友病吧"被卖事件中，单从"血友病吧"空间来看，空间内的话语权主要由吧主掌握，因为吧主具有置顶重要信息、删除无用信息等管理权限。通过这些管理权限的发挥，吧主便可以把自己认为的重要信息凸显在空间中，进而发挥对该空间的话语影响力。"山东老八路""蚂蚁菜"都是"血友病吧"的原吧主，也是掌握空间话语权的重要人物。长期以来，他们在空间中发布的相关信息都会获得其他吧友的特别关注和普遍认同。但是从2015年12月下旬开始，他们发现自己在贴吧的管理权限被取消，后来还被封号，

---

❶ 马建忠. 出卖病种贴吧 百度"医疗"生意惹众怒 [N]. 南方都市报，2016-01-13 (A01).

"血友病吧"则突然多了个官方吧主"血友病专家"。管理权限被取消,意味着"蚂蚁菜"等原吧主无法行使话语权,号被封则意味着他们最后连空间都无法进入。这时,他们才意识到,在他们空间话语权的获得及行使上,百度才具有最重要的影响力。

百度贴吧是百度开发出来的网络产品,归属于百度公司。从这个层面而言,百度具有决定贴吧空间话语权的重要作用。首先,每一个贴吧吧主的申请都必须经过百度的审核和批准,然后由百度来赋予一个人管理贴吧的权限。其次,按照《吧主协定》,百度有权随时撤换吧主。这就意味着,即使"蚂蚁菜"的空间话语权获得了其他吧友的一致认同,对"血友病吧"的发展发挥了重要积极影响,但百度还是可以依据自身的经济利益诉求,随时消解掉"蚂蚁菜"的空间话语权。这里的"消解",并非传统意义上对空间话语权的认同合法性的瓦解,而是直接解除"蚂蚁菜"行使空间话语权的种种条件,如管理空间信息权限的取消,进入空间发言权限的取消等。甚至在经济利益的驱使下,贴吧空间的话语权还具有了商品属性,购买人可以通过一定的经济付出来获得"贴吧空间话语权"这一商品。比如,"地区吧报价已经达到数十万元至数百万元一年,行业吧(兴趣吧)的价格也多数在数十万元"。❶

网络空间的话语权,主要体现为对空间信息的控制力。众多商家之所以愿意付出一定的金钱来获得空间的话语权,最主要是想获得对空间信息的控制力,即让空间内流动的信息能够按照自己的需要予以出现和排列,进而影响广大空间用户。据报道,百度贴吧中还流行"删帖业务","以前贴吧删帖,黑市叫价一条帖子 800~1500 元"。❷

其实,除了贴吧,类似的商品化行为还出现于百度备受争议的竞价排名中。竞价排名是百度针对百度搜索进行的商业化操作策略。客户可以通过购买一些关键词的竞价排名来提高自己在百度搜索上被看到的频率,百度会依据用户点击次数收取相应的费用,而客户也可以通过出价的高低来改变自己的信息

---

❶ 谢睿,马建忠. 百度贴吧合伙人招募"下架"[N]. 南方都市报,2016-01-15(C01).
❷ 涂重航,等. 百度贴吧利益调查:删帖业务与广告共生[N]. 新京报,2016-01-13(A15).

在搜索结果中的排序。基于百度搜索在国内互联网搜索引擎行业中的重要地位，网络用户普遍使用百度搜索作为自己获得信息的重要渠道。但竞价排名却在一定程度上干扰了用户搜索结果的客观性，一些购买了竞价排名的公司的信息会优先出现在搜索结果的前列，从而违背了互联网信息排序的客观性，使网络用户搜索真正需要的信息的时间成本增大。

其实，无论是百度贴吧空间的有偿转让，还是搜索引擎的竞价排名，都是百度在经济利益诉求下的商业操作行为，这也体现了经济力量对网络空间话语权的重要影响。在百度等互联网公司的经济化操作行为下，网络空间里的话语权以信息为中介受到了重要影响，网络空间话语权的分配背后，也存在一定的"经济暗箱"。

三、空间归属的经济主导

从本质上而言，互联网企业用技术和服务搭建了网络空间，便拥有对该空间的所有权和处置权，属于网络空间的所有者。但与此同时，空间用户也在使用空间的过程中参与空间信息生产、空间价值提升等工作，因而属于空间的主要建设者。从这个层面来看，互联网企业和空间用户都分别拥有对该空间的某种权利。不过就目前而言，互联网公司在对空间的拥有及处置上拥有绝对的权利，空间用户除了使用空间、建设空间之外，并不拥有任何其他权利，网络空间的归属仍然遵循经济主导的逻辑。如此一来，网络空间所有权现状与社会需求之间便存在一定的差距，必然会带来相应的社会矛盾和社会冲突。此次的百度"血友病吧"被卖事件便展现了这种冲突。

对于互联网公司与空间用户在空间所有及处置权上的矛盾，《光明日报》使用的"荒山喻"特别贴切。该报指出："百度是贴吧平台的提供者，并不意味着就可以因此对贴吧随意处置，毕竟，贴吧的成功更有吧主和网友的功劳。就像是一片荒山，所有权是百度的，免费开放给人耕种，多年后，草木茂盛、花果飘香了，就站出来说山是他们的，然后就带着牲畜开始骑马放牧，原来在这里开垦的人肯定不会答应。"❶

---

❶ 周龙. 互联网企业的"蛮劲"要用对地方 [N]. 光明日报，2016-01-13 (2).

以"血友病吧"为例，虽然该吧是在百度贴吧空间中建设的，而百度贴吧又属于百度开发的网络产品，从表面上看百度拥有对该吧的所有权和处置权；但从另一方面来看，百度虽然开发了百度贴吧这一产品，但具体到各个贴吧的名称、内容等则都是贴吧用户建设的。当一个贴吧被建立之后，"蚂蚁菜"等贴吧吧主则在维护、发展该吧的过程中付出了巨大的精力和心血。他们几乎每天都会花费大量时间浏览贴吧里的信息，对这些庞杂的信息进行整理，置顶优质信息、删除诈骗或虚假信息，同时还会不定期地发布信息回答其他吧友提出的问题。总而言之，正是在无数贴吧吧友的问询、回答中，正是在无数贴吧吧主的管理、维护中，"血友病吧"等优质贴吧才能成为一个有名的网络空间，该吧的空间价值也通过该空间的较强信息生产能力、较大用户规模和较高知名度而不断提升。在这个过程中，百度只是提供了后台的技术支撑、违规监管、用户入口建设等工作，更多的建设空间工作实际上是由贴吧用户完成的。因此，当百度单方面决定将"血友病吧"有偿转让，便遭到了该吧的吧主及吧友们的强烈反对，并受到了社会舆论的质疑。

百度"血友病吧"被卖事件虽然以百度叫停病种类贴吧的商业化而暂时中止，但对该事件引发出的空间归属问题的思考却刚刚开始，这需要社会各方予以关注，并最终寻找到一条合适的解决路径。

第三节 网络空间消费中的信息风险

网络信息消费的空间转向，在一定程度上增加了消费者的信息风险。这里所说的"信息风险"，即伴随着互联网时代的到来，网络信息消费者遭遇的与信息相关的风险，包括个人信息泄露、虚假信息、信息欺诈、信息过度等。虽然这些信息风险自进入互联网时代以来便一直存在，但网络信息消费的空间转向则使一些信息风险得到了进一步的凸显和增强。

一、大数据与个人信息

互联网技术的发展催生了大数据时代的到来。"大数据"即互联网公司在日常运营中生成、积累的用户网络行为数据。这些数据的规模非常庞大，具有数据量大、类型繁多、价值密度低、速度快和时效高等特点。大数据在电子商务、物流配送等经济领域发挥着重要的作用，对互联网企业、数据相关行业的发展都起到了重要的推动作用，有人甚至用"数据财富"形容大数据时代中数据的重要资源性作用。

大数据时代，每个人都是数据的使用者和贡献者。当一个社会成员在使用互联网时，他的个人信息便被积累进入大数据系统。这些个人信息大致包括基本信息、设备信息、账户信息、隐私信息、社会关系信息、网络行为信息。其中，基本信息包括姓名、性别、年龄、家庭地址、婚姻、信仰、职业等基本特征；设备信息包括手机、计算机信息等；账户信息包括网银账号、社交账号和重要邮箱账号等；隐私信息包括通话记录、个人照片、视频等；社会关系信息包括好友关系、家庭成员信息、工作单位信息等；网络行为信息，包括上网行为记录、上网时间、上网地点、搜索记录、聊天记录、网络游戏行为等个人信息。

大数据的形成与越来越多网络用户的网络行为密切相关。大数据的规模越大，便说明越多的个人信息被汇集起来。可以这样说，从网络用户进入互联网这个大的网络空间的那一刻起，他的个人信息便陆续地被汇集到大数据中。当我们在百度搜索输入某个关键词时，当我们用手机扫描二维码时，当我们在微博或微信转发某个信息时，我们的信息需求、消费习惯、兴趣偏好，甚至社交圈等信息，都可能会被互联网公司的大数据分析工具捕获，进而汇集起来。百度"血友病吧"内的吧友们在发布、传播、获取血友病相关医疗信息时，他们的个人信息也逐渐被汇集起来，并成为百度和一些医疗机构的营销对象。

互联网时代的发展初期，"信息"成为网络用户的重要消费内容。但随着互联网应用平台的日益丰富，网民规模的日趋扩大，Web 2.0甚至Web 3.0的发展，使得网络空间也逐渐成为网民们的重要消费内容之一。不同互联网公司开发的功能各异的网络空间成为网民开展交往、获取信息、发布信息的重要空间和平台，空间的消费价值也逐渐得以凸显。如百度的百度贴吧、腾讯的QQ与微信、新浪的新浪微博等，更多的互联网应用越来越向网络空间趋同。当网络用户使用这些应用平台时，便如同进入了一个网络空间开展种种网络行为，在这个过程中，该网络空间的价值也日益凸显，有着被网络用户消费的发展趋向。

伴随着越来越多的人进入网络空间开展消费行为，网络用户个人信息泄露的风险越来越大。目前，大部分互联网公司开发的互联网应用平台都依托于公民的个人信息。比如当我们下载一个手机 App 时，通常会看到这样的提示，即是否允许应用软件共享你的通讯录、位置信息。如果允许共享，则意味着我们可能面临信息泄露的风险；拒绝共享，则意味着我们将无法进入该应用平台享受到相关服务。特别是当周围的同事、同学、朋友都在使用该项互联网应用时，交往的需要将会驱使我们也要使用该项互联网应用，进而能与他人开展更便利的沟通。伴随着互联网时代的发展，当我们使用越来越多的网络空间时，便意味着我们暴露于互联网中的个人信息越来越多。据报道，2015 年，近八成（78.2%）网民的个人身份信息被泄露，包括姓名、学历、家庭住址、身份证号及工作单位等，六成多（63.4%）网民的个人网上活动信息被泄露，包括通话记录、网购记录、网站浏览痕迹、IP 地址、软件使用痕迹及地理位置等，而因个人信息泄露、垃圾信息、诈骗信息等原因，导致网民总体损失约 805 亿元。❶

二、不知情权

互联网时代的到来，使得人们获取信息的能力也大大提升。但在海量信息中，如何迅速获得自己需要的信息，如何规避大量的无用信息则成为一个新出现的重要问题。目前，全球的信息量正以平均 12 个月到 18 个月就翻一番的速度增长。在接受大量信息的同时，公众也要忍受大量的垃圾信息，许多无效信息已经严重影响到了人们的正常工作和生活。因而，互联网时代中的海量信息不但过分满足了公众的知情权，同时也毫不留情地剥夺了公众的不知情权。

不知情权是知情权的对应权利。早在 1978 年，俄罗斯作家索尔仁尼琴便注意到了不知情权，他在哈佛大学演讲时指出："除了知情权以外，人也应该拥有不知情权，后者的价值要大得多。它意味着高尚的灵魂不必被那些废话和

---

❶ 李丹丹. 诈骗、泄露、垃圾信息致网民年损失 805 亿 [N]. 新京报，2015-07-24（A17）.

空谈充斥。过度的信息对一个过着充实生活的人来说，是一种不必要的负担。"❶ 同时，戴维·申克也指出，"当信息积累得越来越多时，它就不仅仅是通货了，它也成了污染"，"信息烟尘太坏事了，它挤占了空闲时间，阻塞了必需的思考"。❷ 信息过剩的后果便是产生了"信息消化不良""信息过剩综合征"或"信息污染综合征"等。

在百度"血友病吧"被卖事件中，当"血友病吧"被百度转让之后，新任吧主"血友病专家"不仅删除了原来的大量精华帖，还发布了许多广告宣传性信息。在原吧主"蚂蚁菜"等看来，这些信息中包含有大量的虚假、欺诈性信息，是不应该被血友病患者及其家属接收到的信息。从不知情权的角度而言，"血友病专家"发布的具有广告性质的信息便大大损害了吧友们的不知情权。因为这些信息的存在干扰和误导了吧友们对有效信息的寻求，增加了在信息搜寻过程中的不必要负担。而在吧友们看来，被转让之前的百度"血友病吧"之所以具有较高的知名度和获取信息方面的价值，就在于该吧在原吧主"山东老八路"和"蚂蚁菜"的努力下，被打造成没有过度信息和污染信息的"净土"，做到了对吧友们不知情权的尊重。

微信目前已经成为使用最广泛的互联网应用之一。人们在微信中组成了大大小小的朋友圈，微信朋友圈的出现，使得人们能够超越时空距离开展人际交往。孩子、美景、美食等都成为人们发布在朋友圈中的重要内容。人们在无间隙享受人际交往的便捷时，却也发现，信息的过度接收也带来了相应困扰。尤其是微商的出现，使得朋友圈都快成广告圈了。也有人称，自己的微信圈都快变成垃圾圈了。

第四节　网络空间公共性的日趋弱化

网络空间消费的社会风险还体现为网络空间公共性的日趋弱化。与现实空

---

❶ 郭子辉，张岚. 新媒体时代，谁动了我的不知情权？[J]. 中国广播，2009（12）：53-55.
❷ 戴维·申克. 信息烟尘：在信息爆炸中求生存[M]. 黄锫坚，朱付元，何芷江，译. 南昌：江西教育出版社，2001：15-16.

间不同，网络空间因其开放性、自由性、平等性等特点具有较强的公共性。互联网时代，网络空间更像是公众所有的一个公共空间，大家可以随时进入该空间开展公共话题的讨论，共享相关信息等。但在网络空间消费价值日益凸显，网络空间逐渐具有网络商品属性的发展趋势下，网络空间的公共性也存在日趋弱化的风险。

一、网络空间：在公共性中彰显社会价值

目前，随着网民规模的日益扩大，网络空间已经成为人们开展人际交往、信息交流、生活娱乐等行为的重要空间之一。

不同于现实空间中的地域阻隔及阶层固化，网络空间天然具有极强的公共性。这种公共性主要体现在三个方面。第一是公开性，即网络空间是开放的，网络空间中展现的任何信息都可为人所见、所闻，具有最广泛的公开性。在网络空间中，虽然也有私密空间和公共空间之分，但实质上都具有公共性。私密空间如QQ好友圈、微信朋友圈、设密后的博客等，虽然他人不经允许无法获得该空间里的信息，但这些信息一旦发布于网络便具有可见性，便已经为腾讯、新浪等互联网公司在后台可见。公共空间如微博、论坛中的信息更是具有极强的公开性，任何人只要进入相应空间，便能见到这些信息。第二是共有性，即网络空间为网络公众共有，任何人都可以随时进入这些空间。另外，从信息生产的角度来看，网络空间中的所有信息都是全体的网络用户在使用过程中产生的，尤其是在论坛、社区、贴吧等信息生产能力较强的空间中，在全体网络用户的问询、回答、讨论、编辑等工作中，信息被源源不断地生产出来。当然，在具体的信息生产过程中，不同用户发挥的作用也是不同的，如媒体记者、贴吧吧主、网站编辑人员、意见领袖等在其中发挥了更重要的作用。第三是共用性，即由于网络空间的公开性、共有性，因而可以被任何网络用户使用。任何一个人，基于信息需求，都可以进入网络空间中查阅、搜寻所有信息，从而获得信息方面的帮助和支持。

网络空间的公共性使得网络空间在我国发挥了更大的社会价值，包括社会资本的整体提升、公益事业发展的进一步促进等。

从社会资本的角度来看，网络空间的公共性使得任何人都可以随时随地进

入网络空间与他人开展交往，人际交往的广度和深度都进一步拓宽，人际交往的内容更为丰富，群体凝聚的频率也更高，社会网络的形成更为便利，社会凝聚的动力更强，社会资本由此便获得整体的进一步提升。

从公益事业发展来看，互联网技术的发展也进一步促进了我们公益事业的发展。以"血友病吧"为例。血友病是一种特殊的疾病，患者通常具有常人无法理解的痛苦。根据公益组织"血友之家"估算，目前中国大约有10万名患者，但登记在册的仅占1成左右，其中绝大部分因病致残、因病致贫，生存现状不容乐观。由于疾病的隐私性，许多患者在日常生活中并不愿意让其他人知道自己的病情。同时，由于信息沟通局限，患者之间也缺乏必要的交流。而百度"血友病吧"建立之后，给更多的血友病患者及其家属提供了一个建立社会关系、交流医疗信息、相互支持鼓励的重要空间。另外，网络交往的匿名性也使得这些被疾病困扰的患者不再担心个人的疾病隐私，从而能够敞开心扉，将自己的困扰表达出来，获得社会支持。

二、经济逻辑下的有限公共性

与10年前相比，中国的互联网从开放、自由竞争，逐渐进入巨头主导的新阶段。在互联网巨头企业对经济利益的寻求过程中，经济力量开始发挥其对网络空间发展趋向的干预作用，在一定程度上削弱了网络空间的公共性。

百度是目前国内比较大的互联网公司之一，成立于2000年，由最初员工不足10人扩张到约4万名员工，百度搜索、百度贴吧等都是百度旗下具有重要影响的网络产品。如百度贴吧，基于百度搜索引擎的关键词搜索，吸引用户建立以该关键词为核心的贴吧空间，并与其他对该关键词感兴趣的用户一起凝聚成群体，在贴吧空间中开展人际交往和信息交流。由于贴吧与搜索相结合，准确契合用户需求，因而迅速吸引了大量用户进入贴吧，截至2015年已有10多亿用户注册成为贴吧用户。百度贴吧也成为国内最受欢迎、用户规模最大的网络空间之一。

但是在百度看来，百度贴吧的变现能力却有待发掘。作为一个追求经济利润的互联网公司，百度逐渐发现，在移动互联网的发展中，百度的市值有被阿里巴巴和腾讯远远甩开的趋势，资本压力也不断增加。因而，经过长时期的酝酿之后，百度于 2015 年启动了"百度合伙人计划"，即通过有偿转让，将一些具有商业价值的贴吧转让给一些商业机构来管理。据报道，百度对外出售的贴吧分为两大类（兴趣吧、地区吧），价位由百度内部核算，按照贴吧的发帖量、活跃度、用户数等测算，最终确定要出售的贴吧管理权、经营权价值。[1]

正是在对"血友病吧"有偿转让的过程中，百度遭遇了"血友病吧"被卖事件发生之后的舆论指责，随后叫停了病种类贴吧的商业化，指出只对权威公益组织开放。

其实，无论是只对权威公益组织开放的病种类贴吧，还是已经被售出的贴吧等，都表现了经济力量对网络空间公共性的影响，即都必须获得百度的允许来获得并行使对贴吧的管理权限，作为互联网公司的百度依然在依循经济逻辑发挥着对其网络产品的影响。对于已经被售出的贴吧而言，当该贴吧空间被商业化之后，其空间的信息生产也必然遵循着经济逻辑，即以该商业主体的经济诉求为主维度来生产信息。由此，该贴吧空间的公共性便受到了经济力量的干预和消解。而贴吧空间的公共性受到消解，便意味着公共利益的受损，进而产生消极的社会影响。

不只是百度贴吧，其他如微信、微博、论坛等公共空间也是如此，当经济力量成为这些空间的主导力量，网络空间的公开性、共有性、共用性便会受到一定程度的消解。首先，进入空间需要得到空间内经济力量的允许和认可；其次，空间内信息生产及信息流动也不再完全遵循公共的需求，而仅局限于经济力量影响下的部分共有；最后，空间的使用及空间信息的使用也会逐渐失去公共性，越来越多的用户将会由于空间信息的过度商业化而不再使用空间及其信息，空间的共用性受到削弱。

因此，对于百度这样的互联网企业而言，将会普遍处于追寻经济效益和承担社会责任之间的两难处境中。一方面，作为企业需要追求经济利益；但另一方面，又要维护网络空间的公共性。从国际经验来看，互联网企业传统的盈利模式主要是依靠流量广告、增值服务、第三方应用开发分成等，最新的盈利模

---

[1] 涂重航，张维，卫诗婕. 贴吧利益调查：删帖业务与广告共生 [N]. 新京报，2016-01-13（A15）.

式更是涉足人类科技应用和深入共享经济领域。因此,作为时代发展的标志,当前我国的互联网企业需要借鉴国际经验,并要意识到只有成为科技经济时代的引领者和探索者才能具有长久的竞争力和生命力。

三、空间公共性发展动力的减弱

互联网时代,公众相互之间的信息交流更为便捷,群体的凝聚也更为频繁,在不同的网络空间中,都凝聚了各类不同的群体,在信息交流中开展人际交往。网络空间具有一定的公共性。但随着互联网时代的深入发展,在互联网企业经济逻辑的影响下,网络空间逐渐具备了商品属性以供网络用户消费。伴随着网络用户由空间使用者向消费者的转变,网络空间的公共性发展动力也会受到影响,从而带来网络空间公共性的逐渐消解。

百度"血友病吧"被卖事件发生之前,"血友病吧"是一个公共性极强的网络空间,任何有信息需求的血友病病人及其家属,都可以进入贴吧问询,"蚂蚁菜"等吧主以及其他吧友只要掌握相关信息,都会无私地回答问题,给问询者提供信息帮助或情绪支持。"蚂蚁菜"在管理维护贴吧的过程中,也是完全自愿,没有任何经济利益方面的诉求。他"天天泡在贴吧里,翻开每一个帖,关注,留言,提问",在取得心理辅导证之后,经常"为病友或家属打气鼓劲,做心理疏导"。❶ 总之,在加入贴吧的十年时间里,作为吧主的"蚂蚁菜"及"山东老八路"花费了大量时间和精力。"蚂蚁菜""山东老八路"及其他吧友之所以自愿地加入贴吧,并在维护贴吧运行过程中花费时间和精力开展了大量工作,主要是基于对"同病人"的理解和同情,以及长时间与其他吧友互动过程中结下的深厚情谊。在他们的努力下,"血友病吧"成为全国知名的血友病知识基地之一。

总之,在百度"血友病吧"被卖事件之前,正是由于贴吧空间的商业化较弱,自由度较高,每个人都可以建立自己感兴趣的贴吧,申请成为吧主,并聚集具有相同兴趣的人加入贴吧,吧主及吧友们才会自愿承担大量的建立、管理、运行贴吧的工作,"血友病吧"等百度贴吧才具有相应的公共性。

---

❶ 高珈佳,黄格为. 蚂蚁菜:贴吧"帝国"撬动者[N]. 南方都市报,2016-01-15(A04).

但百度"血友病吧"被卖事件发生之后，当贴吧空间逐渐具有商品属性，并被百度待价而沽时，贴吧空间里的吧民则由使用者转变为消费者。在消费逻辑的影响下，贴吧消费者的自愿性及公共精神则会大为下降，网络空间公共性的发展动力也会受到影响。首先是进入空间的动力下降。网络空间成为商品后，网络空间消费门槛的存在将会限制一部分用户进入空间，进而该空间的公共基础会受到影响。其次是管理维护空间的动力下降，对于网络用户而言，商品化后的网络空间是供其消费的商品，消费行为的存在将会消解网络用户的空间主体性。最后是空间信息生产的公共性动力不足，缺乏了大量用户的使用，以及对空间建设的参与，空间的信息力将会受到影响，并且在商业信息的"污染"下，空间内的信息生产不再遵循公共需求，生产出来的信息的公共性也将大大减弱。

第五节　网络共同体的消解风险

基于网络空间的公共性、平等性，以及空间内信息传播的便利性，在网络空间中凝聚形成了众多的网络社群。这些网络社群在当代正处于深入转型的中国社会中，发挥了类似于"共同体"的社会支持功能，因而又被称为"网络共同体"。但是，伴随着网络信息消费的空间转向，在网络空间消费的维度上，一些网络共同体却面临着被消解的风险。

一、从网络空间到网络共同体

互联网时代，基于便捷的信息传播技术，网络空间成为凝聚社群的重要平台。综合来看，目前网络空间可分为交易型空间、关系型空间、知识型空间、娱乐型空间。其中，交易型空间是指以网络购物为主要网络行为的网络空间，以著名的网络购物公司搭建的网络平台为主，如京东、淘宝、58同城等。关系型空间是指以SNS社交网络应用为平台形成的网络空间，如人人网、校友录、QQ、微博、微信等。知识型空间是指以生产交流知识性信息为主要网络行为的网络空间，如百度贴吧、知乎、豆瓣、天涯社区等。娱乐型空间是指以网络娱乐为核心而形成的网络空间,如以网络视频、网络音乐、网络文学、网络游戏等娱乐活动为主要产品的网络空间。

　　网络空间是凝聚形成网络群体的重要空间。在这些不同功能、种类的网络空间中,人们聚集在一起,在信息交流中凝聚成不同种类的网络群体。其中,有些网络群体是基于现实社会的凝聚纽带而延续于网络空间,具有较强的群体稳定性,如 QQ 好友群、微信朋友圈等;有些网络群体则是通过互联网凝聚形成的群体,凝聚纽带的稳定程度不一;有些群体具有暂时性,如微博中围绕某话题形成的意见群体、"双 11" 网络购物中形成的网购群体等;但也有些群体具有长期稳定性,如在长期的网络游戏中凝聚形成的网游群体、百度贴吧中基于长期的共同话题而形成的群体等。在这些网络群体中,由于一些网络群体的凝聚纽带较为稳固、凝聚时间较长、线上线下结合度较高等,群体成员相互之间的信任度较高,彼此都具有深厚情谊,形成了网络共同体。

　　百度"血友病吧"的吧友群体即一个基于共同的患病体验和信息需求,通过互联网络凝聚起来的网络共同体。这个共同体以"山东老八路""蚂蚁菜"等吧务管理人员为核心,在长达 10 多年的信息交流中相互支持、相互慰藉,抱团取暖,很多吧友由线上甚至走到线下,成为现实生活中的好朋友。正是吧友们的相互信任及温馨情谊,"蚂蚁菜"每天到贴吧签到翻帖,尽心行使着对贴吧的管理之责,保障着贴吧的良性运行。清静的贴吧环境、同病相怜的群体情谊,使得百度"血友病吧"的规模迅速壮大,从最初的几十人迅速发展为卖吧事件发生时的 7000 多人。对于血友病人及其家属而言,百度"血友病吧"共同体是他们的社会支持体系中的重要组成部分。通过信息交流,他们获得了最佳的治疗信息,并从其他成员那里获得了重要的情绪、情感支持。"人都有悲观绝望的时候,有人听听你说话,给你鼓鼓气,咬咬牙,顶过去,也就没什么了。"❶

　　在网络空间中凝聚形成的这些网络共同体,在当前的社会中发挥了重要的社会支持作用。比如围绕百度"血友病吧"形成的"血友病共同体"。由于血友病的特殊性,患者面临着终身治疗的问题,日常生活中也是困扰重重。但由于"血友病吧"的存在,7000 多名血友病患者及其家属凝聚到一起,相互交

---

❶ 高珈佳,黄格为. 蚂蚁菜:贴吧"帝国"撬动者 [N]. 南方都市报,2016 - 01 - 15 (A04).

流医疗信息,彼此提供鼓励和支持,建构了一个紧密的社会支持网络。这个形成于网络空间中的支持网络为处于网络中的每位血友病患者及其家属提供了现实空间所无法给予的重要支持,对于减轻血友病患者群体的医疗负担、生活困扰等发挥了重要作用,在一定程度上减弱了该群体出现社会问题的可能性,增强了社会凝聚力,促进了社会秩序的良性运行。

二、凝聚的社会价值

社会凝聚力,即将社会公众汇聚到一起的力量,是社会秩序形成的重要力量。一个社会凝聚力的高低,直接影响了其社会秩序的稳定程度。社会凝聚力,还是提升社会资本的重要力量。正是通过社会成员之间的凝聚作用,人们之间的相互信任度才会提升,整体的社会资本网络才能更便利地形成。

互联网时代,凭借于迅捷的信息传播,人群的凝聚频率日益加快。在种类不同的网络空间中,人群快速凝聚起来,对于当前我国大量的公共性、公益性社会问题的解决发挥了重要作用。人群的凝聚是公共性、公益性社会问题获得解决的重要前提和基础。只有人群能够凝聚起来,许多社会公共问题才能被讨论,形成公众舆论,进而获得解决。

对于公益领域而言,通过互联网,公益提供者和公益需求者、公益需求者之间、公益提供者之间都实现了最大化的信息交流,社会公益的实施更为便利。依托于互联网的即时互动性、超越时空界限等特点,以及互联网在团结和凝聚个体参与公益活动方面的天然优势,网络空间正逐步搭建起一个低门槛、透明化、方便快捷且高效互动的网络平台,社会公益由原来的少数企业、团体或个人参与的慈善活动,变成为人人参与的全民公益活动。

百度"血友病吧"共同体便发挥了重要的公益功能。前互联网时代,政府部门、群团组织、基金组织是我国公益领域的重要主体,他们在公益事业上发挥了重要的组织动员、信息传播、资源分配功能,为我国公益事业的发展发挥了重要作用。但由于信息传播的时空局限、公益需求者的需求复杂等原因,公益需求者与公益提供者之间并未实现全面契合,从而出现了小众公益需求者的需求无法获得满足、公益资源重复浪费等问题。互联网时代,借助于互联网的信息传播平台,公益需求者、公益提供者相互之间实现了信息的完全对接。

百度"血友病吧"网络共同体还发挥了提升社会凝聚力、稳定社会秩序的重要功能。在贴吧内，任何吧友可以在贴吧中提出任何问题，从而获得其他吧友的解答。这些问题十分琐碎而复杂，如"初次被诊断患病后的问询""各种出血的疑问及应对""帮忙介绍工作"等，只有凭借互联网的迅捷信息传播才能得到其他人的回应。在这些问题的问答之中，吧友们之间建立了亲密的联系，获得了重要的医疗信息和社会支持。从整体社会来看，当类似于百度"血友病吧"群体这样的众多网络共同体逐渐形成时，分散的社会成员便经由共同体凝聚到一起，从而提升了社会凝聚力，对于社会秩序的稳定也发挥了促进作用。

三、网络共同体的消解风险

大量的网络社群是在信息交流中逐步形成的，其联结纽带为兴趣、人情等，当网络空间被作为商品出售并受到商业化力量的操作和干预时，便会使得具有共同体性质和功能的网络共同体面临着一定的消解风险。

在百度"血友病吧"被卖事件中，当原吧主"山东老八路"发现"血友病吧"被百度有偿转让给商业机构时，立即"甩手退出"，并在百度表态病种类贴吧不再被商业化操作之后，面对"蚂蚁菜"等人的邀请，依然不肯回来。后来，公益组织"北京血友之家"接管"血友病吧"，成为大吧主，"蚂蚁菜"等人成为小吧主。但在有些吧友们看来，经历了此次被卖事件之后的"血友病吧"与以前大有不同。吧友"独伴一世伤魂"表示，经历了贴吧被卖事件和"蚂蚁菜"被起诉事件之后，都不想来吧里了。

吧友产生类似上述抵触情绪的原因非常明显，那就是当公益精神遭遇经济力量的制约时必然产生的消极群体情绪。在百度"血友病吧"被卖事件发生之前，"血友病吧"里充满了彼此关注、无私支持等公益性精神，但百度对该吧的商业化行为却大大消解了吧主及吧友们的公益性精神。虽然百度"血友病吧"被卖事件迅速平息，但该事件对贴吧社群也造成了一定影响，原先的天然凝聚力及社群生态被破坏之后还需要经历很长的时间才有可能完全复原。就如《人民日报》的评论指出，"社群不是靠硬约束绑来的，而是靠魅力、兴趣、人情味吸来的。赤裸裸的商业操作剥去了魅力化的关系群，实在有杀鸡取

卵之嫌"。❶

另外，当商业化力量介入"血友病吧"等网络空间的发展时，该空间的信息生产机制便会受到商业化力量的影响，生产出来的信息也会逐渐失去原先的客观性、公共性，进而进入空间获取信息的人会越来越少，最终导致原先凝聚生成的网络共同体也会逐渐消解。尤其是对于"血友病吧"这样的病种类贴吧，商业化之后的结果便是医疗广告信息的大量生产，这可能会对患者产生误导，从而耽误治疗。由此，该空间生产出的信息对于公众的价值便会越来越小，该空间的吸引力也会逐渐减弱。

信息是凝聚网络共同体的重要纽带。普遍而言，在网络空间中，只有真正源于公众、契合公众需求的信息才会更紧密地凝聚公众形成共同体，进而在相互交流中产生群体文化。但在经济力量的影响下，信息生产过程的公众性、信息对公众需求的契合性都会减弱，从而使得共同体的信息纽带逐渐松解，共同体也逐渐消解。

---

❶ 刘念. 贴吧如此招商是杀鸡取卵 [N]. 人民日报，2016-01-13（13）.

第九章

网络消费中的转型中国

当前的互联网时代，我国也正在进行社会转型。伴随着互联网技术的更新换代、互联网应用平台的进一步增加、互联网用户规模的日益扩大，社会成员的网络消费活动也日益呈现出内容丰富、形式多元、互动频繁的特点。在日益活跃的网络消费过程中，我国的社会结构也发生了一些变化。

消费，是人类生存活动中最基本的社会行为，往往也是其他复杂社会行为和复杂社会过程的重要起点。一般而言，社会结构与消费形态之间是一种相互对应的协调关系。当消费形态发生变化，则必然要求社会结构产生相应变化。互联网时代，网络消费这种消费形态的一些变化，也会带动、影响社会层面在社群、组织、设施等方面的变化，从而进一步推动社会结构的转型。

在上述围绕案例开展的具体研究基础上，本章主要分析当代中国社会转型中，在网络、消费、社会三者之间的互动关系中，互联网发展影响社会转型的有利因素及相关挑战，并从社会生活的角度总体分析网络消费带来的影响。

第一节 网络·消费·社会

互联网时代，由于消费场景的变化、信息沟通的便捷、移动支付的普遍化等条件，人们的消费也逐渐具有了很多新的特点，更加前沿化、多元化、移动化、互动化等。尤其是移动互联网的兴起，使从商家到消费者的路径变得更短，消费模式发生了变化，消费的力量更加凸显。

一、当消费遇到互联网

互联网时代中的消费具有许多新的特点。

从消费供给来看，在网络空间中，商品结构越来越合理、品种越来越齐全、服务越来越周到，高、中、低档商品都可以通过网购买到，不同需求的消费者也都可以通过网购满足需要，而且价格可能还比实体店便宜很多。同时，人们原来具有的带有炫耀、跟风意味的"攀比消费"理念，也开始转变为关注自身需求、自我提升的关注自我的消费理念。比如，曾经长期流行于朋友圈的自我运动记录，与此相应，各种品牌的健康手环也成为人们的消费重点，从卡路里到步数、从睡眠状况到运动情况，这些记录的转发都表明人们逐渐开始以客观视角来审视自己，从而影响其消费。

从消费内容来看，人们不再盲目追求高级消费、名牌消费，而是开始注重高性价比商品的消费。从注重价格到注重品牌再到注重产品本身，在电商的发展过程中，消费者的心理大致经历了三次变迁。电商刚开始发展时，"价格低"是其吸引消费者的重要因素。也正是依靠海量低价商品和1元包邮服务，淘宝等电商开始发展起来。这时，消费者购买商品时首先考虑的是价格，便宜优先，质量其次。后来，电商发展到中期阶段时，消费者的可支配收入提升，对品牌和服务的追求凸显出来，基于消费者品牌意识的觉醒，电商开始拉拢或塑造知名品牌入驻其平台，与此同时，物流速度、商品种类、售后服务等也成为消费者关注的重点内容，在这个阶段，京东、天猫陆续崛起。目前消费者的消费心理已进入第三阶段，消费时注重产品设计、品质以及服务体验等，具体到电商行业，跨境电商、垂直电商、内容电商等开始受到消费者欢迎，比如美图美妆、网易考拉等，都是在这个阶段发展起来的。

从消费人群来看，"80后""90后"已成为互联网时代消费市场的中坚力量，并在我国消费方式转变过程中发挥着重要影响。"80后""90后"群体规模庞大，同时还是伴随着我国互联网的发展成长起来的群体，对数字经济有着更强的敏感度和接纳度，尤其是"90后"的消费习惯早已与互联网深度融合并相互影响。目前，最小的"90后"都已经成年，最大的"80后"已经步入"不惑之年"，他们对互联网时代消费方式的转型发挥了全面而重要的推动作用。尤其是"90后",他们的消费更为自主、独立,更愿意消费小众化、个性化的商品,这也在一定程度上推动了此类电商的产生和发展。

从消费模式来看,移动化、社交化逐渐成为互联网时代的重要特点。这两个特点与移动互联网的发展、社交平台的发展密切相关。移动互联网时代的到来,使得人们能够随时随地接入网络,从浏览新闻到信息搜索,从视频观看到发布微信,从即时社交到网络娱乐,在移动互联网时代人们以多元化方式几乎时时刻刻都在消费,消费已经融入日常生活的方方面面。拼多多的崛起,使得人们的消费融入了"社交"元素。"社交"成为消费过程的重要内容,从消费开始到消费完成,"社交"始终是发挥重要推动作用的平台、途径、形式。

从消费途径来看,互联网金融的发展,一方面带给消费者的是更便捷的服务;另一方面也改变了人们的消费观念,由原来的"先储蓄,再消费"开始过渡为"提前消费"。互联网时代催生了多元的网络借贷平台、提前消费平台,使得"提前消费"理念越来越普及。比如支付宝的"花呗"、京东的"白条"等,都大大促进了"提前消费"理念的普遍化。并且,随着中老年人群使用移动互联网的普遍化,"提前消费"理念也逐渐在中老年人群中普及。

二、网络镜像中的消费与社会

消费与社会的互动关系是消费社会学研究的重要内容。互联网时代的到来,使得消费与社会的互动关系出现了许多新特点,使得原来消费与社会的二维互动模式转变为互联网、消费、社会的三维互动模式。一方面,互联网技术的发展影响了社会与消费。社会层面产生了网络空间与现实空间交互融合的二元空间,以及在该二元空间中形式多样的人际交往,推动出现了许多新的人际交往类型和现象;在消费层面,互联网技术的发展在消费供给、消费结构、消费模式等方面都产生了重要影响。另一方面,互联网又反映、解构、重塑了消费与社会的关系。

从改革开放至今,我国主要发生了三次较大规模的消费转型。第一次的转型发生于改革开放之初,随着社会的发展,在人们的消费结构中,食品消费占比下降,以自行车、手表、收音机为主要代表的轻工业品的消费占比有所上升。第二次的转型发生于20世纪90年代,家电产业迅速发展,冰箱、彩电、洗衣机成为家庭消费的三大件,同时,服务性消费如旅游、医疗等在消费结构中的占比开始上升。21世纪初,我们经历了第三次的消费转型,服务业消费如教育、娱乐、文化、交通、通信、医疗保健等在消费结构中的占比增长迅猛,带动IT、汽车产业和房地产业快速发展。目前,我们正处于第四次消费转型的过程中,以移动互联网消费为核心的相关网络消费在消费结构中的占比迅速上升,消费的移动化、社交化、个性化等特点日益凸显。

互联网技术的发展,为人们的消费行为提供了新空间、新场景、新平台、新媒介,催生了许多新经济形态,如数字经济、共享经济、社交经济等,同时也推动出现了许多新的消费形态,如内容消费、电商消费、外卖消费、拼团消费等。这些新的经济形态、消费形态使人们的生活方式也发生了改变,如拼多多的崛起促进了人们的拼团消费,淘宝的兴起改变了人们的购物方式,滴滴、共享单车的出现改变了人们的出行方式,美团改变了人们的餐饮娱乐方式等。

互联网技术的发展,为网络经济的发展提供了重要的平台、媒介基础。网络经济的发展为人们的消费提供了丰富内容,进一步激发了人们的消费需求。使用频率比较高的互联网应用如即时通信、信息获取、网络购物、网络外卖、互联网理财、网上预约出租车、网络短视频、在线教育、网络游戏、网络音乐等,这些丰富的网络经济内容使得不同层次、不同年龄、不同地域的消费者都能满足自己的消费需求。比如从年龄来看,不同代际的消费者具有不同的网络消费内容。一般而言,10~20岁的年轻人群体倾向于网络娱乐消费。尤其是三四线城市的年轻人,网络游戏是他们网络消费的重要内容。20~30岁的年轻人倾向于使用互联网消费,电商消费是他们重要的消费出口。尤其是对于小镇青年来说,与一二线城市相比,他们生活的区域可能没有大型的实体购物中心,但通过互联网,他们也可以拥有与一二线城市同样的购物资源。30~50岁的中老年则倾向于使用互联网开展社交,近两年,他们使用微信的频率越来越高,刷朋友圈、抢红包、转发消息等,微信在各代际间的普及化使得很多家庭都建立了微信群,同时他们还使用互联网理财、浏览新闻等。

由于互联网的开放性、信息性、流动性,网络经济在一定程度上就像镜子一样反映出现实社会的各种消费情况及其变化,比如通过京东、淘宝、拼多多等电商格局展现出其背后消费人群的阶层分化和消费分级现象。同时也使由于各种原因"被折叠"在现实空间的消费群体、消费行为在网络空间中获得伸展和呈现，比如通过拼多多平台表现出来的小镇青年消费力的彰显、"高性价比商品"消费需求的释放等。

同时，在互联网、消费、社会的三维互动中，通过网络经济的作用，原有的消费结构、消费模式、社会关系等被解构、重塑。原先以身份、收入划分的消费市场，开始转变为以消费者需求为标准进行市场定位。原先以高端消费群体引导的消费理念、流行风尚等也开始受到中低端消费群体的影响，出现"逆向传导"。生产商与消费者之间的关系也发生了变化，原先是生产商进行调研，然后设计产品，再生产出产品，现在则是消费者先提供需求，生产商再按照该需求生产商品，消费者再购买等。

第二节　助力：我国社会结构转型的网络维度

互联网时代，伴随着社会成员网络消费的不断发展，互联网在我国社会结构转型的过程中发挥了重要的推动作用。在未来的社会发展中，随着互联网技术的不断进步、网络经济的创新和发展、网络文化的促进，互联网将在我国的社会结构转型过程中继续发挥一定的推动作用。

一、互联网科技的推动力

互联网科技不断提升，为社会成员不断发展的网络消费提供了重要的技术基础，也引起了相应的社会结构变化。5G时代的到来，将会继续推进互联网对社会结构转型的重要影响。

2019年6月6日，工信部向中国电信、中国移动、中国联通、中国广电发放了5G商用牌照，这意味着我国正式进入5G商用元年。5G的特点是"广连接、高速率、低时延"。与4G时代社会成员的"媒介化生存"相比，5G时代则表现为"智能化生存"。

从1G到5G，人们的信息传递发生了相应的变化。1G使人们拥有移动性的手机；2G则使人们能够实现短信沟通；3G时代，互联网开始出现于手机上；4G时代的信息传递速度加快；迈入5G时代，网络的信息传递速度大幅提升,以比 4G 快 100 倍的速度,使得人们的时空体验发生了巨大的变化,实现了从"虚拟"到"虚拟现实"的变化。从 1G 到 5G,移动通信上发生的变化主要体现为:2G 萌生数据,3G 催生数据,4G 发展数据,5G 则开启"物联网"时代,并使得这种连接渗透到各个行业当中。

"物社会"来临。5G 实现了"人物互联"和"物物互联",开启了"万物互联"的时代。5G 时代,人们的社交方式、生活方式、通信方式、体育娱乐等都发生了变化。5G 应用中将有大约 80% 的应用被使用于物和物之间的通信。

5G 时代的到来,使得人们的生存方式和生活方式结构都发生了变化:生存方式更具创新性、现代性和普惠性,生活方式结构更加快速化、数据化、智能化、物联化和多元化。❶ 5G 时代带来了物联网、移动互联、人工智能、云计算、流媒体视频等技术的新发展,并将深刻改写人的社会性连接、认知与决策行为。❷ 5G 时代也使社会成员的网络表达大幅降低,这是由于 5G 时代是视频时代,只要掌握了传播视频的基本技巧,便能传播和表达。而 3G 时代的文字表达仅仅局限于少数人身上。另外,从网络内容的生产来看,5G 时代的内容生产主体日益多元化,包括个人、机构、技术等。其中,技术作为生产内容的主体是 5G 之前的时代所不具备的,是 5G 时代独有的内容生产特点。

5G 将重新塑造网络生活主体观念。加速性时间观念和日常性行动观念得到一定程度的彰显。德国著名社会学家哈尔特穆特·罗萨在《加速:现代社会中时间结构的改变》中指出,当前社会的加速存在技术的加速、社会变化的加速和生活节奏的加速三个维度。❸ 5G 时代,这种加速更加明显,从而广泛地影响社会生活。麦克卢汉指出媒介是人体的延伸。而在 5G 技术条件下,万物互联,人们可以实现生理性连接、心理性连接、情绪性连接等,社会层面的社会管理、社会协同、社会协调等都会发生非常大的变化。

---

❶ 唐魁玉. 5G 登场:我们生活方式会发生怎样的变化 [J]. 人民论坛,2019 (11):25 - 27.
❷ 喻国明,杨雅. 5G 时代:未来传播中"人—机"关系的模式重构 [J]. 新闻与传播评论,2020 (1):112 - 114.
❸ 哈尔特穆特·罗萨. 加速:现代社会中时间结构的改变 [M]. 董璐,译. 北京:北京大学出版社,2015.

5G 时代，人工智能、大数据、云计算等技术应用的相互促进，使得人们的网络消费具有较大的发展空间，互联网对社会结构转型的影响也将不断加强。在我国数字中国、智慧社会的建设过程中，5G 技术会带来新的经济增长点，形成社会发展新动能。

二、网络经济的创新力

网络经济是网络消费的重要媒介和平台，也是社会结构转型的核心影响因素。网络经济催生了新业态，极大激发了线上线下经济的融合与发展，与此相适应，许多新职业和新消费现象也逐渐兴起，展现了网络经济的发展活力。

首先，网络经济催生了经济发展新业态，包括共享经济、网红经济、数字经济、外卖经济等。比如共享经济。共享经济是指利用互联网等现代信息技术，以使用权分享为主要特征，整合海量、分散化资源，满足多样化需求的经济活动总和。一般认为，2015 年为共享经济的元年。共享经济的发展催生了大量的共享消费产品，包括共享单车、共享医疗、共享住宿、共享厨房等。2020 年 3 月 4 日，国家信息中心分享经济研究中心发布的《中国共享经济发展报告（2020）》指出❶，2019 年，共享经济交易额为 32828 亿元，比上年增长 11.6%，出租车、餐饮、住宿等领域的共享经济新业态在行业中的占比分别达到 37.1%、12.4%、7.3%，网约车、外卖餐饮、共享住宿、共享医疗在网民中的普及率分别达到 47.4%、51.58%、9.7%、21%。在未来的社会发展中，共享经济将会继续在交通、教育、医疗、养老等领域发挥重要影响。还有网红经济。网红经济与社群经济相关，是互联网时代以"网络红人"为核心而形成的一系列经济模式。网络红人在社交媒体上聚集流量与热度，然后借助庞大的粉丝群体，将粉丝对他们的关注度转化为购买力，将流量变现。2019 年，"直播电商"的爆发使得网红经济获得了更为迅猛的发展。

其次，在网络经济的发展过程中，还有大量的新职业逐渐兴起，包括淘宝电商、网络主播、物流快递等。与此同时，还包括外卖员、滴滴司机、滴滴代

---

❶ 国家信息中心. 国家信息中心分享经济研究中心发布《中国共享经济发展报告（2020）》[EB/OL].（2020 - 03 - 10）. http://www.sic.gov.cn/News/568/10429.htm.

驾等。❶ 比如，淘宝电商、外卖员。淘宝电商主要兴起于电子商务的发展过程中，尤其是农村电商的发展，使得大量淘宝村出现，广大农村的农民尤其是新生代农民开始从事电商，"电商"成为其职业身份。淘宝电商的发展使得一些欠发达地区的小镇青年，实现了创业梦。据统计，淘宝电商的从业者主要集中于25~36岁，以"85后""90后"为主。外卖员的出现和职业发展与我国网络外卖的迅速发展直接相关。我国网络外卖发展迅速，应用广泛，平均每10个人中，就有近4个人点过外卖。截至2022年12月，我国的网络外卖用户达5.21亿。外卖经济兴起之后，"外卖员"作为一个新生职业逐渐兴起，从业人员的群体规模也越来越大，2022年全国外卖员数量已突破2000万。

此外，网络经济中出现了许多消费新现象，包括协作消费、符号消费、身体消费等。比如协作消费。协作消费主要产生于以共享单车为代表的共享经济中，是网络社会背景下以协作消费为基础的经济现象，改变了传统的占有式消费行为，强调共享与体验式消费。❷ 符号消费则在网络经济中获得了更突出的显现，在网络社会中，人们的联系普遍加强，交往范围日益扩大。在广泛的普遍联系中，人们逐渐明确自己的环境、位置、层次和地位，并在联系中发生比较、认识差别，进而利用符号表现自身，以便使自己在这个瞬息万变的网络社会中"不被湮没"。❸ 符号化的消费逻辑使得在网络经济中，消费品越来越需要具有一定的内容，成为内容型产品，从而使得消费者的消费内容与其地位、身份和生活方式具有一定的契合性。因而，网络经济中的商品普遍建构一定的文化内涵，以便吸引消费者购买。还有身体消费❹，属于网络劳务消费的内容之一，兴起于网络视频经济的发展过程中，网络视频包括才艺展示、表演搞笑、技能教学、生活呈现等几种类型的视频，在这些视频中，身体普遍在视频内容中占据了较大的比例，身体不仅是肉体，也承载了资本、权力等施加的作用。

---

❶ 网络催生新职业，年轻人择业多元化 [N]. 人民日报，2018-11-19.
❷ 张少哲，周长城，曹亚娟. 分享经济与消费行为变迁：网络社会背景下的体验式消费逻辑 [J]. 广东社会科学，2018（2）：184-192.
❸ 刘少杰. 符号化消费：网络社会的感性化趋势 [J]. 领导科学，2017（1）：20.
❹ 彭丽. 狂欢与想象：抖音短视频的身体消费 [J]. 视听，2019（12）：167-168.

三、网络文化的聚合力

网络文化是以网络信息技术为基础,在网络空间中形成的文化活动、文化方式、文化产品、文化观念的集合体。网络文化既包括现实社会文化在网络空间中的呈现和延展,也包括在网络空间中形成的独特文化现象,还包括线上文化与线下文化相互融合而产生的新型文化现象。从媒介演变历程来看,每种媒介形态必然会形成符合该形态的文化产品。因而在互联网时代中,也必然会形成符合互联网媒介特点的文化产品,即网络文化。

网络文化在我国的社会结构转型过程中,具有重要的地位和影响。互联网时代,网络文化既是网络消费的内容之一,在一定程度上也是网络消费过程中形成的文化结果。无论是在网络信息消费,还是在网络实物消费和网络劳务消费过程中,网络文化的重要性都有着独特的彰显,并发挥了其对现实社会的重要影响。从社会整合的视角来看,网络文化在一定程度上反映了社群关系,能够在我国社会结构转型过程中产生一定的文化凝聚作用,如果在积极意义上发挥网络文化在凝聚社群、催生共同体等方面的作用,将在一定程度上进一步促进社会团结和社会整合。

首先,丰富多元、更加个性化的网络文化产品,成为凝聚社会成员的重要基础。从网络文化产品供给来看,互联网时代的文化产品和服务供给变得更为多元化。第一,现实空间的文化延展到网络空间中,如网上博物馆、数字图书馆、网络演出等;第二,在网络空间中还建构形成了许多不同于现实空间文化的独特文化,包括网络流行语文化、网红文化、粉丝文化、宅文化、网络土味文化等;第三,还有许多文化形成于线下线上文化的互动和融合中,比如网络文学、网络视频、网络音乐、网络游戏等,并且,通过迅捷的信息交流,前互联网时代的传统文化与互联网时代的网络文化之间的融合和互动也逐渐加强,在二者的互动、整合过程中,网络文化进一步发展。丰富多元的网络文化产品,使得社会成员的文化消费更加普遍,为增进相互交流奠定了重要的文化产品基础。

其次,网络文化产品的供给更加个性化,这进一步增强了网络文化消费的个体化、符号化,使得具有相同文化消费过程的社会成员更容易凝聚起来。借助互联网的大数据、云计算等技术，网络文化产品的个性化更为明显。文化生产和传播更加关注个体的文化需求，自主选择文化消费方式渐成主流，产品供给和消费者的匹配度进一步提高，文化消费的个性化进一步加强。个性化的文化消费使得社会成员的消费与其个性特征密切相关，文化消费的符号性体现得更为明显，具有相同消费个性的社会成员也会基于认同更容易凝聚起来。

再次，更加多元、便利、迅捷的文化消费平台和消费途径，使得社会成员间的文化交流更加频繁而充分，文化共识的形成渠道更加多样，从而进一步增强了社会融合的文化基础。移动互联网的发展，使得文化供给和文化消费渗透到生活的各个方面，文化消费日益普及，社会成员能随时随地开展文化消费；多元的互联网社交平台能够超越现实社会的交流障碍，进一步增强社会成员的文化交流，比如通过短视频平台包括抖音、快手等，城乡居民、不同阶层和教育程度的居民等也能便利地开展文化互动和交流。

最后，借助于互联网庞大的文化消费用户基础，在活跃的网络文化消费过程中，会更有利于形成社会认同，从而进一步促进社会团结和社会整合。互联网时代，文化和消费的关系更加紧密。在网络信息消费、网络实物消费和网络劳务消费过程中，都存在不同程度的网络文化消费现象。在网络社交、网络购物、网络娱乐等网络生活中，也不断有新型的文化消费现象出现。"文化"与"消费"为互联网时代最活跃的内容和维度。文化促进消费，消费促进文化。在"老铁""666""双击"等网络流行语中，在网红文化、粉丝文化、"双11"网购文化等网络文化现象中，在短视频直播、社交化娱乐等网络文化消费过程中，通过互联网的作用，社会成员的文化活动被联系融合起来，通过互动形成文化热潮和文化氛围，增强文化认同，促进社会整合。

第三节 阻力：我国社会结构转型的消费转向

在网络消费的过程中，我国的社会结构转型也面临着一定的阻力，其中包括网络信息消费的"虚实之间"、网络实物消费中的消费主义、网络劳务消费中的泛娱乐化等。对于这些阻力的认识，有助于在当前的网络消费不断发展的时代背景下，意识到问题，避免风险，更好地推进我国社会结构进一步转型。

一、网络信息消费：虚实之间

网络信息消费是网络消费最基础的内容，也是自互联网产生以来就具有的互联网应用功能。目前，在日益丰富的互联网应用平台上，社会成员可以随时随地开展信息的搜索、发布、互动等消费活动，为人们的社会生活带来了很多便利。但是，由于互联网空间存在一定的虚拟性，人们通过互联网开展的网络信息消费也具有相应的风险，主要体现为网络信息的虚拟风险、网络空间的虚拟风险、信息消费过程的虚拟风险。

网络信息的虚拟风险，主要是指互联网平台上的一些信息具有一定的虚拟性、不真实性。互联网时代，人们获取信息的便利性大大增强。尤其是随着Web 2.0的发展，任何互联网用户都可以在网络空间中进行话语表达，这使得互联网的信息生产能力不断提升，互联网信息的来源日益广泛，横向层面的信息范围越来越大。同时由于互联网强大的信息储存能力，纵向层面的信息规模也逐渐扩大。对于进行网络信息消费的互联网用户而言，其面对的消费内容也越来越多，面临信息过载问题。这时，就需要信息消费者具备一定的辨别能力，真正获得符合自己消费需要的"真实"信息。由于互联网信息的来源复杂，存在大量的基于各种利益考虑而发布的内容，因此，与现实社会中的面对面信息传播相比，网络信息存在一定的虚拟性、不真实性。社会成员在开展网络信息消费的过程中，也就面临着由于信息虚拟性而带来的相应风险，进而会影响人们的网络信任，并在一定程度上影响社会信任基础。虚拟的信息有时还会带来混乱，这使得社会认同在一定程度上具有分化和断裂的风险，影响社会整合。

网络空间的虚拟风险，主要来源于生产信息的空间的虚拟性、不真实性。这些空间是人们开展信息消费活动的重要平台。目前，网络社交平台非常多元，通过人们的网络互动，很多平台上都有大量互联网用户不断地发布、获取、分享信息，即开展信息消费活动。但是，与现实社会的空间不同，互联网平台上的空间具有虚拟性，它随着人群的聚集而凸显，随着人群的解散而消失。同时，开发"空间"的互联网公司也会基于自身的经济利益考虑，而限制、取消空间里的信息互动等。因此，互联网平台上各种类型的供大家开展信息消费活动的空间具有不真实性，具有在某种情境下消失的风险。

信息消费过程的虚拟风险主要是指，人们在互联网平台上进行的信息消费活动具有一定的虚拟性，因此面临的消费风险。网络信息消费是指人们通过互联网进行的各种满足自身信息需求的消费活动。这里的"消费"含义比较广泛，与现实社会的经济层面的"消费"具有一定差异。首先，从支付成本而言，虽然网络空间中的信息消费活动有时并没有金钱的支付，但消费者却支付了注意力成本、时间成本等非物质性成本。也就是说，通过搜索引擎、贴吧社区、即时通信平台等，有些消费者甚至没有意识到自己的成本支付，就已经完成了一次网络信息的消费活动。支付成本具有"不可见"的特点，消费过程也相应具有虚拟性。同时，由于某些消费内容的虚拟性和消费空间的虚拟性，有些消费活动也相应具有虚拟性。消费过程的虚拟性一方面可能带来消费结果的虚拟性，即没有实现消费者的消费需求；另一方面，也可能会使消费者在意识不到的情况下支付相应成本而产生利益受损的风险。

网络信息消费的虚拟性、不真实性，会使得进行网络消费活动的社会成员面临一定消费风险，进而这种风险从线上到线下，对现实社会产生相应的影响。

二、网络实物消费与消费主义

网络实物消费即经济层面的网络消费活动，是当今社会正在蓬勃发展的互联网领域。依托于多元化的购物平台、完善的购物保障体系、方便快捷的网络支付，开展网络实物消费的人群规模也逐渐扩大。网络实物消费的某些特点，促使产生了一些消费主义现象，从而有可能在当前我国社会结构转型过程中产生一定的消极影响。

一般而言，消费主义是指人们一种毫无顾忌、毫无节制地消耗物质财富和自然资源，并把消费看作人生重要目的的消费观念。消费主义的产生主要源于"丰盛时代"的到来，人类历史上第一次出现了生产超出需求的情况，"消费社会"逐渐到来。在消费逻辑的影响下，很多消费者买了许多并非自己真实需要的产品,购物活动也成为人们平时的休闲和消遣,消费行为也成为人们相互之间的社交中介,还有各种推动消费的节日出现等。

互联网时代,由于网络空间的特点,在网络实物消费过程中,也出现了相对现实社会更凸显的消费主义,这种消费主义的呈现主要源于网络空间中"物体系"的集中呈现、购物节日的生产、消费品的多维度刺激等因素。在这些因素的推动下,社会成员的网络实物消费过程中出现了"过度消费""被动消费""超前消费"等消费主义现象。

(1) "物体系"的集中呈现带来"过度消费"等。提出消费社会理论的社会学家让·鲍德里亚指出,当前社会,随着科技的发展、生产力的提高,不断增长的物、服务和物质财富等呈现出丰盛的景象,"物"体系化地存在于人们周围。对于商品,人们除了消费商品的使用价值,还消费其符号价值。消费社会的这两个特点,即"物体系"及"符号价值"在互联网平台上,体现得尤其明显。在各大购物平台上,当消费者点击鼠标搜索一个商品时,往往会获得成百上千个搜索结果,每个页面都会呈现大量同类商品的销售信息,物的体系化现象获得了最大化的呈现。同时,商品的品类、构成、价格等信息也都显示得很清楚,各种层次的商品一目了然,尤其是高价位品牌商品,在与其他商品的价格比较中,其符号价值也获得显现。在这两个特点的影响下,人们容易被推动产生过度消费行为。

(2) 购物狂欢与"造节"现象下的"过度消费""被动消费""超前消费"等。各个购物平台为了提高销售额,往往会使用各种"造节"活动进行促销,比如"双11"购物节、"618"电商节等。其中,影响最广的便是淘宝网的"双11"购物节,即11月11日这一天为大幅度折扣促销日,运用各种促销手段包括折上折、买赠、满减、秒杀、半价包邮等方式进行促销。在这样的购物狂欢氛围中,消费者往往会"过度消费""超前消费"和"被动消费"。购物节日的出现烘托形成了购物氛围,消费行为也具有了一定的社交功能,有些人在此情境中,会"被动"地通过消费来开展人际互动。同时,网络支付的隐性化、网络借贷的便利性,都导致消费者在支付过程中,看到的仅仅是数字的变化,面对面货币支付的约束力不再发挥作用。还有很多时候,人们在浏览商品页面的过程中,不知不觉超出计划,甚至超出经济能力"超前消费""过度消费"。

(3) 消费品多维度刺激下的"过度消费""超前消费"等。在现实空间，消费品被呈现的途径和媒介都十分有限，但在互联网空间中，消费品会通过文字、照片、视频被多维度地展示出来，有些商家为更好地呈现商品，往往会使用一系列的技术包装手段，制造符号、夸大宣传，以更多地刺激消费者的购买欲望。对于消费者而言，消费的目的不再仅仅是满足实际需要，而是满足不断被刺激起来的欲望。

三、网络劳务消费的泛娱乐化

网络劳务消费是互联网时代的独特现象，也是用户规模不断扩大并发挥重要社会影响的一种消费现象。尤其是随着移动互联网的发展，短视频时代的到来，形成了"全民直播"现象。在以对短视频直播、网红主播的消费为典型代表的劳务消费中，存在一定程度的泛娱乐化。在当前我国社会结构转型过程中，需要对此进行分析，以更好地予以引导和应对。

（一）网红群体的娱乐底色

网红，即"网络红人"（Influencer），指在现实或网络生活中由于某个事件或某个行为被网民关注从而走红的人或长期持续输出专业知识而走红的人。他们普遍是由于自身的某种特质而受到网民关注。网络红人的产生是在互联网的媒介环境下，由网红本人、网络推手、传统媒体、受众等共同作用的结果。

网红的发展经历了文字时代的网红、图文时代的网红、自媒体时代的网红、视频时代的网红等发展阶段。从网红的发展过程中，可以发现，"娱乐"一直是网红群体走红的重要基础。

(1) 文字时代的网红（1998—2002年）。这个时期的网红主要依靠具有娱乐性的文字表达获得网民关注。1998年，我国网民数从最初的10万增长到210万，网络论坛有上百家。最早出名的网络红人当属痞子蔡。1998年，当时正在读博士的痞子蔡在网络论坛上发表了他的文学作品《第一次亲密的接触》，迅速走红。1997年，美籍华人朱威廉创办了"榕树下"文学网站，在这个网站上，出现了第一代网络作家。安妮宝贝当时是21岁的宁波女孩，在银行上班，从1998年开始在"榕树下"发表了自己的小说《告别薇安》《七年》

《七月和安生》等，在网络上迅速成名。此外还有邢育森、俞白眉、李寻欢、今何在等一批网红级作家，在天涯、西祠胡同、猫扑等网站上发表作品，大家靠文字进行沟通交流。这一时期的网络红人以文学创作者为主，主要发表一些与网络相关的文学作品。他们的变现方式基本上是通过线下出版实体书获取收入，同时通过在网络上建立的名气，为以后的职业发展奠定了基础。

（2）图文时代的网红（2003—2008年）。这个时期，网速增加，人们在互联网上的沟通除了文字，还包括越来越多的图片。网络论坛在2003年左右发展到黄金时期。同时，博客、贴吧、QQ空间等网络社区平台的兴起，为一些网红的出现提供了条件。这个时期的网红，基本是通过争议性较大的照片，或者通过一些非常出格的言论，引起人们的关注和讨论。比如通过一些夸张的照片走红于清华北大网络论坛的"芙蓉姐姐"，还有依靠气质清新的照片走红的"天仙妹妹"，以及通过一张手捧奶茶的照片在QQ空间和猫扑论坛走红的"奶茶妹妹"等。该时期的网红主要依靠自身的知名度和影响力比如代言广告、承接商演、参加电视节目等，来完成流量变现。

（3）自媒体时代的网红（2009—2013年）。2009年，微博出现，开启了"自媒体时代"。140个字的发博限制，催生了一些段子手，使得一些用户也从中脱颖而出，成为网络红人。段子手的走红，前期一般是依靠个人生产内容，具有影响力，拥有粉丝；中后期大多会签约公司，由公司为段子手制定运营策略，同时，段子手之间的互转和推荐也是扩大知名度的方法；之后逐渐开始植入广告、出书、卖号、开公司、开网店、做网剧等。这一时期网红的出名过程中，网民的参与度大大增强，引起网民关注的网红也越来越多。随着电子商务的迅速发展，网红开始与电商融合。比如2010年注册微博的张大奕，拥有将近30万粉丝，因经常在评论里被粉丝索要个人穿搭的淘宝链接，进而产生了开私服店的想法。2014年，她的淘宝店铺"吾欢喜的衣橱"开张。她在微博发布样衣，听取粉丝建议，产品上新后在微博发布商品链接。在张大奕的影响下，雪梨、周扬青等网红电商的典型代表，推动了"网红+孵化器+供应链"经营模式的出现。从发掘、培养新网红，到品牌营销、广告代言等，形成了产业化的运作。通过建立社交平台和电商之间的连接，让粉丝参与产品的研发阶段，改变了传统电商自上而下的垂直模式。

（4）视频时代的网红（2014年至今）。大约从2014年开始，在前期网络视频发展的基础上❶，随着网络主播的兴起，越来越多的网红通过视频直播走红。从最开始的 YY 语音、六间房、9158 等直播平台的秀场直播，发展到 4G 网络普及后移动互联网时代的短视频直播，当时的直播平台包括映客、花椒、斗鱼 TV、虎牙直播、熊猫 TV、快手、秒拍等。2016 年，抖音入场，庞大规模的短视频用户群体带动我国的短视频直播，进入了全面爆发期。用户规模的不断扩大使得网红开始进入批量生产时代。比如"papi 酱"，她被称为"2016 年第一网红"，还有大量农村网红的崛起，包括"李子柒""手工耿""多余和毛毛姐""巧妇九妹"等，以及直播电商兴起后，出现了"口红一哥"李佳琦等电商网红。优质的内容、独特的人格魅力、碎片化娱乐时间的契合，是他们引发网友关注的重要原因。

虽然互联网的每一次技术发展，都会带来网红的更新迭代，但"娱乐"仍然是他们吸引大众关注的最主要特点。

(二) 劳务内容的泛娱乐化

除了网络主播等劳务生产者自身的娱乐特点之外，网络劳务消费的内容也具有泛娱乐化的特点。

网络直播刚兴起时，在秀场直播、游戏直播等发展阶段，流量变现、与平台签约、粉丝打赏等是主播群体的主要收入来源，除了主播群体的相貌、才艺等具有娱乐性的个人条件之外，直播内容也非常重要。因此如何直播更具吸引力的内容，便成为主播们的关注重点。当时，由于监管体系的不完善，网络直播出现了内容不良、主播素质过低等问题，出现了一些违法违规的内容，比如老虎直播"黄鳝门"事件、"虎牙莉哥"擅自篡改国歌事件等。更有未成年人涉足网络直播，出现了未成年妈妈晒孕照、验孕棒博眼球，未成年人脱衣等直播乱象。还有一些主播为了吸引关注，直播一些极限运动等"玩命"内容。后来，随着行业监管的逐渐加强，网络直播内容开始规范化。不过，"娱乐"仍然是直播内容的主旋律，各种为了吸引关注的过度娱乐性内容不断出现。

2016 年进入短视频时代，各大短视频平台普遍实行算法机制，即使用人

---

❶ 网络视频的发展基础详见第三章关于网络娱乐的介绍。

工智能，记录用户的每一次操作，然后依据结果筛选内容，自动推送给更多的人群。这种算法机制一方面使得越来越多的普通人拥有了更多成为网红的机会；但另一方面也使得直播内容的泛娱乐化范围越来越广，从特长、才艺等娱乐内容逐渐扩展到日常工作和生活的各个方面。虽然"喝辣椒水、生吃动物"等突破生活界限的内容已经比较少了，但在短视频时代"娱乐生产"逻辑推动下，大量为了引发关注而拍摄的娱乐性视频却屡见不鲜，比如抠奔驰汽车上的图标当果盘、去饭店吃饭时到隔壁陌生人的桌子上去夹菜、对口型表演、在办公室做煎饼、给宠物配音、与家人搞笑互动等。

(三) 消费人群的泛娱乐化需求

短视频平台的用户规模不断扩大，截至 2021 年 12 月，我国网络视频（含短视频）用户规模达 7.59 亿，较 2020 年 12 月增长 4794 万，占网民整体的 94.5%，其中短视频用户规模为 9.34 亿，占网民整体的 90.5%。❶ 并且，越来越多的短视频用户在观看短视频的同时，也发布自己拍摄的视频，消费者与生产者的身份界限日益模糊。这意味着，对直播的消费已经成为一项老少皆宜、不分性别的娱乐休闲活动，越来越多的网民融入其中。

(1) 碎片化娱乐方式的消费需求。当代社会，人们的生活节奏加快，娱乐时间越来越少，这种情况下，通过消费少则几秒、多则两三分钟的短视频获得暂时的休闲放松，便成为人们娱乐消费的内容。尤其是随着移动互联网的发展，智能手机的广泛普及，上下班交通、吃饭、上厕所等碎片化时间也都能被利用起来，进行娱乐消费。

(2) 娱乐化个性表达和相互交流的消费动力。视频网站的兴起，为一些乐于分享、有自我展示欲望的网民找到了一个新的互动平台。无论是出生成长于互联网时代，熟悉互联网，具有个性表达需求的"90 后"等年轻人群体，还是处于偏远地区、文化程度不高，在短视频兴起之后处于网络缺位的农村人、老年人群体等，都越来越热衷于通过短视频展示、表达自我，进行相互交流。在这个过程中，"娱乐"始终是一个不可或缺的维度和元素，尤其是受到

---

❶ 中国互联网络信息中心. 第 49 次《中国互联网络发展状况统计报告》[EB/OL]. (2022 - 02 - 25). http://www.cnnic.net.cn/hlwfzyj/hlwxzbg/hlwtjbg/202202/P020220721404263787858.pdf.

短视频平台的"娱乐生产"运行逻辑的推动,越来越多的人使用泛娱乐化的方式表达和交流,比如使用自嘲、搞笑的语言,夸张的动作,搞笑的内容等。

(3)娱乐文化建构与传递的消费过程。短视频时代,简单的功能操作使得每个人都能根据自身能力和兴趣生产、消费短视频产品。从传播角度而言,短视频直观、丰富的内容传递功能,使其在文化建构和传递上更为便利,影响面较广。同时,与电视直播的自上而下不同,网络直播是自下而上,传播速度更快,传播效果更明显。因此,以短视频为媒介,每个人都可以参与文化建构,并即时传递,形成"全民娱乐"的文化氛围。比如曾经在抖音上流行的"好嗨哟,感觉人生已经到达了高潮;好嗨哟,感觉人生已经到达了巅峰"歌曲段子,便是"毛毛姐"的即兴之作,因较好地契合了人们的"狂欢"心理,并适用于任何场景,从而迅速走红。与此类似,还有很多流行性的主题、动作等,也都是在模仿、从众心理的影响下,在娱乐文化氛围的推动下,在短视频消费群体中广泛流行和普及。

结　语

当前的互联网时代，我国的社会转型在进一步发展，互联网影响了社会，社会也在影响着互联网。越来越多的社会成员通过互联网开展社交、购物、休闲娱乐等，日益丰富的互联网应用也在影响着社会转型，并且这种影响将会随着互联网技术的不断发展而逐渐深入。本书对网络消费的概念内涵进行了理论梳理，从网络社会学、消费社会学的视角出发，对网络消费及其对社会结构的影响进行研究；明确了网络消费的三个类型（网络信息消费、网络实物消费、网络劳务消费）；指出了网络消费的三个典型应用领域（网络社交、网络经济、网络娱乐）。

在理论分析的基础上，结合具体的网络消费典型现象、人物、事件，系统分析网络消费的社会影响，尤其是在阶层分化、社群组织、婚恋家庭、城乡结构、消费变化、公共空间等方面，对于现实社会结构产生的影响。

一、网络消费对阶层分化的影响

关于网络消费对阶层分化的影响，主要是围绕"拼多多崛起"现象开展分析的。"拼多多崛起"是 2018 年度引发网络舆论的重要事件之一。拼多多通过与微信平台的结合，开启了电商营销的新模式，成为社交电商的典型代表。同时，利用微信的"下沉"网络，通过低价商品的销售定位、对三线以下城市及乡镇人群消费需求的精准契合，拼多多极大激发了中低端消费人群的电商消费潜力，使原先在现实空间"被折叠"的消费市场、消费人群在网络空间中获得呈现。人们在惊异于一个电商公司成立仅 3 年便实现用户数迅速超

3亿并成功上市的同时，也围绕"拼多多"还是"坑多多"，"消费升级"还是"消费降级"等话题形成舆论。

"拼多多崛起"引发的"消费升级"还是"消费降级"的舆论，实际上展现了消费的分层作用以及移动互联网时代消费分层的变化。无论是"小镇青年""伪中产"，还是"精致穷"和适度消费观，都展现出互联网时代不同代际、不同阶层、不同区域消费群体的"多级分化"，原先适用于消费分层的指标随着社会发展也发生了变化，消费对阶层的影响由原先的"单极"转为"多极"。

通过对"拼多多崛起"背后消费分层的分析，可以发现，在互联网时代中，消费与社会的互动关系中已经加入了互联网维度。原先消费与社会的二维互动关系也开始呈现为互联网、消费与社会的三维互动关系。互联网维度的加入，使得消费与社会的互动关系更为复杂、多元而动态。

二、网络消费对社群组织的影响

关于网络消费对社群组织的影响，主要是围绕"双11"购物节及其购物狂欢现象开展分析的。共同体是社群组织的一种类型，是人与社会的连接中介。如何实现微观个体与宏观社会的有效连接，共同体是一个重要的视角。在传统社会，个人、共同体与社会之间是具有一定平衡的。但到了现代社会，随着传统共同体纽带的断裂，现代社会的急剧变迁与个体身份的频繁变动，在一定程度上引发了社会成员的认同危机。在这种情形下，不同规模、不同层级的共同体则为成员提供了身份认同的参照物和确定性媒介，成为现代社会成员满足现代人归属与认同需求的基本单位。自古至今，共同体都在维持社会秩序方面发挥了重要的中介作用。这是由于共同体是人们确定社会身份、开展社会认同的重要媒介，也是人们的社会存在感和社会秩序感的重要来源。个体正是依凭多元的共同体感知社会的存在，及时进行自我社会定位，并通过社会认同的相对稳固性达至社会秩序的存续和稳定。

互联网时代的到来，使得社会成员可以通过互联网凝聚成各种类型的网络共同体。在这些网络共同体中，有些共同体是现实社会的共同体在网络空间中的延展和呈现，还有一些共同体是在社会成员的网络消费过程中形成的，比如

"双11"购物共同体。在"双11"购物节的网络消费活动中,参与其中的社会成员通过类似的购物消费行为聚集到一起,并在一些网络段子、购物文化的纽带作用下形成具有一定共同体功能的网络购物社群。类似"双11"购物社群的形成,一方面发挥了对现实社会中社群构成的补充和调整作用;另一方面还具有社会情绪"安全阀"的作用。这是由于只有归属于某个共同体,个体的类本质、群体归属需求才会得以满足,社会情绪才会稳定,只有在参与共同体的集体活动中,个体才能释放积聚的各种社会压力和社会焦虑。

在当前我国快速的社会变迁过程中,基于网络消费过程中形成的共同体的社会影响,需要有意识地培育新的共同体,或有效引导现有的共同体发挥积极作用。尤其是对在网络空间中形成的各种各样的网络共同体,应该加以重视,及时发现社会需求,解决社会问题,应对社会困惑,推动社会发展,形成稳定的社会秩序。同时通过培育新的多层次的网络共同体,来满足不同社会成员的多元化共同体需求,达到社会的有序化发展,稳固社会成员的认同,促进社会团结。

三、网络消费对婚恋家庭的影响

关于网络消费对婚恋家庭的影响,主要是围绕"某软件创始人自杀事件"来开展分析的。互联网时代,基于单身大龄青年的婚恋需求,具有"红娘"功能的婚恋网站大量兴起。"某软件创始人自杀事件"的发生,使得人们在震惊和惋惜之余,开始进一步反思婚恋网站、网络婚恋等问题。虽然之前媒体报道过许多网络婚恋问题,但该事件的发生则使得社会关注高度聚焦,引导围绕该事件的社会舆论在短时间内持续发酵并达到舆情高点。2017年9月,共青团中央、民政部、国家卫生计生委也联合下发了《关于进一步做好青年婚恋工作的指导意见》,明确要求促进婚恋市场规范发展。

借助于互联网较强的信息搜索、信息互动功能,一些单身青年通过对婚恋网站的"网络红娘"的劳务消费来寻求自身婚恋需求的满足。婚恋网站的劳务消费在一定程度上影响了现实社会的婚恋家庭交往及关系,比如对婚恋交往的价值观念、交往模式、交往内容、关系性质等,都产生了一定影响,同时也带来了一定的婚恋交往问题。

对于网络婚恋消费带来的影响及社会问题，需要从网络婚恋消费的发展方面进行分析。在网络婚恋消费的发展中，面临的问题是多方面的，而信息的真实性问题和由于社会根基薄弱导致的网络婚恋"浮萍化"无疑是其中最主要的两个问题。因而，为了进一步促进网络婚恋消费的规范性发展，使得规模日益庞大的单身群体通过"网络红娘"的中介作用，成就更多的"网络佳缘"，便需要从婚恋网站内在属性冲突的解决、互联网时代社会成员信息能力的提升、网络空间的社会根基的进一步巩固等方面开展相应工作，最终形成契合于互联网时代发展和当今社会婚恋价值观的婚恋制度和相应文化，逐渐规范网络婚恋，促成更多的"网络佳缘"，进而发挥网络婚恋消费对社会结构的积极功能。

四、网络消费对城乡结构的影响

关于网络消费对城乡结构的影响，主要是围绕"李子柒现象"来开展分析的。目前的短视频时代，在我国农村，有一批包括"李子柒"等农村网红在内的"新农人"，在开展网络视频消费的过程中，成为城乡互动和关系重构的主体力量之一。"新农人"普遍具有共同的城乡经历，以"80后""90后"为主体，熟悉互联网，掌握一定的自媒体技术，正在尝试"跳出农业做农业"。短视频时代，他们既是为传统农业注入技术元素、振兴农村发展的新力量，也是应用短视频表达自我、进行城乡互动的主体力量之一。

短视频时代，在社会成员开展网络视频消费的过程中，尤其是在城市居民消费农村网红的"视频劳务"的过程中，原先的城乡互动和城乡关系发生了变化，主要包括生活、文化和经济三个方面的变化。

1. 生活方面

短视频消费的低门槛，使得大量的农村农民与城市居民，通过短视频开展着频繁的交流和互动。尤其是"新农人"运用短视频记录生活、表达自我，在城乡互动中具有主动性，改变了传统城乡关系中的被动状态，改变了农村的固有标签，重新建构了农村形象。

2. 文化方面

通过短视频，大量表现乡村文化的饮食、器具、景物等内容被呈现出来，并作为消费对象，在一定程度上满足了一些居住在城市的居民的"乡愁"消费需求。同时，通过一些农村网红的拍摄劳务，乡村文化在原来城乡文化格局中的地位和作用日益凸显出来，城市文化对乡村文化由原来的"俯视"转变为"凝视"，城乡文化关系发生了变化。

3. 经济方面

借助于直播电商的力量，在网络视频消费过程中，尤其是在城市居民消费农村网红的"视频劳务"的过程中，乡村与城市的市场被连接起来，农民开始融入城乡市场，成为城乡经济互动的交易主体之一。城乡经济互动由原来的单向转为双向，城乡之间由原来的隔阂转为直通。

五、网络消费对消费变化的影响

关于网络消费对消费变化的影响，主要是围绕"魏则西事件"来展开分析的。互联网时代，网络信息消费成为人们消费结构中的重要组成内容。不同于前互联网时代的网络信息消费的诸多特征，互联网时代的网络信息消费对现实社会产生了一定的社会影响，主要体现在对消费层面的权力、内容、信任、群体关系等层面的影响。

在消费权力方面，信息消费在增强人们的消费信息权力的同时，信息过载和信息相对匮乏问题，尤其是资本力量影响之下各种信息迷局的出现，极大增加了人们选择和判断信息的难度，进而在一定程度上削弱了人们的消费信息权力，使人们在一系列的消费信息中受到困扰。这就需要人们增强获取、甄别信息的能力，面对信息消费过程中的各种信息迷雾，作出正确的选择和判断。消费内容层面的影响，主要体现为信息消费的无形化，以及由此导致的生产者与消费者之间关系的变化、生产者和消费者的主体不平等性等问题。在消费信任层面，信息消费一方面促进了消费过程中人际信任的时空延展，另一方面也带来了消费过程中信息信任和普遍信任的困境等。在消费群体关系层面，网络信息消费带来的影响主要表现为信息消费对消费群体的分化、共享性信息的生产和传递对社群融合的促进、社群经济中的商业社群与消费者社群的压制与反抗等。

对于互联网时代信息消费带来的这些社会影响，需要从辩证视角出发，一方面要认识到网络信息消费的新变化及其积极作用，另一方面也要看到网络信息消费在消费层面的权力、内容、信任和群体关系等层面的消极影响。进而，在不断引导、规范网络信息消费的同时，进一步推动我国的社会发展。

六、网络消费对公共空间的影响

关于网络消费对公共空间的影响，主要是围绕百度"血友病吧"被卖事件来展开分析的。网络消费对公共空间的影响，主要源于网络信息消费的空间转向。互联网时代，借助于迅捷的信息传递技术，网络空间逐渐成为人们开展交往和信息交流的重要空间，尤其是对于社会上的小众群体、弱势群体、边缘群体而言，网络空间更是他们敞开心扉、获得支持、友好互助的重要空间，是他们自发建立社会支持网络、形成网络共同体的重要平台。在这些大小不一、类型多元、功能不同的网络空间中，有些网络空间具有较强的信息生产能力，在网络用户的相互交往和信息交流中，大量有价值的信息被源源不断地生产出来。进而，这些网络空间及其生产的信息又吸引了大量人员进入空间中，使得网络空间的人员规模日益扩大，社会影响也越来越大。更多的人以进入该空间为获取有效信息的重要途径，从而使得网络空间的消费价值也愈益凸显，社会成员在开展网络信息消费的过程中，也在一定程度上开展网络空间消费。

网络空间消费使得社会成员在共享现实公共空间的同时，也增加了可以共享的网络公共空间，能够促进社会成员的公共空间交往。不过，与此同时，网络空间消费也可能伴随着相关消费风险。这主要是由于在对网络空间拥有经济所有权的互联网企业看来，网络空间仅仅是其企业基于一定的互联网技术推出的网络产品，当该产品的社会影响和价值日益提升时，就应该给企业带来经济利益。因而，网络公共空间的经济维度体现得非常明显。在这个经济维度的影响下，在网络信息消费的空间转向趋势中，有可能会出现相应的社会风险，包括信息风险、网络空间公共性的日趋弱化、网络共同体的解体风险等。这些风险的出现，深刻反映了当前互联网时代在深入发展的过程中，网络社会中由于经济力量彰显所引发的一系列社会风险，需要全社会的共同关注及疏解。

总而言之，当前的互联网时代，随着消费人群规模的不断扩大，消费内容的日益丰富，网络消费的重要性日益凸显，其发挥的社会影响也更加复杂。一方面，网络消费作为网络社会结构的一部分，在与社会其他组成部分的互动中，影响了社会结构；另一方面，网络消费又作为线上空间的消费力量，对线下现实空间产生了影响。

正是基于网络消费的重要社会影响，本书在对网络消费概念含义进行文献梳理的基础上，试图结合一些典型的网络消费现象和事件，对网络消费及其对社会结构的影响进行了探索性的分析。不过，由于研究力量及篇幅所限，研究仍然存在一定的不足，包括选择的案例未能全面展现网络消费的复杂性和变化性，对网络消费的社会影响分析也仅仅是探讨了某些层面，包括阶层分化、社群组织、婚恋家庭、城乡结构、消费变化、公共空间。而更全面的网络消费对社会结构的影响，有待进一步开展研究。

互联网技术日新月异，发展迅速，未来社会的网络消费会更加复杂多变，也期望有更多的研究能够对网络消费的新变化及其对社会结构的影响开展深入探讨。

参考文献

（一）中文专著

[1] 蔡文之. 网络：21世纪的权力与挑战 [M]. 上海：上海人民出版社，2007.

[2] 段永朝. 互联网：碎片化生存 [M]. 北京：中信出版社，2009.

[3] 费孝通. 乡土中国 生育制度 [M]. 北京：北京大学出版社，1998.

[4] 胡泳. 众声喧哗：网络时代的个人表达与公共讨论 [M]. 桂林：广西师范大学出版社，2008.

[5] 何明升. 叩开网络化生存之门 [M]. 北京：中国社会科学出版社，2005.

[6] 黄少华，陈文江. 重塑自我的游戏：网络空间的人际交往 [M]. 兰州：兰州大学出版社，2002.

[7] 李友梅，肖瑛，黄晓春. 社会认同：一种结构视野的分析：以美、德、日三国为例 [M]. 上海：上海人民出版社，2007.

[8] 刘少杰. 网络社会的结构变迁与演化趋势 [M]. 北京：中国人民大学出版社，2019.

[9] 陆学艺. 当代中国社会结构 [M]. 北京：社会科学文献出版社，2010.

[10] 唐魁玉. 网络化的后果：日常生活与生产实践的变迁 [M]. 北京：社会科学文献出版社，2011.

[11] 王宁. 消费社会学：一个分析的视角 [M]. 北京：社会科学文献出版社，2001.

[12] 刘少杰，王建民. 中国网络社会研究报告2011—2012 [M]. 北京：中国人民大学出版社，2013.

[13] 伍庆. 消费社会与消费认同 [M]. 北京：社会科学文献出版社，2009.

[14] 喻国明，欧亚，张佰明，等. 微博：一种新传播形态的考察影响力模型和社会性应用 [M]. 北京：人民日报出版社，2011.

[15] 周其仁. 城乡中国：下 [M]. 北京：中信出版社，2014.

(二) 中文译著

［16］爱德华·赫尔曼，罗伯特·麦克切斯尼. 全球媒体：全球资本主义的新传教士［M］. 甄春亮，等译. 天津：天津人民出版社，2001.

［17］安东尼·吉登斯. 现代性与自我认同：现代晚期的自我与社会［M］. 赵旭东，方文，王铭铭，译. 北京：生活·读书·新知三联书店，1998.

［18］埃瑟·戴森. 2.0版数字化时代的生活设计［M］. 胡泳，范海燕，译. 海口：海南出版社，1998.

［19］艾里克·克里南伯格. 单身社会［M］. 沈开喜，译. 上海：上海文艺出版社，2015.

［20］巴赫金. 陀思妥耶夫斯基诗学问题［M］. 白春仁，顾亚铃，译. 北京：生活·读书·新知三联书店，1988.

［21］巴赫金. 巴赫金全集［M］. 李兆林，夏忠宪，译. 石家庄：河北教育出版社，1998.

［22］戴维·申克. 信息烟尘：在信息爆炸中求生存［M］. 黄锫坚，朱付元，何芷江，译. 南昌：江西教育出版社，2001.

［23］丹尼尔·杰·切特罗姆. 传播媒介与美国人的思想：从莫尔斯到麦克卢汉［M］. 曹静生，黄艾禾，译. 北京：中国广播电视出版社，1991.

［24］丹尼斯·麦奎尔. 受众分析［M］. 刘燕南，李颖，杨振荣，译. 北京：中国人民大学出版社，2006.

［25］斐迪南·滕尼斯. 共同体与社会：纯粹社会学的基本概念［M］. 林荣远，译. 北京：商务印书馆，1999.

［26］弗朗西斯·福山. 大分裂：人类本性与社会秩序的重建［M］. 刘榜离，等译. 北京：中国社会科学出版社，2002.

［27］格雷姆·伯顿. 媒体与社会：批判的视角［M］. 史安斌，译. 北京：清华大学出版社，2007.

［28］古斯塔夫·勒庞. 乌合之众：大众心理研究［M］. 冯克利，译. 北京：中央编译出版社，2004.

［29］哈尔特穆特·罗萨. 加速：现代社会中时间结构的改变［M］. 董璐，译. 北京：北京大学出版社，2015.

［30］居伊·德波. 景观社会［M］. 王昭风，译. 南京：南京大学出版社，2007.

［31］约斯·德·穆尔. 赛博空间的奥德赛：走向虚拟本体论与人类学［M］. 麦永雄，译. 桂林：广西师范大学出版社，2007.

［32］利萨·泰勒，安德鲁·威利斯. 媒介研究：文本、机构与受众［M］. 吴靖，黄佩，译. 北京：北京大学出版社，2005.

[33] 马克·波斯特. 第二媒介时代 [M]. 范静哗, 译. 南京: 南京大学出版社, 2005.

[34] 马歇尔·麦克卢汉. 理解媒介: 论人的延伸 [M]. 何道宽, 译. 北京: 商务印书馆, 2000.

[35] 曼纽尔·卡斯特. 网络社会的崛起 [M]. 夏铸九, 王志弘, 等译. 北京: 社会科学文献出版社, 2006.

[36] 曼纽尔·卡斯特. 认同的力量 [M]. 曹荣湘, 译. 北京: 社会科学文献出版社, 2006.

[37] 曼纽尔·卡斯特. 千年终结 [M]. 夏铸九, 黄慧琦, 等译. 北京: 社会科学文献出版社, 2006.

[38] 曼纽尔·卡斯特. 网络星河: 对互联网、商业和社会的反思 [M]. 郑波, 武炜, 译. 北京: 社会科学文献出版社, 2007.

[39] 尼古拉斯·卡尔. 浅薄: 互联网如何毒化了我们的大脑 [M]. 刘纯毅, 译. 北京: 中信出版社, 2010.

[40] 齐格蒙特·鲍曼. 共同体 [M]. 欧阳景根, 译. 南京: 江苏人民出版社, 2007.

[41] 让·鲍德里亚. 消费社会 [M]. 刘成富, 全志钢, 译. 南京: 南京大学出版社, 2014.

[42] 三浦展. 第4消费时代 [M]. 马奈, 译. 北京: 东方出版社, 2014.

[43] 约书亚·梅罗维茨. 消失的地域: 电子媒介对社会行为的影响 [M]. 肖志军, 译. 北京: 清华大学出版社, 2002.

(三) 中文期刊论文及新闻报道

[44] 陈立辉. 互联网与社会组织模式重塑: 一场正在进行的深刻社会变迁 [J]. 社会学研究, 1998 (6): 13 - 30.

[45] 常进锋. "空巢青年"缘何"空巢": 一个时空社会学的解读 [J]. 中国青年研究, 2017 (5): 79 - 83.

[46] 陈氚, 刘少杰. 网络流行语的感性化与讽喻性 [J]. 人文杂志, 2013 (3): 98 - 103.

[47] 陈瑞华. "地方再造": 农村青年媒介行为的文化隐喻 [J]. 中国青年研究, 2019 (2): 94 - 101.

[48] 陈璐瑶. 景观社会中的短视频: 以抖音 App 为例 [J]. 青年记者, 2019 (14): 90 - 91.

[49] 陈慧娟. 新零售模式下电商巨头的线下战略布局: 以京东和阿里为例 [J]. 商业经

济研究, 2018 (6): 67 - 69.

[50] 戴志华. "相亲"镜下的乡村期盼 [J]. 人民之友, 2017 (4): 63.

[51] 郭子辉, 张岚. 新媒体时代, 谁动了我的不知情权? [J]. 中国广播, 2009 (12): 53 - 55.

[52] 何明升, 李一军. 网络消费的基本特点及其对传统经济理论的突破 [J]. 学术交流, 2001 (2): 105 - 108.

[53] 何明升. 我国网络消费的问题分析 [J]. 学术交流, 2003 (1): 105 - 110.

[54] 何明升. 发达国家的网络消费管理 [J]. 情报科学, 2003 (3): 235 - 238.

[55] 何明升. 技术与治理: 中国 70 年社会转型之网络化逻辑 [J]. 探索与争鸣, 2019 (12): 41 - 52.

[56] 胡泳, 范海燕, 尼葛洛·庞帝. 数字化生存的四大特征 [J]. 党政论坛, 1999 (6): 43 - 44.

[57] 余富强, 胡鹏辉. 拟真、身体与情感: 消费社会中的网络直播探析 [J]. 中国青年研究, 2018 (7): 5 - 12, 32.

[58] 胡勇. 盛名之下, 其实难副: 当代农村青年社会流动的成长史 [J]. 中国青年研究, 2018 (2): 96 - 100.

[59] 黄少华. 网络时代全球化的时空转变 [J]. 淮阴师范学院学报 (哲学社会科学版), 2016 (1): 123 - 125.

[60] 黄英. "光棍节"现象解读 [J]. 中国青年研究, 2012 (8): 74 - 77.

[61] 姜鹏. 新农村建设中的媒介式乡土文化及其创新传播 [J]. 甘肃社会科学, 2016 (2): 55 - 58.

[62] 蒋晓川. 网络消费特征及客户关系管理策略探析 [J]. 人民论坛, 2012 (35): 68 - 69.

[63] 林北辰. 探访"拼工厂": 这才是拼多多低价爆款的秘诀 [J]. 公关世界, 2018 (7): 64 - 68.

[64] 刘少杰. 网络化时代的权力结构变迁 [J]. 江淮论坛, 2011 (5): 15 - 19.

[65] 刘少杰. 网络化时代的社会结构变迁 [J]. 学术月刊, 2012 (10): 14 - 23.

[66] 刘少杰, 王春锦. 网络外卖的时空压缩与时空扩展 [J]. 学术界, 2017 (3): 73 - 80, 324.

[67] 刘少杰. 符号化消费: 网络社会的感性化趋势 [J]. 领导科学, 2017 (1): 20.

[68] 刘胜枝, 安紫薇. 呈现与建构: 直播、短视频中小镇青年的形象分析: 以快手、抖音平台为例 [J]. 中国青年研究, 2019 (11): 37 - 43.

［69］刘涛. 短视频、乡村空间生产与艰难的阶层流动［J］. 教育传媒研究，2018（6）：13－16.

［70］刘汉波. 直播：视觉消费与权力隐喻［J］. 海南大学学报（人文社会科学版），2016（6）：108－113.

［71］刘子倩. 网络婚介：看上去很美［J］. 中国新闻周刊，2011（19）：36－39.

［72］李培林. 另一只看不见的手：社会结构转型［J］. 中国社会科学，1992（5）：3－17.

［73］李培林. 中国改革以来阶级阶层结构的变化［J］. 黑龙江社会科学，2011（1）：53－62.

［74］刘欣，田丰. 社会结构研究40年：中国社会学研究者的探索［J］. 江苏社会科学，2018（4）：33－46.

［75］李大赛，刘兵. 新生代农民工网络消费行为影响因素研究［J］. 商业经济研究，2016（21）：45－47.

［76］李承安，徐红军. 论我国网络消费的现状及发展策略［J］. 商场现代化，2007（1）：89－90.

［77］雷英. 消费者异质性及其网络消费行为：从商家营销视角的解读［J］. 商业经济研究，2020（2）：85－88.

［78］廖高会. 时间维度下乡愁意蕴的嬗变与叠加［J］. 理论月刊，2019（12）：73－80.

［79］罗维秋，扈东玲，周霞. 我们在婚恋网站被骗了［J］. IT时代周刊，2012（22）：32－39.

［80］孟凡新，涂圣伟. 当前网络消费发展的问题、趋势与建议［J］. 宏观经济管理，2014（2）：35－37.

［81］彭丽. 狂欢与想象：抖音短视频的身体消费［J］. 视听，2019（12）：167－168.

［82］彭伟斌. 试论知识经济时代的网络消费及其风险［J］. 消费经济，1999（3）：43－44.

［83］戚攻. 网络社会在社会结构中的"位置"［J］. 社会，2004（2）：50－52.

［84］邱泽奇. 连通性：5G时代的社会变迁［J］. 探索与争鸣，2019（9）：41－43.

［85］任孟山. 从魏则西、雷洋事件看社交媒体时代舆论新生态［J］. 传媒，2016（10）：37－38.

［86］茹西子，胡泳. 知乎：中国网络公共领域的理性试验田［J］. 新闻爱好者，2016（2）：20－24.

［87］沈一兵. 乡村振兴中的文化危机及其文化自信的重构：基于文化社会学的视角［J］.

学术界, 2018 (10): 56-66.

[88] 宋红梅, 戚宇菡, 刘彦希. 自我构建与社交娱乐中的消费意见领袖: 电商网红的文化解读 [J]. 当代传播, 2018 (1): 82-83, 89.

[89] 孙沛东. "白发相亲": 上海相亲角的择偶行为分析 [J]. 南方人口, 2012 (2): 30-36.

[90] 童星, 罗军. 网络社会: 一种新的、现实的社会存在方式 [J]. 江苏社会科学, 2001 (5): 116-120.

[91] 唐魁玉. 5G登场: 我们生活方式会发生怎样的变化 [J]. 人民论坛, 2019 (11): 25-27.

[92] 唐红涛, 郭凯歌, 朱晴晴. 中国网络消费的空间差异及影响因素 [J]. 消费经济, 2017 (3): 17-23.

[93] 涂永前, 熊赟. 情感制造: 泛娱乐直播中女主播的劳动过程研究 [J]. 青年研究, 2019 (4): 1-12, 94.

[94] 王磊光. 一位博士生的返乡笔记: 为了什么回家? [J]. 工友, 2017 (5): 16-19.

[95] 王宁. 勿让农村成为消费的"乡愁" [J]. 人民论坛, 2019 (18): 68-69.

[96] 王宁. 消费与认同: 对消费社会学的一个分析框架的探索 [J]. 社会学研究, 2001 (1): 4-14.

[97] 王艳玲, 刘可. 网络直播的共鸣效应: 群体孤独·虚拟情感·消费认同 [J]. 现代传播, 2019 (10): 26-29.

[98] 王金台. 我国网络消费的特点、发展现状及对策 [J]. 郑州大学学报, 2005 (4): 80-82.

[99] 谢俊贵. 网络社会风险规律及其因应策略 [J]. 社会科学研究, 2016 (6): 102-110.

[100] 邢虹文. 网络消费的群体特征与社会分化 [J]. 电影新作, 2001 (1): 31-33.

[101] 吴玮, 周孟杰. "抖音"里的家乡: 网红城市青年地方感研究 [J]. 中国青年研究, 2019 (12): 70-79.

[102] 谢立中. 当代中国社会结构的变迁 (一) [J]. 南昌大学学报, 1996 (2): 13-22.

[103] 席广亮, 甄峰, 张敏, 等. 网络消费时空演变及区域联系特征研究: 以京东商城为例 [J]. 地理科学, 2015, 35 (11): 1372-1380.

[104] 肖葛根, 王艺璇. 游与离: 农村青年淘宝店主的双重生活面向: 以鲁西湾头村为例 [J]. 中国青年研究, 2019 (3): 43-51.

[105] 喻国明, 杨雅. 5G时代: 未来传播中"人—机"关系的模式重构 [J]. 新闻与传播评论, 2020 (1): 112-114.

[106] 于铁山. 剧场表演与情感卷入：网络直播礼物打赏现象研究：基于 30 余起典型案例的分析 [J]. 中国青年研究, 2020 (2)：92-99.

[107] 员宁波, 陈淑珍. 青年群体网络消费特征及影响 [J]. 中国青年研究, 2015 (7)：15-19.

[108] 郑刚, 林文丰. 拼多多：在电商红海中快速逆袭 [J]. 清华管理评论, 2018 (9)：105-112.

[109] 郑杭生, 赵文龙. 社会学研究中"社会结构"的涵义辨析 [J]. 西安交通大学学报（社会科学版）, 2003 (2)：50-55.

[110] 郑中玉, 何明升. "网络社会"的概念辨析 [J]. 社会学研究, 2004 (1)：13-21.

[111] 郑中玉. 互联网对社会关系的影响：争议与方向 [J]. 甘肃行政学院学报, 2011 (4)：46-55, 127.

[112] 翟本瑞. 从社区、虚拟社区到社交网络：社会理论的变迁 [J]. 兰州大学学报（社会科学版）, 2012 (5)：51-66.

[113] 张凯. "电商黑马"拼多多崛起之路 [J]. 知识经济, 2018 (5)：80-83.

[114] 张文宏. 网络社群的组织特征及其社会影响 [J]. 江苏行政学院学报, 2011 (4)：68-73.

[115] 张宛丽. "现今我国社会结构研究"座谈会综述 [J]. 社会学研究, 1993 (5)：1-12.

[116] 张少哲, 周长城, 曹亚娟. 分享经济与消费行为变迁：网络社会背景下的体验式消费逻辑 [J]. 广东社会科学, 2018 (2)：184-192.

[117] 张毅斌. 网络消费心理及启示 [J]. 江苏商论, 2001 (4)：39-41.

[118] 张敏, 张翔, 申峻霞. 网络消费空间的性质与生产：以淘宝网原创女装店为例 [J]. 地理科学, 2015 (8)：960-968.

[119] 张鹏. 网络消费变迁历程及新特征 [J]. 人民论坛, 2017 (31)：134-135.

[120] 朱磊. 当代社会"剩男剩女"现象形成的原因探析 [J]. 青年探索, 2014 (4)：74-78.

[121] 张荣. 从虚拟到现实：网络意见群体的舆论影响 [J]. 人文杂志, 2013 (5)：123-128.

[122] 张荣. 从危机到转机：网络社会的人际信任 [J]. 兰州学刊, 2012 (4)：137-140.

[123] 张荣. 从网络狂欢看互联网时代的个人、共同体与社会 [J]. 福建论坛, 2015 (12)：73-80.

[124] 张荣. 网络信息消费的空间转向及其消费风险 [J]. 学术界, 2017 (3): 81 - 90, 324.

[125] 张荣. 加减之间: 网络信息消费的社会影响 [J]. 理论月刊, 2018 (6): 180 - 188.

[126] 白雪. "剩斗士"催热网络"猎婚"[N]. 中国青年报, 2009 - 12 - 24.

[127] 陈雪柠. "单独二孩"政策羊年遇冷 [N]. 北京日报, 2016 - 02 - 25 (5).

[128] 陈薇. 机构数据: 全国每10个美团外卖小哥, 就有一个来自河南 [N]. 河南商报, 2019 - 01 - 17.

[129] 车利侠. 天猫"双11购物狂欢节"13个小时破去年纪录 [N]. 北京青年报, 2013 - 11 - 12 (B01).

[130] 成燕. 郑州吹响线上线下"集结号"[N]. 郑州日报, 2013 - 11 - 12 (6).

[131] 楚仑. 重拳整治互联网"三俗"[N]. 人民法院报, 2018 - 08 - 21.

[132] 丁洋. "魏则西事件"调查结果公布 [N]. 中国中医药报, 2016 - 05 - 11 (1).

[133] 高智新. 传统婚介所门庭冷落陷窘境 [N]. 德州晚报, 2016 - 04 - 12 (6).

[134] 高珈佳, 黄格为. 蚂蚁菜: 贴吧"帝国"撬动者 [N]. 南方都市报, 2016 - 01 - 15 (A04).

[135] 黄蓉芳, 杨励潮. 中国将迎第四次单身潮 [N]. 中国妇女报, 2011 - 08 - 09.

[136] 何驰. 2015中国单身族社会报告 [N]. 浔阳晚报, 2015 - 11 - 14 (A5).

[137] 雷伟东. 工会当红娘 青年手牵手 [N]. 西安日报, 2015 - 11 - 14 (2).

[138] 林火灿. 国家统计局发布报告: 70年来我国城镇化率大幅提升 [N]. 经济日报, 2019 - 08 - 16.

[139] 刘念. 贴吧如此招商是杀鸡取卵 [N]. 人民日报, 2016 - 01 - 13 (13).

[140] 何春中. 国家网信办约谈百度公司负责人 [N]. 北京青年报, 2016 - 01 - 17 (A02).

[141] 刘子晨, 徐婷婷, 步雯. 魏则西的生前身后: 一场生命代价的就医建议 [N]. 健康时报, 2016 - 05 - 06 (3).

[142] 刘守英. "城乡中国"正在取代"乡土中国"[N]. 北京日报, 2019 - 08 - 26 (14).

[143] 刘娜, 薛星星. WePhone创始人自杀 称遭前妻勒索千万 [N]. 新京报, 2017 - 09 - 10 (A08).

[144] 李司坤. 身边人讲述真实的视频博主李子柒 [N]. 环球时报, 2020 - 02 - 13.

[145] 李雪艳. 《2019中国网络视听发展研究报告》发布: 全民短视频时代来临 [N]. 成都日报, 2019 - 05 - 28 (2).

[146] 李洋. 2019 上半年全国农村网络零售额达 7771.3 亿元 [N]. 电商报, 2019 - 10 - 18.

[147] 李丹丹. 诈骗、泄露、垃圾信息致网民年损失 805 亿 [N]. 新京报, 2015 - 07 - 24 (A17).

[148] 李林, 陈晓. 实名制下, 婚恋网站诈骗案为何仍发生 [N]. 中国青年报, 2014 - 05 - 16 (3).

[149] 李强, 王昊. 当前中产阶层壮大面临的结构性难题 [N]. 北京日报, 2017 - 08 - 28 (19).

[150] 林曦, 李晓莉. 网购攻略: 请假防媳妇败家 锻炼熬通宵抢购 [N]. 羊城晚报, 2013 - 11 - 10 (A01).

[151] 马喜生. 共建数据库 团委当"红娘" [N]. 南方日报, 2015 - 08 - 17 (C02).

[152] 马建忠. 出卖病种贴吧 百度"医疗"生意惹众怒 [N]. 南方都市报, 2016 - 01 - 13 (A01).

[153] 马建忠. 百度病种吧停商业合作 互联网 + 医托何去何从 [N]. 南方都市报, 2016 - 01 - 14 (C06).

[154] 聂辉, 肖薇薇. 程序员苏享茂之死 [N]. 南方周末, 2017 - 09 - 15.

[155] 彭小菲, 周丹. 卫计委回应"百度贴吧被卖": 望网媒精准传播知识 [N]. 北京青年报, 2016 - 01 - 16.

[156] 潘亦纯. 千万微商告别"裸奔" 年入百万者要交多少税? [N]. 新京报, 2019 - 01 - 03 (B04).

[157] 潘敬文, 等. 智能手机普及 老年上网群体激增: 老年网民也爱玩游戏追主播 [N]. 信息时报, 2018 - 08 - 20 (B2).

[158] 沈杰. "90 后": 新时代变迁的风向标 [N]. 中国青年报, 2010 - 06 - 21 (2).

[159] 石尔. 中老年群体网络消费有了新选择, 将成电商新增长点 [N]. 南方都市报, 2018 - 04 - 30 (A09).

[160] 田沐冉. 快手《2019 小镇青年报告》发布: 大数据告诉你小镇青年什么样 [N]. 中国青年报, 2019 - 05 - 05.

[161] 涂重航, 张维, 卫诗婕. 百度贴吧利益调查: 删帖业务与广告共生 [N]. 新京报, 2016 - 01 - 13 (A15).

[162] 童倩, 杨利伟. 揭秘婚恋网站实名认证"生意经" [N]. 中国青年报, 2017 - 09 - 26 (9).

[163] 汪传鸿. 过度商业化: 百度"售卖"贴吧 [N]. 21 世纪经济报道, 2016 - 01 - 13 (16).

[164] 王飞翔，刘经宇，田为. 婚恋网站虚假信息注册轻松过审核 [N]. 新京报，2017-09-13（A10）.

[165] 王伶玲. 大数据时代的世纪佳缘：人脸识别轻轻松松找对象 [N]. 法制晚报，2013-11-08（A28）.

[166] 王巍，刘洋. 苏享茂家人与翟欣欣委托律师"维权" [N]. 新京报，2017-09-19（A10）.

[167] 王彬. 女子网上交友遇爱情骗子 状告世纪佳缘一审败诉 [N]. 北京晨报，2011-09-23（A15）.

[168] 吴丹. 李子柒背后的两千亿短视频市场，碎片化时代如何成为赢家 [N]. 第一财经，2020-01-15.

[169] 吴静，卢艳艳. 奔三了，我们活得不潇洒 [N]. 河南商报，2010-01-06（A10）.

[170] 徐晓风，等. 谢谢你，在我们网刷了350.19亿 [N]. 扬子晚报，2013-11-12（A04）.

[171] 谢睿，马建忠. 百度贴吧合伙人招募"下架" [N]. 南方都市报，2016-01-15（C01）.

[172] 习淑祎. 花呗发布《2017年轻人消费生活报告》：我区年轻人人均信用消费排第四 [N]. 西藏商报，2018-05-08（A07）.

[173] 向雪妮. 优质资源共享！"互联网+教育"写进2019年政府工作报告 [N]. 南方都市报，2019-03-05.

[174] 肖戎川. 中国已建2100个淘宝村 淘宝村模式已成为农村脱贫新模式 [N]. 中国青年报，2017-12-07.

[175] 曾于理. "小镇青年"崛起是文化消费新增量 [N]. 新华每日电讯，2018-02-02（14）.

[176] 钟超. 李子柒为何能走红海外 [N]. 光明日报，2019-12-09（2）.

[177] 郑山海. 百度售卖贴吧是合作还是为金钱 [N]. 新华每日电讯，2016-01-12（3）.

[178] 周龙. 互联网企业的"蛮劲"要用对地方 [N]. 光明日报，2016-01-13（2）.

[179] 朱蓉，曹雨轩，柴利娜，等. 拼团热、苦水多，低价背后拼的啥 [N]. 三湘都市报，2016-07-28（A04）.

（四）英文文献

[180] BROWN M, POPE N, VOGES K. Buying or browsing? an exploration of shopping orientation and online purchase intention [J]. European Journal of Marketing, 2003, 37 (11).

[181] BYRON BURKHALTER. Reading race online: discovering racial identity in usenet discussions [G]. Communities in Cyberspace. London: Routledge, 1999.

[182] CASS A O, FENCH T. Web retailing adoption: exploring the nature of internet users' web retailing behavior [J]. Journal of Retailing and Consumer Services, 2003 (10).

[183] CLAIRE YORKE. Cybersecurity and society: bigsociety.com [J]. The World Today, 2010, 66 (12).

[184] ERIBERTL P LOZADA. A Haka community in cyberspace: diasporic ethnicity and the internet [G] //SYDNEY C H CHENG. On the south China track: perspectives on anthropological Research and Teaching. Hong Kong: The Chinese University of Hong Kong Press, 1998.

[185] FREDRIK W ANDERSSON. Consumption theory with reference dependent utility [J]. The Journal of Socio-Economics, 2009 (38).

[186] HASHIMOTO K. Information network and the distribution space in Japan: a case study of consumer goods manufacturers on Japan [J]. Network and Communication Studies, 2002, 16 (1-2).

[187] MARKO ESKOLA. From risk society to network society: preventing cybercrimes in the 21st Century [J]. Journal of Applied Security Research, 2012 (7).

[188] TAN S J. Strategies for reducing consumers' risk aversion in internet shopping [J]. Journal of Consumer Marketing, 1999, 16 (2).

[189] TURNER J C, et al. Rediscovering the social group: a self-categorization theory [M]. Oxford: Blackwell, 1987.